Les grands
Vins blancs
de France

Remerciements

L'auteur tient à remercier les vignerons et les régisseurs qui l'ont chaleureusement accueilli, qui ont consacré du temps à répondre à ses questions, lui ont très aimablement procuré la documentation nécessaire à son enquête et ont fourni une bouteille à l'éditeur afin qu'elle soit photographiée en « grandeur nature ».

Note

En marge droite des notices sont signalées, de bas en haut, la région dans laquelle est produit le vin et son appellation d'origine contrôlée, ou dans quelques cas la sous-région quand celle-ci est pertinente. Des informations pratiques concernant les domaines et les maisons cités dans ce livre (coordonnées, chemin d'accès, fourchette de prix des vins, moyens de se les procurer) sont proposées dans le carnet d'adresses, page 190.
Attention, ces vins sont des crus prestigieux, parfois produits en petite quantité, et certains domaines n'ont que peu – ou pas – de vin à vendre au visiteur de passage ; il est donc souvent préférable de s'adresser aux revendeurs mentionnés en fin d'ouvrage.

Collection « Grandeur Nature »

Dépôt légal : 11506 -
septembre 2001
ISBN : 2851205757
65/0835/2-01

Achevé d'imprimer
en août 2001
Imprimé dans la CEE

Imprimé sur HannoArt Silk
150 g/m² produit par Sappi
Fine Paper Europe.

Réalisation et production
Archipel concept,
9, rue de la Collégiale
75005 Paris

Direction d'ouvrage
Jean-Jacques Brisebarre

Conception graphique
Marc Walter - Bela Vista

Mise en page
François Leclerc

Secrétariat d'édition
Marie Berger
Irène Nouailhac
Juliette Neveux

James Turnbull

Les grands Vins blancs *de France*

EpA

Sommaire

Introduction

Le vin blanc est bel et bien revenu à la mode ! Un peu partout, en France, dans le reste de l'Europe, aux Etats-Unis ou au Japon, les bars à vin proposent un bon choix de vins blancs. Un peu partout, il remplace les spiritueux, les cocktails et les vermouths classiques de l'apéritif... Un peu partout il apparaît de plus en plus souvent sur les tables gastronomiques, et les sommeliers le conseillent aujourd'hui en accompagnement de multiples plats que la tradition réservait aux vins rouges, même les fromages se mettent aux vins blancs.

Chardonnay, sauvignon, sémillon, chenin... Les noms des cépages blancs, leurs arômes, leur goût et leurs particularités sont de mieux en mieux connus des amateurs du monde entier. Dans notre société préoccupée par la santé, le vin blanc remplace de plus en plus les spiritueux, les cocktails, les vermouths et autres vins mutés qui étaient depuis longtemps les boissons classiques de l'apéritif. Aujourd'hui, un verre de chablis ou de sancerre est perçu comme plus naturel, moins nocif pour la santé, et n'est plus réservé à une élite de connaisseurs.
Les esprits s'ouvrent, les modes changent, et le vin blanc, en accompagnement des repas, retrouve une popularité longtemps délaissée. L'expérimentation d'accords gastronomiques nouveaux est de règle aujourd'hui et les associations traditionnelles sont remises en question. Vous servez un plat oriental légèrement épicé : essayez un pessac-léognan blanc boisé ; un plat de volaille ou de poisson en sauce à la crème : osez un pacherenc sec ou un anjou. Même le fromage, habituellement associé au vin rouge, devient adepte du vin blanc : un chèvre, par exemple, sera magnifié par un sancerre nerveux et fruité, un roquefort salé par un sauternes riche et liquoreux, un coulommiers ou un simple camembert se marient à merveille avec un champagne...

De nombreuses régions viticoles françaises, dont certaines étaient jusqu'à peu ignorées des amateurs de grands vins, traversent une véritable révolution et proposent un éventail de grands vins blancs qui viennent

concurrencer les plus célèbres d'entre eux. Quelques-unes, comme les Corbières, se sont découvert une nouvelle vocation dans la vinification en blanc grâce aux innovations de l'œnologie moderne. Mais beaucoup d'autres – Jurançon, Gaillac, Limoux, Condrieu, etc. – ne font que retrouver, après une douloureuse période de déclin et même parfois de quasi-disparition, les heures fastes qu'elles avaient autrefois connues lorsque leurs vins blancs étaient considérés comme des *musts*.
Sur toute la planète, dans des pays viticoles comme les États-Unis, l'Afrique du Sud ou la Nouvelle-Zélande, les *varietals* (vins de cépage) blancs bénéficient d'une popularité phénoménale, chardonnay et sauvignon en tête. Reflet des temps d'ailleurs, aux États-Unis le mot chardonnay – ou plus familièrement *chard* – est tout simplement devenu synonyme de « vin blanc », la plupart des gens qui l'emploient ignorant alors qu'il s'agit d'un cépage.

Depuis quelques années, en France, la vinification des blancs a connu d'énormes progrès et les vins plats et soufrés qu'on buvait encore, il n'y a pas si longtemps dans certaines régions, en pestant contre les maux de tête du lendemain, sont heureusement devenus rares.
Le processus de vinification des vins blancs est moins compliqué que celui des vins rouges, mais pourtant beaucoup de vignerons estiment qu'il est plus difficile d'élaborer un bon blanc. En effet, si le vin rouge est doté de tannins qui influencent considérablement la perception de ses arômes, le vin blanc ne peut dissimuler ses défauts et toute vinification approximative aboutit à un déséquilibre.

Les cépages blancs les plus appréciés et les plus répandus sont le *chardonnay*, dont l'expression bourguignonne est la plus accomplie, mais qui donne également des vins splendides dans le Limoux, la Loire et le Jura ; le *sauvignon*, père du sancerre et du pouilly fumé, mais à qui l'on doit aussi de nombreux grands bordeaux secs, parfois avec le soutien du *sémillon* ; le *chenin*, qui est le cépage roi de l'Anjou et de la Touraine ; les nobles *riesling*, *gewurztraminer*, *pinot gris* et *muscat d'Alsace* ; le *viognier*, raisin unique de l'aromatique condrieu, au nord de la vallée du Rhône ; le *marsanne* et la *roussanne*, de la vallée du Rhône et du sud de la France ; ou encore les deux *mansengs*, le petit et le gros, du jurançon…
Les raisins de ces cépages ont tous la peau pâle, avec des nuances de doré, de jaune, de rose, de gris, de bleu ou de marron. Toutefois, on produit également du vin blanc à partir de raisins noirs, car le jus de presque tous les raisins est incolore ; il suffit de retirer les peaux qui

contiennent les pigments colorants, immédiatement après le pressurage. Le champagne en est le plus célèbre exemple.

Des siècles d'observation ont permis aux vignerons de découvrir le cépage qui convient le mieux à un coteau ou à une parcelle donnés, et la sélection continuelle des plants a encore amélioré leur stabilité et leur productivité. Aujourd'hui les vignerons cités dans cet ouvrage recherchent la qualité plutôt que la quantité et pratiquent une viticulture saine, limitant les rendements, attendant la pleine maturité avant de cueillir. Leurs vignes prospèrent et transmettent à leurs vins le caractère du terroir qui les produit, cette qualité essentielle qu'est la *typicité*.
Les techniques de vinification varient bien entendu selon les cépages, afin de traduire au mieux la personnalité de chacun. Certains donnent des vins truffés d'arômes de raisins et de fruits qui sont à leur apogée dans leur prime jeunesse – c'est le cas du sauvignon, du viognier et de certains cépages alsaciens. Ils sont alors vinifiés de manière à valoriser leurs arômes et leur fraîcheur, à basse température et dans un environnement parfaitement hygiénique – l'onéreuse cuve inox étant souvent le milieu idéal –, et la mise en bouteilles a généralement lieu rapidement afin de capturer la pureté du vin. À l'opposé, certains cépages donnent des vins neutres et fermés dans leur prime jeunesse – comme le chardonnay, le chenin et le sémillon –, mais qui se bonifient avec le temps en développant de magnifiques bouquets aux arômes riches et complexes. Leur vinification est très différente. Par exemple, l'élevage prolongé des vins sur leurs lies, dans des fûts de chêne, permet de leur conférer des arômes additionnels dérivés du bois, une plus grande richesse, une plus forte intensité et une capacité de vieillissement grâce à l'oxydation résultant du passage de l'air à travers les pores du bois.

Beaucoup de vins blancs vieillissent bien, mais l'amateur de vin qui accorde de l'importance aux millésimes doit savoir que les grandes années des blancs ne sont pas forcément les mêmes que celles des rouges. Pour les vins secs, les raisins blancs sont en général vendangés deux semaines avant la récolte des rouges ; les raisins ont donc plus de chances d'avoir une bonne acidité et d'éviter les pluies d'octobre dont ont pâti nombre de millésimes rouges pourtant prometteurs. À l'inverse, pour les vins moelleux et liquoreux, la récolte a lieu bien plus tard, car les baies doivent être atteintes par la « pourriture noble » du champignon *Botrytis cinerea* ou par le passerillage, c'est-à-dire la déshydratation des raisins surmûris. Le climat nécessaire, sec et ensoleillé, n'est pas au rendez-vous chaque année, mais les grappes ayant subi la pluie du début d'octobre ont parfois le temps de sécher avant leur récolte. Ainsi, les millésimes « difficiles » pour les rouges, peuvent donner des vins de vendanges surmûries magnifiques, comme en témoigne avec éclat le 1997 dans le Bordelais.

Quels vignerons produisent les meilleurs vins blancs de France, les plus authentiques, les plus harmonieux, et dans quelles régions ? Quels cépages utilisent-ils, quels arômes trouve-t-on dans leurs vins, comment se bonifient-ils avec le temps, et avec quels mets se marient-ils le mieux ? Ce livre répond à toutes ces questions et présente les meilleurs domaines, que leur notoriété soit ancienne et établie ou toute récente, il passe en revue leurs techniques de viticulture et de vinification et les styles de vin qui en résultent. Les bouteilles provenant de ces propriétés, dont les prix vont de quelques euros à plus de cent, satisferont les amateurs les plus exigeants. Leur choix a été opéré à partir de deux critères dominants, la qualité et la régularité, évaluées au cours de nombreuses séances de dégustations comparatives. Les domaines sont classés par région, et apparaissent dans l'ordre alphabétique au sein de leur appellation ou de leur sous-région.

Grâce à sa richesse en microclimats, en sols variés et en cépages multiples, la France propose un choix de vins blancs sans égal. Qu'on recherche la puissance ou la délicatesse, un vin sec ou liquoreux, un vin parfumé et subtil à déguster seul entre amis ou un vin riche pour sublimer un plat complexe... on le trouvera toujours parmi les grands vins blancs de France. Et lorsqu'un cépage de caractère rencontre le terroir qui lui convient et le vigneron qui l'aime, le vin qui en résulte peut être sensationnel.

James Turnbull

Domaine de Chevalier

Au sud de Léognan se dresse une belle propriété moderne, entourée d'un bois, qui n'a jamais eu la prétention – contrairement à de nombreux sites moins prestigieux – de s'enorgueillir du titre de « château ». Ici règne une ambiance décontractée, et le jeune et charmant propriétaire ne fait pas de façons et met ses visiteurs à leur aise. Mais dès qu'ils goûtent son vin, ils se rendent compte qu'ils se trouvent en présence de la « grandeur ». Les deux Chevalier, aussi bien le blanc que le rouge, sont sans aucun doute de grands vins.

La pinède redevient vignoble C'est un homme appelé Cibaley qui créa le domaine et planta le vignoble peu de temps avant 1763. Peu à peu, le nom du domaine évolua en « Chevalier ». Le vin se fit une réputation… puis, pour une raison inconnue, les vignes furent arrachées et remplacées par des pins. Fort heureusement, un négociant bordelais du nom de Jean Ricard, qui possédait le domaine de Malartic-Lagravière, à Léognan, n'avait pas oublié le grand vin produit dans cette clairière au milieu des bois. En 1865, il acheta la propriété et replanta des vignes. À sa mort, Ricard laissa le domaine à son gendre, Gabriel Beaumartin, qui rétablit le vin parmi les meilleurs de la région des Graves. En 1942, le domaine revint à son gendre, par coïncidence également nommé Jean Ricard, qui le transmit en 1948 à son fils Claude.

Un pianiste apprend l'art du vin Pianiste de concert de formation, Claude Ricard étudia l'œnologie et reçut les enseignements du célèbre professeur Peynaud ; grâce à ses inestimables travaux, les vins du domaine furent classés grand cru en 1959 et la notoriété du domaine s'étendit au-delà des frontières. L'une des priorités de Ricard fut d'améliorer la qualité du Chevalier blanc, et il introduisit la pratique sauternaise de vendanger par tris successifs de manière à ne récolter que les grappes arrivées à parfaite maturité. Le vin acquit la réputation de l'un des plus grands blancs de France, un digne compagnon de l'exquis rouge du domaine.
En 1983, la famille Ricard vendit la propriété aux Bernard, négociants en eaux-de-vie et en vins. Le jeune Olivier Bernard se vit offrir la chance de prendre en charge le domaine, et Claude en demeura le régisseur pendant cinq ans pour l'aider à bien comprendre la nature de Chevalier. Depuis, Olivier et son équipe travaillent à maintenir l'excellence du domaine. Ainsi, le chai a été reconstruit et rééquipé ; dans l'ensemble du vignoble, la densité de plantation des ceps atteint les 10 000 pieds par hectare – la norme étant plutôt de 6 500 pieds. Et le problème du gel, spécifique à ces terres situées au cœur de la forêt, a été résolu par un défrichement partiel des bois… Tout a été mis en œuvre pour obtenir la meilleure qualité possible.

Une production réduite, signe d'exigence Le Domaine de Chevalier blanc est très recherché des connaisseurs. Olivier Bernard a limité le vignoble à 4 hectares – c'est selon lui le maximum qu'il puisse produire en maintenant la qualité actuelle. Vinifié en fûts de chêne, le vin est corsé et riche, gras et succulent, mais avec une certaine austérité qu'on ne trouve pas chez ses pairs. On doit lui laisser le temps de se bonifier… c'est-à-dire au moins une douzaine d'années ! Riche et intense au palais, il fait preuve d'un équilibre impeccable. Dans sa jeunesse, on y retrouve essentiellement des arômes de miel, mais par la suite il acquiert des saveurs de noix et ressemble même parfois à un sauternes sec. À table, ce seigneur aime la compagnie d'un homard rôti à la broche.

Bordeaux
• *A.O.C. :*
Pessac-Léognan

• *Vin sélectionné :*
Domaine de Chevalier
• *Classification :*
cru classé
• *Cépages :*
sauvignon 70 %,
sémillon 30 %
• *Géologie :*
sable noir et graves fines sur grès
• *Âge moyen des vignes :*
30 ans

• *Autres vins produits :*
✓ Domaine de Chevalier rouge
✓ « L'Esprit de Chevalier » (rouge et blanc)

• *Propriétaire :*
SC du Domaine de Chevalier
• *Administrateur-gérant :*
Olivier Bernard
• *Directeur adjoint :*
Rémi Édange
• *Directeur technique :*
Thomas Stonestreet
• *Maître de chai :*
Laurence Ters
• *Œnologues-conseil :*
Pascal Ribéreau-Gayon & Denis Dubourdieu
• *Superficie du vignoble :*
- *Vin blanc :*
4 hectares ;
- *Vin rouge :*
31 hectares ;
• *Production (grand vin) :*
- *Vin blanc :*
15 000 bouteilles ;
- *Vin rouge :*
80 000 bouteilles ;
• *Vente au château :*
non
• *Visites :*
sur rendez-vous

Table des millésimes :
1999 *****
1998 *****
1997 ***
1996 *****
1995 ****
1994 ****
1993 **
1992 *****
1991 ****
1990 *****
1989 ****
1988 ****
1987 *****
1986 *****
1985 *****
1984 ****
1983 *****
1982 ****
1981 ***
1979 ****
1978 ****
1976 ***
1975 ****
1971 ***
1970 *****
1964 *****
1961 *****
1949 *****

PESSAC LEOGNA
APPELLATION PESSAC LEOGNAN CONTROLEE
DOMAINE DE CHEVALIER
1993
S.C. DOMAINE DE CHEVALIER PROPRIÉTAIRE A LÉOGNAN-GIRONDE
OLIVIER BERNARD - ADMINISTRATEUR
MIS EN BOUTEILLE AU CHATEAU

Le château de Fieuzal produit un vin rouge excellent qui gagna au domaine son inclusion dans la classification originale des graves de 1953. Néanmoins, c'est le magnifique vin blanc de Fieuzal qui fait l'objet de cette monographie. Fieuzal n'est pas classé pour son blanc car la production confidentielle de l'époque ne le permit pas. Heureusement, le domaine le produit maintenant en quantité suffisante pour qu'il ne soit pas trop difficile d'en trouver.

L'abandon et la renaissance du domaine En 1892, Alfred de Griffon vendit Fieuzal, propriété datant du XVIe siècle, à Abel Ricard, un membre de la famille qui détenait déjà des parts dans les domaines de Chevalier et Malartic-Lagravière. Le vin de cette époque a dû être bon puisque l'un de ses clients était le pape Léon XIII. Mais le domaine connut les mêmes problèmes que bon nombre de ses pairs durant la Grande Guerre et la dépression qui la suivit, et tomba peu à peu à l'abandon. Ricard mourut pendant la Seconde Guerre mondiale, et sa fille Odette et son gendre suédois Éric Bocké le prirent en main.

Le vin blanc de Fieuzal naît L'une des premières tâches auxquelles ils s'attelèrent fut de replanter le vignoble, et ils décidèrent alors de placer quelques rangs de blancs à côté des vignes de raisin noir. Peu à peu, le vin fut ramené à sa qualité antérieure et les efforts des propriétaires furent justement récompensés en 1953 par la classification du rouge. Odette Bocké mourut en 1974 et son mari vendit l'exploitation peu de temps après, à Georges Nègrevergne.
C'est au gendre de Nègrevergne, Gérard Gribelin, qu'échut la responsabilité de diriger le domaine et c'est son dynamisme, son perfectionnisme et son ambition qui ont permis à Fieuzal d'atteindre des sommets inconnus jusqu'alors. Grâce à la hausse de la réputation du cru et des ventes de vin, Gribelin a pu agrandir le vignoble et investir dans de nouveaux équipements de vinification – ce qui a été incontestablement bénéfique aux vins.
En 1994, les héritiers de Nègrevergne vendirent le domaine à la Banque Populaire. Gérard Gribelin continue néanmoins d'être responsable de l'exploitation du domaine.

Complexe et de longue garde Le rouge est un vin de garde ; il est plutôt corsé, riche et charpenté pour un léognan, et développe au fil des ans de la finesse et une grande complexité aromatique. Néanmoins, c'est le blanc qui a vraiment arrêté les amateurs de vin ces dernières années. En 1984, Gribelin commença à le vinifier en fûts de chêne et à le laisser pendant un an sur ses lies, qui sont « bâtonnées » (remuées) régulièrement. Ces deux changements de pratique ont apporté au vin une nette amélioration en termes de saveur, de complexité et de gras, avec la perspective d'une bonification en bouteille sur une douzaine d'années.

Une texture grasse et opulente Lorsqu'il est jeune, le vin a des arômes superbes d'agrumes et de pêches blanches, en bon équilibre avec des arômes vanillés de chêne et une bonne acidité. Mais laissé en bouteille, il acquiert fréquemment des arômes de miel et de noix qui complètent ceux des fruits, tandis que le chêne se fait plus discret et que la texture devient plus grasse, voire même opulente.
Ce vin s'allie très bien avec de nombreux poissons ou viandes blanches en sauce, ainsi que les fromages de chèvre ; mais les gourmets qui recherchent une expérience gustative inoubliable devraient ouvrir un Fieuzal blanc 1985 sur un dos de sandre rôti au lard et aux lentilles !

Bordeaux
• *A.O.C. :*
Pessac-Léognan

• *Vin sélectionné :*
Château de Fieuzal
• *Cépages :*
sauvignon 50 %,
sémillon 50 % ;
• *Âge moyen des vignes :*
30 ans
• *Géologie :*
graves profondes
• *Production :*
35 000 bouteilles

• *Autres vins produits :*
✓ Château de Fieuzal (rouge)
✓ « L'Abeille de Fieuzal » (blanc et rouge)

• *Propriétaire :*
SA du Château de Fieuzal
• *Président du directoire :*
Gérard Gribelin
• *Directeur :*
Jean-Luc Marchive
• *Superficie du vignoble :*
- *Vin blanc :*
10 hectares ;
- *Vin rouge :*
37 hectares
• *Vente au château :*
oui
• *Visites :*
sur rendez-vous

Table des millésimes :
1998 ****
1997 ***
1996 *****
1995 *****
1994 ****
1993 ***
1992 ***
1991 ***
1990 ****
1989 ****
1988 ****
1987 ****
1986 ****
1985 *****
1984 **
1983 ****

CHATEAU
LEOGNAN
GRAND VIN DE GRAVES
TRADE MARK
1989
CHATEAU
DE FIEUZAL
PESSAC-LEOGNAN
APPELLATION PESSAC-LEOGNAN CONTRÔLÉE
750 ML
12,5 %vol
S.A. CHATEAU DE FIEUZAL, PROPRIETAIRE A LEOGNAN-GIRONDE
MIS EN BOUTEILLE AU CHATEAU

En 1855, seule une propriété hors du Médoc fut intégrée dans la classification des vins rouges de la Gironde – mais étant donné la qualité indéniable de ce vin, il était hors de question de ne pas l'y inclure. Le Château Haut-Brion fut classé premier cru, et aujourd'hui encore il continue de prouver par une régularité exceptionnelle combien il est digne de son classement prestigieux. Moins connu que son vin rouge, son blanc, produit en très faible quantité, est l'un des meilleurs de la production française.

Une renommée internationale depuis le *XVII*^e^ ***siècle*** Le magnifique domaine de Haut-Brion fut créé en 1533 par Jean de Pontac. Dès le début, les Pontac eurent de grandes ambitions pour leur vin, l'améliorant régulièrement et agrandissant petit à petit leur vignoble. Arnaud III de Pontac mit en œuvre de nouvelles pratiques de vinification telles que l'ouillage et le soutirage, avec l'objectif de donner à son vin la possibilité de se bonifier avec l'âge. Le vin commença à se répandre sur les marchés d'exportation, en particulier en Angleterre où le « New French Claret » devenait à la mode. Ce fut le premier bordeaux à être explicitement décrit par son nom là-bas, lorsque le chroniqueur Samuel Pepys mentionna avoir goûté du « Ho-Bryan » à la Royal Oak Tavern, à Londres.
Le domaine resta aux mains de la famille Pontac jusqu'en 1801, lorsqu'il fut acquis par le ministre des Affaires étrangères de Napoléon, monsieur de Talleyrand. Il en résulta que le vin fut servi à de nombreuses grandes occasions, et son prestige en fut ainsi accru. Puis il devint la propriété du banquier Joseph Larrieu en 1836 et resta dans sa famille jusqu'en 1923. Il y eut tant de membres actionnaires dans la famille Larrieu - passionnés et dévoués à leur domaine - que cela généra des problèmes insurmontables et que Haut-Brion dut être mis en vente.

Des propriétaires américains attentionnés Son acquéreur fut l'un des plus grands financiers de New York, Clarence Dillon. La légende raconte que Dillon partit dans sa limousine par un jour gelé et brumeux pour acquérir Cheval Blanc, également en vente à ce moment. Cependant, les 35 kilomètres de route n'étaient pas envisageables dans de telles conditions climatiques, et en passant devant Haut-Brion, il décida que ce domaine lui conviendrait tout aussi bien. C'est sa petite-fille Joan, duchesse de Mouchy, qui est aujourd'hui à la tête du Domaine Clarence Dillon SA.
Haut-Brion a la chance d'être dirigé par Jean-Bernard Delmas, l'un des meilleurs experts français en matière de viticulture et d'ampélographie ; sa maîtrise de la sélection clonale de vignes adaptées au merveilleux sol de graves profondes de Haut-Brion assure aux vins leur position parmi les meilleurs Bordeaux.

Richesse, profondeur et grandeur Le Haut-Brion blanc est vinifié et élevé en chêne neuf ; c'est un vin d'une richesse, d'une profondeur et d'une grandeur inouïes. Quelque peu rigide dans sa jeunesse, il récompense largement une décennie, voire plus, de conservation. À ce point, son bouquet complexe rappelle le miel, les épices et le tilleul, avec souvent un caractère balsamique, et ravit le dégustateur par sa grande qualité et son originalité. D'une élégance surprenante compte tenu de sa concentration, ce nectar est doté d'une persistance longue et intense, rivalisant de ce fait avec les vins blancs des appellations les plus prestigieuses. Il accompagne à merveille le homard à l'armoricaine, et tout poisson en sauce – particulièrement le turbot.

Bordeaux
• *A.O.C. :*
Pessac-Léognan

• *Vin sélectionné :*
Château Haut-Brion
• *Cépages :*
sémillon 63 %,
sauvignon 37 % ;
• *Âge moyen des vignes :*
30 ans
• *Géologie :*
graves sur sous-sol argilo-sableux
• *Production :*
9600 bouteilles

• *Autres vins produits :*
✓ « Les Plantiers du Haut-Brion » (deuxième vin blanc)
✓ Château Haut-Brion (vin rouge) ;
✓ « Le Bahans du Château Haut-Brion » (deuxième vin rouge)

• *Propriétaire :*
Domaine Clarence Dillon SA
• *Directeur général adjoint :*
Jean-Bernard Delmas
• *Vinificateur :*
Jean-Philippe Masclef
• *Chef de culture :*
Pascal Baratié
• *Maître de chai :*
Jean-Philippe Masclef
• *Superficie du vignoble :*
2,7 hectares
• *Vente au château :*
non
• *Visites :*
sur rendez-vous

Table des millésimes :
1999 *****
1998 *****
1997 ****
1996 ****
1995 *****
1994 ****
1993 ***
1992 ***
1990 ****
1989 ****
1988 ***
1987 **
1985 ***
1984 ***
1983 ***
1982 ****

CHATEAU HAUT-BRION
1995
GRAND VIN DE GRAVES
Pessac-Léognan
Appellation Pessac-Léognan Contrôlée
PRODUCE OF FRANCE

Malheureusement pour le passionné de vin, celui de Laville-Haut-Brion n'est pas facile à trouver car son vignoble est minuscule et la demande excède largement l'offre. Il s'agit toutefois de l'un des plus grands vins blancs secs français, et en tant que tel, si rare qu'il soit, tout amateur de vins blancs de garde riches et complexes se doit au moins une fois dans sa vie de s'en offrir une bouteille.

Une reconversion d'un coin de vignoble Laville-Haut-Brion est un vin jeune. La parcelle qui constitue le vignoble d'aujourd'hui était à l'origine une partie délimitée de La Tour-Haut-Brion, un vignoble de vin rouge, qui fut exploitée au XVIIe siècle par Arnaud de Laville. Après la Révolution, cette parcelle garda son nom. Elle passa dans les mains de Pierre-David Bouscasse, puis de Léopold Bibonne, et fut à un moment réincorporée dans le vignoble de La Tour-Haut-Brion.
Quand Frédéric Woltner commença à exploiter le vignoble de La Tour en 1920, il remarqua qu'une partie du vignoble, la même partie sud que Laville avait démarquée, n'avait pas le même sol que les autres: les graves étaient moins profondes et plus argileuses qu'ailleurs, la rendant moins bien adaptée à la production de vin rouge. En 1923, il arracha les pieds de cabernet et de merlot et les remplaça par du sémillon et du sauvignon – les cépages nobles des graves blancs et des sauternes. Il produisit son premier vin blanc en 1928.

L'acier cède la place au chêne Comme pour ses rouges, le blanc devint rapidement un exemple notoire de ce que peut produire l'alliance d'un grand terroir et d'un vigneron inspiré. Au départ, Woltner fermenta son vin dans les mêmes cuves révolutionnaires, en acier revêtu de verre, qu'il avait introduites à La Mission; aujourd'hui, sous l'égide de Jean-Bernard Delmas, le vin est fermenté et élevé dans de nouvelles barriques de chêne, qui lui confèrent une richesse et une structure rendant possible une évolution prolongée en bouteille.

Une palette aromatique fascinante Comme pour tous les grands graves et les grands sauternes, l'utilisation – adaptée à la qualité du millésime – de chêne ajoute énormément à l'ensemble, non seulement en permettant au vin en cours d'élevage de respirer, mais aussi en apportant une contribution à la palette des arômes. Quand le vin est jeune, les arômes du chêne sont très présents, puis, avec le temps, ils se mêlent aux autres qualités aromatiques pour donner un vin gras et succulent, avec des nuances de miel et parfois d'épices. Lorsqu'il est très vieux, le Laville développe des arômes de noisette et de caramel au beurre… et ressemble parfois à un sauternes sec.

Des accords gastronomiques inhabituels Un vin doté d'une personnalité si complexe est un vin pour la table. Seuls les amis qui apprécient particulièrement le vin seront invités… et à ce dîner mémorable, on sortira de la cave le meilleur vieux millésime de Laville pour accompagner un homard rôti à la broche, un dos de sandre rôti au lard et aux lentilles, ou encore des huîtres gratinées à la fondue de légumes. Les convives n'oublieront pas cette soirée si rapidement…

Bordeaux
• *A.O.C.:*
Pessac-Léognan

• *Vin sélectionné:*
Château Laville-Haut-Brion
• *Classification:*
cru classé
• *Cépages:*
sémillon 70 %,
sauvignon 27 %,
muscadelle 3 %
• *Âge moyen des vignes:*
51 ans
• *Géologie:*
graves sur sous-sol
de sable et d'argile
• *Production:*
13 000 bouteilles

• *Propriétaire:*
Domaine Clarence
Dillon SA
• *Directeur général adjoint:*
Jean-Bernard Delmas
• *Chef de culture:*
Pascal Baratié
• *Vinificateur:*
Jean-Philippe Masclef
• *Maître de chai:*
Jean-Philippe Masclef
• *Superficie du vignoble:*
3,7 hectares
• *Vente au château:*
non
• *Visites:*
sur rendez-vous

Table des millésimes:
1998 ****
1997 ****
1996 *****
1995 *****
1994 ****
1993 ****
1992 ****
1991 ****
1990 *****
1989 *****
1988 ****
1987 ***
1985 *****
1983 ****
1982 ***
1981 ***
1980 **
1979 **
1976 *****
1975 *****
1973 ***
1971 ****
1970 ***
1968 ***
1967 ***
1966 ****
1965 ***
1962 ****
1947 *****
1945 *****

Cru Classé des Graves
CHATEAU
LAVILLE HAUT-BRION
1998
PESSAC-LÉOGNAN
Appellation Pessac-Léognan Contrôlée

Château Smith-Haut-Lafitte

L'un des plus spectaculaires rétablissements récents d'un ancien domaine viticole bordelais en déclin est celui du château Smith-Haut-Lafitte, dans le nord des Graves. La renaissance de Smith remonte à 1990, date à laquelle il fut acheté par Daniel et Florence Cathiard ; tous deux, après avoir mené de belles carrières dans les affaires, recherchaient un nouveau défi, et ils l'ont trouvé dans les graves de Martillac.

Une viticulture datant du XIVe siècle Le plateau de graves où est situé Smith fut dédié à la viticulture dès 1365 (*fitte* est un mot du Moyen Âge qui signifie tertre), d'abord par la famille Du Boscq jusqu'en 1549, puis par la famille Verdier. En 1720, les Verdier vendirent le domaine à l'Écossais George Smith, qui exportait de grandes quantités de son vin, nouvellement baptisé en Angleterre, sur ses propres bateaux. En 1856, le maire de Bordeaux, Sadi Duffour-Dubergier, acheta le domaine. À la fin du siècle, il s'étendait sur 68 hectares de vignes de vin rouge et 5 hectares de vignes de vin blanc, et les vins se vendaient au prix des quatrièmes ou cinquièmes crus du Médoc.

L'exploitation par les Duffour-Dubergier s'arrêta en 1902 avec la vente de Smith à un Allemand du nom de Handels Gesellschaft. Cette même année, la société de négociants Eschenauer signa un contrat d'exclusivité avec lui. À l'issue de la Grande Guerre, le domaine fut confisqué par le gouvernement en tant que bien appartenant à l'ennemi, et fut vendu après la guerre au trésorier général d'Indochine.

Les Cathiard s'investissent dans le vin En 1990, Daniel et Florence Cathiard deviennent les nouveaux propriétaires du domaine et pratiquent la récolte manuelle en cagettes et le tri manuel post-éraflage. En 1992, tout herbicide est supprimé et une station météorologique est installée au cœur du vignoble. En 1996, les Cathiard adoptent la méthode de «confusion sexuelle» pour lutter contre l'Eudémis et réintroduisent le typhlodrome, prédateur naturel de l'araignée rouge. Un an plus tard, ils décident de fabriquer leur propre compost organique. La vinification, elle aussi, bénéficie de toute leur attention ; désormais, la fermentation malolactique se fait en barriques et, en 1998, de petits foudres en bois – fabriqués par le tonnelier du château avec des merrains sélectionnés en forêt de Tronçais et séchés pendant deux ans à l'air libre – remplacent les grandes cuves en acier et en inox. Grâce à leur rigueur et à leur approche écologique du vignoble, à la limitation des rendements, à une sélection sévère de la matière première récoltée et à une vinification méticuleuse, les vins firent de rapides progrès, en particulier le blanc, qui ne tarda pas à être reconnu par les experts.

Deux vins qui brillent de nouveau Jusqu'en 1993, on pouvait encore accuser le rouge d'être trop mince et de manquer de complexité – mais plus maintenant ! Au cours des millésimes successifs, il a gagné en étoffe et en dimensions, tout en conservant son habituelle texture de soie et son équilibre parfait. Quant au blanc, il offre une véritable explosion d'arômes. Des fruits exotiques côtoient des minéraux, de l'herbe et du chêne grillé… tous enrobés dans une opulence magnifique ; et une acidité parfaite empêche l'ensemble de mollir.

Ce vin fait un excellent apéritif, et brille en la compagnie de poissons et de viandes blanches en sauce, ou de crustacés ; Florence Cathiard recommande aussi de le servir avec des mets orientaux légèrement épicés.

Bordeaux
• *A.O.C. :*
Pessac-Léognan

• *Vin sélectionné :*
Château Smith-Haut-Lafitte
• *Cépages :*
sauvignon blanc 95 %,
sauvignon gris 5 % ;
• *Âge moyen des vignes :*
35 ans
• *Géologie :*
graves profondes
• *Production :*
35 000 bouteilles

• *Autres vins produits :*
✓ Château Smith-Haut-Lafitte (rouge)
✓ « Les Hauts de Smith » (rouge, blanc et rosé)

• *Propriétaires :*
Daniel & Florence Cathiard
• *Directeur technique :*
Fabien Teitgen
• *Chef de culture :*
Jeremy Harris
• *Maître de chai :*
Patrick Lalanne
• *Œnologues-conseil :*
Pascal Ribéreau-Gayon
Michel Rolland ;
• *Superficie du vignoble :*
- *Vin blanc :*
11 hectares ;
- *Vin rouge :*
45 hectares
• *Vente au château :*
oui
• *Visites :*
sur rendez-vous

Table des millésimes :
1998 ****
1997 ****
1996 ****
1995 *****
1994 ****
1993 ****
1992 ****
1991 ****
1990 ***
1989 ***
1988 ****
1987 ***
1986 **
1985 ***
1984 **
1983 **

SHL
seit 1365
GRAND VIN DE
1992
CHATEAV
SMITH HAVT LAFITTE
PESSAC-LÉOGNAN
APPELLATION PESSAC-LÉOGNAN CONTRÔLÉE
12,5%Vol.
75cl
S.H.L. S.E. DANIEL CATHIARD PROPRIÉTAIRE
A MARTILLAC (GIRONDE) FRANCE
MIS EN BOUTEILLE AU CHATEAU
PRODUCE OF FRANCE

La commune de Barsac, située dans la partie nord du Sauternais, compte deux propriétés classées premier cru en 1855, dont le château Climens. Ce domaine a son propre style, qui allie les caractéristiques des barsacs à celles des sauternes. C'est l'un des meilleurs vins liquoreux de France, qui inspire une passion particulière à ses admirateurs.

Une succession de propriétaires talentueux En 1547, Guirault Roborel, procureur du roi à Barsac, acquit quelques parcelles de terrain dans un lieu appelé Climens – l'origine du nom n'est pas connue – et y planta des vignes. Le domaine prospéra et resta la possession de sa famille jusqu'en 1800, avant d'appartenir brièvement à un certain Jean Binaud, puis d'être acquis par un négociant bordelais nommé Éloi Lacoste, qui possédait également le château Pexiotto – un deuxième cru qui depuis lors a été intégré au château Rabaud-Promis. Lors de la tenure de Lacoste, le vin atteignit un niveau qualitatif supérieur, et ses efforts furent justement récompensés par la classification du vin en 1855.
Les deux propriétés furent achetées en 1871 par Alfred Ribet, qui eut le malheur de les voir succomber aux ravages du phylloxéra peu après. En 1885, il décida de les revendre et trouva un acheteur pour Climens en la personne du propriétaire du deuxième cru voisin Doisy-Dubroca, Henri Gounouilhou. Ce fut la famille Gounouilhou qui gagna pour Climens sa renommée actuelle et qui élabora bon nombre de grands millésimes qui sont encore splendides. Elle posséda les deux domaines jusqu'en 1971, date à laquelle elle les vendit à Lucien Lurton. En 1992, sa fille Bérénice prit la responsabilité de Climens.

Du sémillon, des «tries» sévères, des sélections draconiennes Fait assez rare, le Climens est élaboré exclusivement avec du cépage sémillon. Le vignoble, d'un seul tenant et de 29 hectares, au sol bien drainé de sables rouges qui repose sur un sous-sol calcaire, est cultivé de façon traditionnelle. Au moment de la récolte, les vendangeurs effectuent plusieurs passages dans le vignoble afin de ne cueillir que les raisins suffisamment atteints de « pourriture noble ». Les raisins sont ensuite triés sur la remorque, avant qu'elle n'arrive au cuvier, puis, après le pressurage au fur et à mesure que les baies arrivent, le moût est vinifié par petits lots.
La fermentation s'effectue en fûts de chêne, dont entre un tiers et la moitié est renouvelé chaque année. Puis viennent le processus de sélection des meilleurs fûts et l'assemblage de ceux-ci. La sélection est draconienne, et certaines années les Lurton préfèrent ne pas faire de grand vin – ce fut le cas en 1984, 1987, 1992 et 1993. Le vin est ensuite élevé pendant deux ans avant sa mise en bouteilles.

L'alliance de la puissance et de la nervosité Le Climens est un vin unique, au sens où il réunit le caractère des sauternes et celui des barsacs. Il a la puissance, la richesse et le gras de l'un, l'élégance, la délicatesse et la nervosité de l'autre. Ces caractéristiques donnent des vins de très longue garde qui retiennent une fraîcheur et une vivacité aromatique surprenantes jusqu'à un âge vénérable. Le grand dégustateur anglais Michael Broadbent écrivit à propos du millésime 1929 : « Ma dernière note est datée de mars 1983, mais je revis cet instant sans me lasser. »
Le Climens est un délice pour le gastronome, un partenaire idéal du foie gras comme du ris de veau, du poulet au curry comme de la feuillantine de poires...

Bordeaux
• *A.O.C.* :
Barsac

• *Vin sélectionné* :
Château Climens
• *Classification* :
premier cru classé
• *Cépage* :
sémillon 100 %
• *Âge moyen des vignes* :
35 ans
• *Géologie* :
sables rouges et graves sur socle calcaire
• *Production* :
30 000 bouteilles

• *Autres vins produits* :
✓ « Cyprès de Climens »

• *Propriétaire* :
Bérénice Lurton
• *Chef de culture* :
Christian Broustaut
• *Vinificateur* :
Christian Broustaut
• *Directeur technique* :
Frédéric Nivelle
• *Maître de chai* :
Christian Broustaut
• *Œnologue-conseil* :
Pierre Sudraud
• *Superficie du vignoble* :
29 hectares
• *Vente au château* :
oui
• *Visites* :
sur rendez-vous

Table des millésimes :
1998 ****
1997 *****
1996 ****
1995 ***
1994 ***
1991 ***
1990 *****
1989 *****
1988 *****
1986 *****
1985 ***
1983 ****
1982 **
1981 **
1980 ****
1979 ***
1978 ***
1976 ****
1975 ****
1971 *****
1970 **
1967 ***
1962 *****
1961 ***
1959 *****
1949 *****
1947 *****
1937 *****
1929 *****

1989
Château Climens
1er CRU
Sauternes-Barsac
APPELLATION BARSAC CONTRÔLÉE
SCEA DU CHATEAU CLIMENS A BARSAC (GIRONDE)
MIS EN BOUTEILLE AU CHATEAU
PRODUCE OF FRANCE

Il existe plusieurs crus sauternais qui, pour une raison ou pour une autre, ne furent pas classés en 1855, mais qui pourtant atteignent voire dépassent le prix des premiers crus et ont une réputation comparable. Le rare et exquis Château de Fargues en est un.

Une même famille propriétaire depuis 1472 Fargues appartient au propriétaire d'Yquem, le comte Alexandre de Lur-Saluces, qui l'élabore selon les mêmes méthodes exigeantes qu'à ce dernier. Que peut-on dire de plus?... La propriété appartient à sa famille depuis 1472, année où Izabelle de Monferrand, héritière du château de Fargues, épousa Pierre de Lur. En 1586, leur descendant, au moment de son mariage avec la fille du marquis de Saluces, changea son nom en Lur-Saluces.

L'inauguration d'un vin liquoreux Fargues est une grande propriété de polyculture et ici, on produisit du vin rouge pendant longtemps. Ce ne fut que dans les années trente que Bertrand de Lur-Saluces, oncle du propriétaire actuel, décida de cesser de produire du rouge pour consacrer ses meilleures parcelles à la production d'un blanc liquoreux. La première mise en bouteilles de sauternes du château de Fargues eut lieu en 1943 ; pour cette raison, le vin ne fait partie d'aucune classification. Dès le début, le propriétaire avait pour objectif de produire un vin aussi grand que le permettrait le terroir, avec la même quête d'une qualité irréprochable – quel que soit le sacrifice financier – qu'à Yquem.

Une viticulture et une vinification des plus exigeantes Les deux vins sont élaborés à partir de proportions identiques des cépages sémillon et sauvignon ; les deux vignobles reçoivent les mêmes soins et la vendange s'effectue de la même manière aux deux domaines – c'est-à-dire par plusieurs tris dans la vigne, pour ne cueillir que les baies suffisamment atteintes par la « pourriture noble ». La seule petite différence, c'est que le Fargues est élaboré en barriques de première année d'Yquem, tandis qu'à ce dernier, on n'utilise que du bois neuf. Cependant, la période d'élevage avant la mise en bouteilles est aussi longue qu'à Yquem – plus de trois ans – et il va de soi que le vin n'est à aucun moment filtré.

Un nectar qui peut être pris pour de l'Yquem Goûté seul, on peut facilement prendre le Fargues pour l'Yquem. Ce n'est qu'en comparant les deux que l'on se rend compte de la différence. Ce qui met à part l'Yquem, ce sont sa profondeur et sa complexité phénoménales, et sa sublime richesse – mais nous sommes en train de comparer le Fargues à un vin unique, sans rival ! Or, étant donné que le Fargues coûte moins de la moitié du prix de son compagnon d'écurie, c'est une excellente affaire. Il est seulement dommage que la production soit tellement minime.

Une fois la bouteille de ce nectar débouchée, il convient d'abord de le déguster seul par petites gorgées, pour faire sa connaissance ; ensuite, de le servir sur un foie gras de canard en terrine, suivi d'un chaud-froid de volaille à l'ancienne, accompagné de petits légumes et truffes en feuilleté. À ce stade, le Fargues apprécie un court tête-à-tête avec un bon roquefort ; et en fin de repas, il s'amuse à badiner avec une tarte peu sucrée aux fruits frais.

Bordeaux
• *A.O.C.:*
Sauternes

• *Vin sélectionné:*
Château de Fargues
• *Cépages:*
sémillon 80 %,
sauvignon 20 %
• *Âge moyen des vignes:*
35 ans
• *Géologie:*
graves sur sous-sol
de graves et argile
• *Production:*
12 000 bouteilles

• *Autres vins produits:*
✓ « Guilhem de Fargues »
(blanc sec)

• *Propriétaire:*
Famille Lur-Saluces
• *Responsable exploitation:*
François Amirault
• *Superficie du vignoble:*
15 hectares
• *Vente au château:*
oui
• *Visites:*
sur rendez-vous

Table des millésimes:
1994 ****
1993 ***
1991 ****
1990 *****
1989 *****
1988 *****
1986 *****
1985 ****
1984 ***
1983 *****
1982 ****
1981 *****
1980 ***
1979 ****
1976 *****
1975 *****
1971 *****
1967 *****
1947 *****

E AU CHATEAU
APPELLATION SAUTERNES CONTROLÉE
CHATEAU DE FARGUES
Lur-Saluces
SAUTERNES
1990
750 ml.
13,5% VOL.
MIS EN BOUTEILLE AU CHATEAU
LUR-SALUCES FARGUES DE LANGON (GDE) FRANCE

Dans nombre de restaurants prestigieux en Europe, les dîneurs, parcourant des yeux la carte des vins, trouveront un sauternes dont ils n'auront peut-être jamais entendu parler : le Château Gilette. Sur la carte, il sera placé à côté des meilleurs premiers crus, quoique n'ayant pas lui-même de classification. Les dîneurs remarqueront ensuite que les millésimes proposés sont de grandes années, parvenus à maturité et difficilement trouvables aujourd'hui. Et c'est bien là que réside le secret de l'originalité et de la grandeur de ce vin.

Un élevage bien particulier La spécificité du Gilette demeure dans son élevage, avant sa mise en bouteilles. Jusque-là, on l'élabore comme tous les autres grands sauternes, en attendant l'apparition espérée du champignon *Botrytis cinerea*, en cueillant des grappes, voire des baies individuelles, au fur et à mesure qu'elles deviennent suffisamment atteintes par le champignon, et en effectuant la vinification lentement, à température relativement basse.
C'est à ce stade que le propriétaire, Christian Médeville, quitte les pratiques ordinaires. Au lieu d'élever le vin en barriques de chêne, il se sert de grandes cuves, pour y laisser son vin non pas pendant environ deux ans, mais pendant plus de quinze ! La première année est passée en cuves en inox, et le vin est ensuite transféré dans des cuves hermétiques en ciment pour son long séjour, avant d'être mis en bouteilles. Et finalement, comme s'il avait du mal à se séparer de ses trésors, Médeville – surnommé « l'antiquaire du Sauternais » – les laisse se bonifier ensuite en bouteilles pendant quelque quatre ans avant de permettre à ses clients passionnés de les emporter.
Grâce à cet élevage prolongé, le vin a au moins vingt ans d'âge quand il est mis sur le marché, à un moment où la plupart de ses confrères de la même année ont depuis longtemps été consommés. Et c'est un remarquable vin de vingt ans qui juxtapose la fraîcheur exubérante de la jeunesse aux arômes riches d'un sauternes parvenu à maturité.

Une pratique née de circonstances difficiles La récession des années trente fut à l'origine de cette procédure. Gilette, propriété de la famille Médeville depuis 1822, est minuscule et ne fut pas classifié en 1855 car personne ne le connaissait. Quand René Médeville, père de Christian, en hérita dans les années trente, il était tellement peu rentable que l'investissement dans de nouvelles barriques de chêne était hors de question. Plutôt que d'assujettir le vin à de vieilles barriques ou de le vendre en vrac, il préféra le conserver et fit construire des cuves en ciment à cette fin. Sans le savoir, il avait trouvé une idée novatrice, et il fut sans doute bien étonné la première fois qu'il en découvrît le résultat !

« Crème de tête » ou « doux », sinon rien Les meilleures années donnent naissance à un vin de « crème de tête », tandis que lors des années simplement bonnes, Médeville élabore un Gilette « doux » ; certaines années, les deux sont élaborés, tandis que dans les petites années, ni l'un ni l'autre ne sont produits, le vin étant vendu en vrac au négoce.
Ce merveilleux vin mérite un brin de courage gastronomique : il faut oser le servir sur un chapon farci au foie gras en pot-au-feu, ou sur des langoustes thermidor, pour faire vivre aux convives une expérience dont ils se souviendront longtemps ; et enfin, terminer le repas en le dégustant sur une tarte fine aux prunes, ou sur un gâteau de poires aux pignons.

Bordeaux
• *A.O.C. :*
Sauternes

• *Vin sélectionné :*
Château Gilette
• *Cépages :*
sémillon 90 %,
sauvignon 8 %,
muscadelle 2 %
• *Âge moyen des vignes :*
50 ans
• *Géologie :*
graves et sable
sur sous-sol calcaire
• *Production :*
6 000 bouteilles

• *Propriétaire :*
Christian Médeville
• *Vinificateur :*
Christian Médeville
• *Superficie du vignoble :*
4,5 hectares
• *Vente au château :*
oui
• *Visites :*
sur rendez-vous

Table des millésimes :
1979 CT ****
1978 CT ****
1976 CT ****
1971 CT ****
1970 CT ****
1967 CT *****
1962 Dx ***
1961 CT ****
1959 CT *****
1958 Dx ***
1955 CT *****
1953 CT *****
1952 Dx ***
1950 CT ****
1950 Dx ***
1949 CT *****
1945 CT ****
1937 CT ****
1928 CT ***
1921 CT ****

CT = crème de tête
Dx = doux

1976
CRÈME DE TÊTE
Chateau
MIS EN BOUTEILLES AU CHATEAU
Sauternes
CHRISTIAN MÉDEVILLE

Sur un emplacement juste à l'ouest du château d'Yquem, entouré des murs d'un château fortifié dont les origines remontent au XIIIe siècle, se trouve l'un des meilleurs domaines de Sauternes, le château Lafaurie-Peyraguey. On ne sait pas avec exactitude quand les vignes furent initialement plantées à cet endroit. Le premier producteur de vin dont on trouve trace fut le baron de Pichard, propriétaire du château Lafite ainsi que du château Coutet, à Barsac.

Une suite de propriétaires plus ou moins intéressés Le domaine fut confisqué pendant la Révolution, suite à la fuite en exil du baron, et vendu à un certain M. Lafaurie, vigneron très estimé. Ce fut lui qui établit la réputation de ce cru. Quand il acheta Lafaurie-Peyraguey, le vin était estimé au niveau des deuxièmes crus ; pourtant, entre la date de l'acquisition et la classification en 1855 des vins de Sauternes, il l'avait hissé à un tel niveau qu'il fut estimé troisième meilleur vin de la région, et dûment récompensé par un classement de premier cru.

M. Lafaurie mourut peu après et le domaine passa au nouveau mari de sa veuve, puis au comte Duchâtel, propriétaire du château Lagrange. Dès 1875, le comte et sa femme étaient morts tous les deux, et pour résoudre des problèmes d'héritage, leurs enfants mirent le domaine en vente. Finalement, il fut vendu en deux parties, et le Clos Haut-Peyraguey vit le jour. Lafaurie-Peyraguey, ainsi diminué, fut acquis par deux hommes, Messieurs Farinel et Grédy, qui achetèrent en 1913 un domaine voisin, le château Barrail-Peyraguey, et l'incorporèrent dans le premier cru. Cependant, ils laissèrent la qualité baisser quelque peu.

Enfin, en 1917, Lafaurie-Peyraguey fut acquis par le négociant bordelais Désiré Cordier, et il est resté aux mains de la société familiale, Domaines Cordier, depuis cette date.

Élaboré dans les règles de l'art sauternais Le vignoble est fait de trois parcelles, toutes composées de graves pyrénéennes, et la grande majorité du terrain est plantée du cépage sémillon, si apprécié du champignon *Botrytis cinerea*. Comme on s'y attend de la part d'un premier cru, la vendange est étalée sur un bon nombre de semaines, pendant lesquelles les vendangeurs effectuent plusieurs tris du raisin afin de ne cueillir que ce qui a été « noblement » pourri. Depuis 1977, le vin est vinifié en barriques de chêne, puis fermenté lentement à une basse température. Il est ensuite élevé pendant 24 à 30 mois dans des barriques renouvelées pour un tiers par an, avant d'être mis en bouteilles.

Au cours des huit décennies de la tenure Cordier, Lafaurie-Peyraguey a toujours maintenu un certain niveau de qualité ; cependant, il a surtout remarquablement brillé au cours de ces dernières années. Un nouveau régisseur et vinificateur, Michel Laporte, fut engagé en 1983. Aidé par le talentueux œnologue des Domaines Cordier, Georges Pauli, il a apporté au vin davantage de complexité, de richesse et d'arômes du *Botrytis*.

Une expression remarquable de finesse et de fraîcheur Lafaurie-Peyraguey est solidement établi parmi les meilleurs domaines de Sauternes, ayant son style particulier – fait de finesse plutôt que de puissance, de fraîcheur et de nervosité plutôt que d'opulence et d'onctuosité ; il est autant barsac que bommes ou sauternes par son caractère.

Cette relative délicatesse en fait un vin à déguster avec des desserts aux saveurs subtiles... tels que la feuillantine de poires ou le sabayon de pêches au sauternes. Il doit être servi bien frais, à environ 6°, et le plaisir des convives ne pourra qu'être accru par ce contraste chaud-froid...

Bordeaux
• *A.O.C. :*
Sauternes

• *Vin sélectionné :*
Château Lafaurie-Peyraguey
• *Classification :*
premier cru classé
• *Cépages :*
sémillon 90 %,
sauvignon 5 %,
muscadelle 5 %
• *Âge moyen des vignes :*
30 ans
• *Géologie :*
graves pyrénéennes
• *Production :*
56 000 bouteilles

• *Autres vins produits :*
✓ « La Chapelle de Lafaurie »
✓ « Le Brut de Lafaurie » (blanc sec)

• *Propriétaire :*
Domaines Cordier
• *Régisseur :*
Michel Laporte
• *Vinificateur :*
Michel Laporte
• *Maître de chai :*
Michel Laporte
• *Œnologue-conseil :*
Georges Pauli
• *Superficie du vignoble :*
41 hectares
• *Vente au château :*
non
• *Visites :*
sur rendez-vous

Table des millésimes :
1998 ****
1997 ****
1996 ****
1995 ****
1994 ***
1992 ***
1991 ***
1990 ****
1989 *****
1988 *****
1987 ***
1986 *****
1985 ***
1984 **
1983 *****
1982 ***
1981 ****
1980 **
1979 ***
1978 **
1976 ***
1975 *****
1971 ***
1970 ***
1966 ****

L905555
CORDIER
1ers Cru Classé de Sauternes
CHATEAU
LAFAURIE-PEYRAGUEY
SAUTERNES
APPELLATION SAUTERNES CONTROLÉE
Mis en bouteilles au Château
A BOMMES, SAUTERNES FRANCE
75 cl
1994
13,5% vol.
DOMAINES CORDIER S.A. PROPRIÉTAIRE
PRODUCE OF FRANCE

À proximité des châteaux d'Yquem et Lafaurie-Peyraguey se trouve un domaine de taille modeste du nom de Raymond-Lafon. C'est la source d'un sauternes magnifique, de la qualité au moins d'un premier cru, sinon plus...

Trop jeune pour la classification de 1855 La propriété fut créée par Raymond Lafon en 1850. Au moment de la classification cinq ans plus tard, elle n'avait guère commencé à produire du vin et fut donc déclaré inéligible pour une classification. Ayant été légué à la génération suivante des Lafon, le domaine fut ensuite hérité par Louis Pontallier à la fin du siècle. La qualité de son vin était déjà reconnue. En 1953, les Pontallier le revendirent à un médecin du nom de Bourdier, qui à son tour le revendit aux Meslier en 1972.

Le vinificateur d'Yquem fait son propre vin Pierre Meslier, régisseur et vinificateur au château d'Yquem, commença à faire son propre vin avec la même attention portée aux détails que celle exigée par son employeur. Dans le même temps, il acheta des parcelles de vigne autour du domaine au fur et à mesure qu'elles étaient mises en vente, car le domaine avait une superficie minuscule de 3,5 hectares au moment de son acquisition. En 1989, il prit sa retraite et ses trois enfants héritèrent de la propriété.

La recherche d'une pourriture parfaite Raymond-Lafon compte maintenant 18 hectares sous vigne, plantés de sémillon et de sauvignon aux proportions traditionnelles de 80 % et 20 %. On emploie ici les mêmes techniques de viticulture et de vinification qu'à Yquem, en commençant par le respect de la terre et par une taille sévère pour réduire le rendement des vignes. Comme ailleurs, quand la brume matinale venant du ruisseau proche, le Ciron, s'allie à la chaleur de l'après-midi, l'espéré champignon *Botrytis cinerea* fait son apparition. Il pourrit ensuite « noblement » les baies en réduisant l'eau dans leur jus, en ajoutant des sucres tels que la glycérine, en augmentant l'acidité et finalement en apportant au jus un goût épicé particulier.
Puisque le champignon n'apparaît pas de façon homogène dans l'ensemble du vignoble, les vendangeurs repassent de nombreuses fois parmi les rangs afin de ne cueillir que les baies parfaitement pourries. À Raymond-Lafon, on effectue jusqu'à onze tris les années difficiles, qui peuvent se prolonger jusqu'en décembre. La cueillette devant avoir lieu par temps sec, il existe un risque important de pourriture grise si le temps se dégrade avant qu'elle ne soit terminée.

Une sélection draconienne Après la fermentation, le vin est élevé jusqu'à trois ans en chêne neuf, comme à Yquem. Le bois est de la meilleure qualité, au grain serré, provenant d'arbres d'entre 180 et 250 ans d'âge. Enfin, dans l'esprit d'Yquem – ne rien produire sauf ce qui est de la plus grande qualité, quel que soit le sacrifice financier –, on effectue une sélection draconienne des barriques avant la mise en bouteilles – ce qui implique de déclasser tous les ans environ un cinquième du vin ; parfois, comme en 1985, on en rejette jusqu'aux deux tiers ! Toutes ces mesures laissent au maximum environ 2 000 caisses par an de Raymond-Lafon, qui doivent être partagées entre les dix-huit pays où il est revendu !
À table, il se prête à nombre d'accords gastronomiques : il accompagne très bien le foie gras, les volailles et les autres viandes blanches, les tartes aux fruits et les fromages bleus ; les Meslier recommandent de le servir sur un petit soufflé au roquefort en timbale.

Bordeaux
• *A.O.C. :*
Sauternes

• *Vin sélectionné :*
Château Raymond-Lafon
• *Cépages :*
sémillon 80 %,
sauvignon 20 %
• *Âge moyen des vignes :*
35 ans
• *Géologie :*
graves et argile
• *Production :*
24 000 bouteilles

• *Autres vins produits :*
✓ Château Lafon-Laroze

• *Propriétaire :*
Famille Meslier
• *Gérante :*
Marie-Françoise Meslier
• *Vinificateur :*
Charles-Henri Meslier
• *Œnologue-conseil :*
Œnoconseil
• *Superficie du vignoble :*
18 hectares
• *Vente au château :*
oui
• *Visites :*
sur rendez-vous

Table des millésimes :
1996 *****
1995 ****
1994 ****
1993 ***
1992 ***
1991 ****
1990 *****
1989 *****
1988 *****
1987 ***
1986 *****
1985 ****
1983 *****
1982 ****
1981 ****
1980 ****
1978 ****
1975 *****

CHATEAU
RAYMOND-LAFON
Sauternes
1990
FAMILLE MESLIER
750 ml
MIS EN BOUTEILLE AU CHATEAU
LS 90 E2
RAYMOND-LAFON VITICULTEUR
SAUTERNES

Bordeaux
• *A.O.C. :*
Sauternes

Situé à une petite distance à l'est du château d'Yquem, surplombant de son emplacement les vignobles qui l'entourent, le château Rieussec est l'une des propriétés les plus importantes du Sauternais. Avec une constance impressionnante, le Rieussec est depuis toujours l'un des meilleurs vins de la région ; cependant, depuis qu'il appartient aux Rothschild de Lafite, sa qualité a gravi des échelons qualitatifs supplémentaires.

Une régularité stupéfiante au vu de son histoire Au XVIIIe siècle, le domaine appartint aux moines carmes de Langon. Il fut placé sous séquestre à la Révolution et vendu peu après à M. Mareilhac, propriétaire à l'époque du château La Louvière, à Léognan. L'histoire de Rieussec depuis cette date jusqu'à nos jours a été parsemée de changements de propriétaires, ce qui rend la régularité du vin tout à fait surprenante. Après avoir été vendu par M. Mareilhac en 1846, le domaine a connu huit propriétaires avant d'être acheté par Albert Vuillier en 1971. Vuillier était passionnément impliqué dans son domaine, mais il l'acquit au mauvais moment, au début d'une suite d'années climatiquement difficiles pour les sauternais. À cause du manque de revenus qui en découla, il ne put profiter pleinement des bonnes années à la fin des années soixante-dix. Il commença donc à rechercher un partenaire disposant de fonds à investir. En 1984, les Rothschild, propriétaires des châteaux Lafite et Duhart-Milon, s'offrirent une participation majoritaire. Enfin l'argent nécessaire pour pousser Rieussec au bout de son potentiel était disponible.

Les Rothschild investissent dans la qualité Des raffinements importants furent rapidement mis en place. Le nombre de tris effectués dans le vignoble, afin de ne cueillir que les baies parfaitement « noblement » pourries, fut augmenté ; la quantité de barriques de chêne neuf pour l'élevage du vin, provenant de la tonnellerie de Lafite, fut largement accrue ; une sélection plus sévère des cuves fut pratiquée, et comme résultat davantage de vin fut mis en bouteilles sous la deuxième étiquette du domaine. Enfin, une chambre de cryo-extraction fut installée en 1987 ; cette technologie permet de séparer l'eau du jus de raisin par le refroidissement du moût à une température inférieure à 0° : l'eau gèle et la glace peut être retirée, tandis que le moût, qui gèle aux alentours de -5°, reste liquide. Actuellement, une phase d'expérimentation est en cours, portant sur l'élevage prolongé en barriques des meilleurs millésimes, ainsi que sur la fermentation en barriques.

La puissance et la richesse du sémillon Il n'y a probablement que le Château d'Yquem qui devance le Rieussec actuel en richesse, en volume et en puissance, ce qui tient sans doute en partie à la décision de cesser d'inclure le jus du sauvignon dans le vin. Celui-ci entre maintenant dans le vin blanc sec du domaine, qui s'appelle « R ». Comme on pouvait s'y attendre, le Rieussec a un formidable potentiel d'évolution – pour autant que les propriétaires des bouteilles arrivent à résister à la tentation de les déboucher trop tôt !...
C'est un vin très accommodant à table ; il accompagne merveilleusement les plats qui incorporent le roquefort, le foie gras et d'autres saveurs fortes. Quand on le sert à la fin du repas, il est parfait sur une tarte non sucrée aux fruits, et c'est l'un des rares vins qui sait faire face aux desserts à base de chocolat.

• *Vin sélectionné :*
Château Rieussec
• *Classification :*
premier cru classé
• *Cépages :*
sémillon 90 %,
sauvignon 7 %,
muscadelle 3 %
• *Âge moyen des vignes :*
34 ans
• *Géologie :*
graves sur sous-sol argileux

• *Autres vins produits :*
✓ « Clos Labère » (second vin)
✓ « R » (blanc sec)

• *Propriétaire :*
Château Rieussec SA
• *Directeur :*
Charles Chevallier
• *Chef de culture :*
Xavier Barrère
• *Œnologue :*
Éric Kohler
• *Maître de chai :*
Serge Lagardère
• *Œnologue-conseil :*
Édouard Massie
• *Superficie du vignoble :*
75 hectares
• *Vente au château :*
non
• *Visites :*
sur rendez-vous

Table des millésimes :
1998 *****
1997 *****
1996 ****
1995 ***
1993 ***
1990 *****
1989 *****
1988 *****
1987 ***
1986 *****
1985 ****
1984 ***
1983 *****
1982 ***
1981 ****
1980 ***
1979 ***
1978 ***
1976 ****
1975 *****
1971 ****
1970 ***
1967 ****
1962 ****
1945 *****

DOMAINES
LAFITE
R
BARONS DE ROTHSCHILD
Château
RIEUSSEC
1er Grand Cru Classé 1855
SAUTERNES
1989
APPELLATION SAUTERNES CONTROLÉE
MIS EN BOUTEILLE AU CHATEAU
Sté DU CHATEAU RIEUSSEC, PROPRIÉTAIRE, FARGUES, FRANCE
14,5 % vol.

Son classement de premier cru supérieur, unique en son genre, le mythe qui entoure la minutie de son élaboration, son prix bien plus élevé que celui des autres grands sauternes... font du château d'Yquem un vin que beaucoup de passionnés rêvent de déguster au moins une fois dans leur vie.

Une continuité familiale de quatre siècles Cette excellente réputation, le château d'Yquem la doit en partie au fait de ne pas avoir changé de mains au cours des années. Ayant appartenu à la famille Sauvage pendant deux cents ans, il est devenu par alliance, en 1785, un bien de la famille Lur-Saluces et le restera jusqu'à l'entrée en jeu du groupe LVMH, en 1999, qui prend une participation majoritaire dans le domaine. Mais le comte de Lur-Saluces continue, aujourd'hui encore, de veiller à la qualité et à la réputation du vin.
Le microclimat qui règne sur les coteaux du vignoble est un autre atout. Situées légèrement en hauteur par rapport aux terres avoisinantes, les parcelles sont parfaitement drainées grâce à une centaine de kilomètres de canalisations mises en place par l'arrière-grand-père de l'actuel président, le comte Alexandre de Lur-Saluces.

Un cep de vigne pour un verre de vin À Yquem, on a coutume de dire qu'il faut un cep de vigne pour produire un seul verre de nectar. Cela s'explique par les nombreuses étapes imposées par l'incessante recherche de la perfection. Les vendangeurs doivent ainsi pratiquer au moins quatre tris – certaines années en nécessitant jusqu'à douze – afin de cueillir un par un les quelques grains ayant atteint le degré suffisant de « pourriture noble ». Après fermentation, le vin est élevé en barriques de chêne neuf pendant plus de trois ans. Avant la mise en bouteilles, une dernière et sévère sélection est encore effectuée parmi les barriques. Le comte de Lur-Saluces n'hésite pas à déclasser une grande partie de la production s'il la juge indigne de porter le nom d'Yquem. Ce fut le cas en 1978, où près de 80 % du vin fut mis à l'écart, ainsi qu'en 1972, 1974 et 1992, où la totalité de la production fut rejetée.
Ces mesures draconiennes reflètent bien la rigueur de la ligne de conduite que s'est fixée la famille Lur-Saluces dans la production d'un vin supérieur à tout autre, d'une qualité parfaite, quelles qu'en puissent être les répercussions financières. Une philosophie qui justifie le prix très élevé du sauternes Château d'Yquem.

Une longévité légendaire Grâce à sa richesse extraordinaire, son taux d'alcool et son acidité élevée, les grands millésimes peuvent subsister un siècle et plus. Ils développent une superbe robe ambrée très foncée et des arômes d'épices, de caramel, avec parfois un rancio légèrement amer. S'ils ont bénéficié de conditions de conservation parfaites, certains millésimes parviennent même à battre tous les records de longévité. Michael Broadbent, dégustateur anglais renommé, écrivait en 1988 dans une note de dégustation à propos du millésime 1825 : « En pleine vie. Parfum merveilleux, fragrance incroyable. S'est épanoui davantage, pour développer après une heure un superbe bouquet éthéré de salade de fruits aux ananas. Encore liquoreux, assez étoffé. Un goût de figues fraîches. Concentré. Acidité et persistance fabuleuses... »

Un vin qui s'harmonise avec de nombreux mets La richesse et l'acidité, qui sont les marques distinctives du Château d'Yquem, lui permettent d'être dégusté avec une multitude de plats. Au château, on suggère le foie gras, les poissons en sauce blanche, le poulet fermier ainsi que les autres viandes blanches, le roquefort, ou encore les tartes aux fruits frais non sucrées...

Bordeaux
• *A.O.C. :*
Sauternes

• *Vin sélectionné :*
Château d'Yquem
• *Classification :*
premier cru classé supérieur
• *Cépages :*
sémillon 80 %,
sauvignon 20 %
• *Géologie :*
mosaïque de graves, d'argile et de sables
• *Âge moyen des vignes :*
30 ans
• *Production :*
100 000 bouteilles

• *Autres vins produits :*
✓ « Y » (blanc sec)

• *Propriétaire majoritaire :*
Groupe LVMH
• *Président :*
Comte A. de Lur-Saluces
• *Responsable de production :*
Francis Mayeur
• *Chef de culture :*
Antoine Depierre
• *Maître de chai :*
Sandrine Garbay
• *Superficie du vignoble :*
102 hectares
en production
• *Vente au château :*
non
• *Visites :*
sur rendez-vous,
par petits groupes

Table des millésimes :
1994 ****
1993 ****
1991 ****
1990 *****
1989 *****
1988 *****
1987 ***
1986 *****
1985 ****
1984 ***
1983 *****
1982 ****
1981 ****
1980 ****
1979 ****
1978 ***
1977 ***
1976 *****
1975 *****
1973 ***
1971 *****
1970 ****
1967 *****
1966 ***
1962 *****
1961 **
1959 *****
1949 *****
1945 *****
1937 *****
1929 *****
1928 *****
1921 *****

SAUTERNES-APPELLATION CONTRÔLÉE
Château d'Yquem
Lur-Saluces
1945
MIS EN BOUTEILLE AU CHÂTEAU

La région de Sainte-Croix-du-Mont, située sur la rive droite de la Garonne en face de Sauternes et de Barsac, convient parfaitement à l'élaboration de bons vins liquoreux. En réalité, la plupart ne sont pas du niveau de leurs voisins plus réputés de l'autre rive du fleuve. Mais un domaine fait exception, produisant régulièrement un nectar aussi riche et complexe que les prestigieux premiers crus. C'est le château Loubens, qui est bien apprécié des connaisseurs.

Le fléau de la sorcellerie Loubens est l'un des domaines les plus anciens de la région : il existait déjà sous le règne d'Henri IV. À cette époque, il appartenait à Pierre de Lancre, qui fut conseiller au parlement de Bordeaux pendant trente-quatre ans... Au début du XVIIe siècle, cet homme eut pour mission d'éradiquer la sorcellerie, et cela paraît l'avoir bien occupé : selon les procès verbaux, il fit brûler plus de cinq cents personnes... Dans un de ses traités, il relate comment Louis XIII, qui se rendait à la chasse, visita sa maison en 1620 à son grand honneur et plaisir... mais aussi regret, car Lancre était alors parti à Bordeaux se faire soigner une « furieuse et violente » crise de goutte.

Des pentes abruptes et un terroir exceptionnel Les vignes du château Loubens jouissent d'un emplacement merveilleux, sur des pentes abruptes à l'exposition sud/sud-ouest d'où l'on jouit d'une belle vue sur le fleuve. La densité de plantation, de 5 000 à 7 000 ceps par hectare, est importante, et une partie de la vigne est laissée enherbée pour lutter contre l'érosion du sol. Sous le sol argilo-calcaire se trouve un sous-sol calcaire et pierreux contenant une importante couche d'huîtres fossiles, dans lequel un propriétaire ultérieur, Nicolas-Sébastien Turman, fit creuser au XIXe siècle les sept caves souterraines du château.

Arnaud de Sèze, le propriétaire actuel de Loubens, envoie ses vendangeurs cueillir la récolte par tries successives pendant cinq à huit semaines entre septembre et novembre. Ils ne rentrent les raisins que lorsque ceux-ci sont bien ratatinés et que leur jus est suffisamment concentré. L'excellente situation du vignoble, le grand potentiel de la matière première, puis une fermentation lente et un élevage prolongé... voilà qui explique la prodigieuse réputation de ce cru.

L'enfant et le septuagénaire Jeune, le Loubens démontre toute la puissance séductrice de ce genre de vin. Le superbe millésime 1997 est richement aromatique : agrumes, fruits exotiques, secs et confits, alliés à une touche épicée prononcée, charment les sens. Ample et charnu, riche et épicé en bouche, c'est un vin puissant qui est doté d'un excellent équilibre et d'une bonne acidité. Quelle richesse, quelle belle persistance, et quelle élégance ! Il accompagne à merveille un poulet rôti, suivi d'un roquefort.

Mais le Château Loubens sait vieillir avec noblesse. Les grands millésimes ont une longévité remarquable, comme le démontra le 1928, dégusté en 1999 : doté d'une robe ambre foncée, il était encore étonnamment frais au nez et restait marqué par de beaux arômes épicés de *Botrytis*, d'un soupçon de bois de Havane et de nuances de torréfaction. Son sucre résiduel avait pratiquement disparu – ce qui n'est guère surprenant –, mais il donnait l'impression générale d'un aîné très jeune et vif d'esprit !

Bordeaux
• *A.O.C. :*
Sainte-Croix-du-Mont

• *Vin sélectionné :*
Château Loubens
• *Cépages :*
sémillon 95 %,
sauvignon 5 %
• *Âge moyen des vignes :*
45 ans
• *Géologie :*
argilo-calcaire, pierreux
• *Production :*
25 000 bouteilles

• *Autres vins produits :*
- *Vins blancs :*
✓ Château des Tours (second vin)
✓ « Fleuron blanc » (blanc sec)
- *Vin rouge :*
✓ « Le Grand Pré »

• *Propriétaires :*
S.C. du Domaine du Château Loubens
• *Régisseur :*
Arnaud de Sèze
• *Vinificateur :*
Arnaud de Sèze
• *Œnologue-conseil :*
Lucien Llorca
• *Superficie du vignoble :*
15 hectares
• *Vente au château :*
8 h-13 h, 14 h 30-19 h (sauf le dimanche)
• *Visites :*
sur rendez-vous

Table des millésimes :
1997 *****
1996 ****
1995 ***
1994 *
1990 *****
1989 *****
1988 *****
1986 ****
1985 ***
1983 *****
1982 ***
1976 ****
1975 ****
1971 *****
1970 ****
1961 *****
1959 *****
1955 *****
1945 *****

1997
Château Loubens
GRAND CRU
SAINTE-CROIX-DU-MONT
APPELLATION Ste-CROIX-DU-MONT CONTROLEE
Sté Cle DU Domne DU Chau LOUBENS
Propre A SAINTE-CROIX-DU-MONT (GIRONDE)
FRANCE
MIS EN BOUTEILLES AU CHATEAU
PRODUIT DE FRANCE

Domaine François Raveneau

Malgré sa petite taille, le domaine François Raveneau produit des chablis qui représentent la quintessence du genre et ont une renommée mondiale. Ces vins sont délicieux jeunes, mais ils récompensent par-dessus tout la longue garde, développant des arômes magnifiquement complexes au cours des années. L'offre est si limitée par rapport à la demande que trouver une bouteille de Raveneau s'avère difficile, mais toute personne désireuse de découvrir le chablis authentique se doit de faire l'effort d'en dénicher et d'en déguster une : sa peine sera largement récompensée…

De l'artisanat traditionnel soigneux François Raveneau fonda le domaine à partir de vignes des familles de ses deux parents ; ses fils Jean-Marie et Bernard ont pris sa suite avec beaucoup de talent. Ce n'est pas une innovation particulière ni un tour de passe-passe qui expliquent la qualité de leurs vins, mais simplement les priorités qu'ils se sont fixées – la qualité des raisins, un minimum d'interventions, et un maximum de surveillance pendant la fermentation –, sur lesquelles s'accordent tous les bons vignerons. Les vignobles sont cultivés par lutte raisonnée, c'est-à-dire biologiquement dans la mesure du possible, mais en ne s'interdisant pas l'utilisation de traitements artificiels, car la nature produit de temps en temps des situations où il n'est d'autre choix que de recourir à ceux-ci ou de perdre sa récolte. Les rendements sont maîtrisés par une taille courte et un ébourgeonnage au début du printemps, et non par l'élagage de grappes en juillet. Quant aux raisins, Jean-Marie Raveneau les récolte à maturité normale, non excessive : l'équilibre entre alcool et acidité étant primordial, il préfère vendanger un peu précocement plutôt que de cueillir du fruit surmûri ; pour lui, la chaptalisation est infiniment préférable à l'acidification.

Une parfaite définition de chaque terroir Les raisins sont fermentés à 22°, la majorité en cuve mais 10 % en fût, et les vins subissent alors leur fermentation malolactique. Ils reposent en cuve suffisamment longtemps pour se clarifier, puis sont transférés en fût pour l'élevage, qui dure environ un an. Ainsi, peu de dépôt se forme dans le fût, et les vins peuvent généralement être mis en bouteille sans filtration.
Ce qui place les chablis Raveneau au-dessus de presque tous les autres, c'est la pureté et l'intensité du fruit, et la transcription parfaite des caractéristiques des terroirs. Jeune, le La Forest est généralement frais, élégant et floral, le Butteaux plus ample et minéral, le Montée de Tonnerre plus mince et nerveux, avec des notes de pierre à fusil ; le Blanchots est plus réservé, viril et structuré, et le Clos réunit la robustesse de ce dernier avec un grand raffinement et beaucoup d'élégance. Après la mise, ces vins peuvent se refermer pendant un temps, mais au fur et à mesure qu'ils s'affinent, ils acquièrent toute une gamme d'arômes tertiaires tels que le miel, le champignon, l'algue, la mousse, la fougère et divers minéraux.

Chablis Valmur Le Valmur a la puissance et la dimension du vrai grand cru, avec un parfum minéral splendide, une nuance nette d'iode, et derrière tout cela des notes végétales… Ce grand chablis fait penser à un plat de fruits de mer servi sur un lit d'algues, ces deux arômes étant fortement complémentaires. Un Valmur Raveneau parvenu à maturité s'accordera avec talent au homard grillé ; il se déguste également avec plaisir en compagnie de plats de poisson ou de viande blanche en crème.

Bourgogne
• *A.O.C. :*
Chablis Grand Cru

• *Vin sélectionné :*
Chablis Valmur
• *Classification :*
grand cru
• *Cépage :*
chardonnay
• *Géologie :*
argilo-calcaire sur marnes kimméridgiennes
• *Âge moyen des vignes :*
30 ans
• *Superficie exploitée :*
0,75 hectare
• *Production moyenne :*
4 500 bouteilles

• *Autres vins produits :*
- *Vins blancs :*
Grand cru :
✓ Les Clos, Blanchots
Premier cru :
✓ Montée de Tonnerre
✓ Chapelot
✓ Vaillons
✓ Montmains
✓ La Forest
✓ Butteaux

• *Propriétaire :*
Famille Raveneau
• *Vinificateurs :*
Jean-Marie & Bernard Raveneau
• *Vignoble exploité :*
7,5 hectares
• *Production :*
45 000 bouteilles
• *Exportations :*
30 %
• *Vente sur place :*
non
• *Visites :*
non

1995
Chablis Grand Cru
Valmur
APPELLATION CHABLIS GRAND CRU CONTRÔLÉE
13% Vol.
PRODUIT DE FRANCE
750 ml
Mis en bouteilles à la propriété
DOMAINE FRANÇOIS RAVENEAU A CHABLIS - FRANCE

Chablis, l'avant-poste septentrional de la Bourgogne, produit des vins blancs qui ont un caractère nerveux et minéral unique et marqué. Les vignobles y sont naturellement pour beaucoup, et les meilleurs vins proviennent des pentes les plus prestigieuses, classées grand cru, au sous-sol de marnes kimméridgiennes. Pourtant, l'ambition et la compétence du vinificateur jouent également un rôle essentiel, et un gouffre sépare les vins des plus doués de ceux de leurs confrères. Certaines des meilleures bouteilles que propose la région sont le fruit du travail de Vincent Dauvissat.

L'observation, l'expérimentation et la réflexion Les Dauvissat cultivent la vigne dans la région depuis le XVIIe siècle, et de nos jours plusieurs branches de la famille produisent leur propre vin. En 1931, Robert Dauvissat décida de cesser de vendre son vin au négoce chablisien, de le mettre en bouteille et de le vendre lui-même. Grâce à lui, puis à son fils René et à son petit-fils Vincent, cette branche s'est acquis une réputation internationale pour la qualité de ses chablis.
Depuis 1989, c'est le mince et souriant Vincent Dauvissat qui dirige l'exploitation. Sa vinification est brillamment empirique : tout ce qu'il sait, il l'a appris au cours d'une douzaine d'années à travailler aux côtés de son père, car il n'a jamais mis les pieds dans une école de vinification. Pendant cette période, le père et le fils ont tenté beaucoup d'expérimentations. Le jeune homme a ainsi pris l'habitude de remettre régulièrement en cause sa pratique, ce qui explique sans doute l'étonnante qualité de ses vins aujourd'hui.

Une succession de petits détails Pour faire du bon vin, une multitude de petits détails entrent en compte, dont le visiteur n'a guère conscience. La sensibilité envers la vigne, son sol et son environnement est déterminante : pour obtenir des faibles rendements et des raisins sains, les vignes ne doivent subir aucun stress, et il faut connaître intimement les parcelles pour savoir à tout moment ce qui est prêt à être vendangé… Les pratiques de la vinification doivent également être adaptées sans cesse. Le pressurage pneumatique est très doux, le débourbage court, puis la fermentation a lieu en partie en cuve et en partie en fût ; un quart des fûts sont neufs, mais jusqu'à 60 % certaines années. Dauvissat favorise un début de fermentation rapide, ce qui rend parfois nécessaire l'ensemencement avec un peu de levure de culture, mais généralement la variété indigène de la parcelle est préférée. La fermentation est prolongée, puis l'élevage, qui dure de six mois à un an voire plus, a lieu dans de vieux fûts et des « feuillettes » – les petits fûts locaux, d'une contenance de 132 litres. Enfin la mise en bouteilles est effectuée par gravité, précédée d'une filtration légère si nécessaire.

Chablis Les Preuses Les clients de Vincent Dauvissat peuvent s'estimer heureux – tout comme ceux de ses cousins, les Raveneau – de pouvoir acheter quelques bouteilles de ses divers crus, car la demande est telle qu'aucun nouveau client ne peut être accepté. Le chablis Les Preuses est un excellent exemple de l'art de Dauvissat, un vin somptueusement ample, corsé et complet, qui dans les meilleurs millésimes met douze à quinze ans pour atteindre la perfection. Sa concentration, sa finesse et son merveilleux caractère minéral en font un chablis de référence, qui est honoré par la présence d'un homard fricassé au vin de Chablis.

Bourgogne
• *A.O.C. :*
Chablis Grand Cru

• *Vin sélectionné :*
Chablis Les Preuses
• *Classification :*
grand cru
• *Cépage :*
chardonnay
• *Géologie :*
argilo-calcaire sur marnes kimméridgiennes
• *Âge des vignes :*
28 ans
• *Superficie exploitée :*
0,96 hectare
• *Production moyenne :*
6 000 bouteilles

• *Autres vins produits*
- *Vins blancs :*
Grand cru :
✓ Les Clos
Premier cru :
✓ La Forest
✓ Sechet
✓ Vaillons
Village :
✓ Chablis
✓ Petit Chablis

• *Propriétaires :*
René & Vincent Dauvissat
• *Vinificateur :*
Vincent Dauvissat
• *Vignoble exploité :*
11 hectares
• *Production :*
80 000 bouteilles
• *Exportations :*
50 %
• *Vente sur place :*
aux clients habituels
• *Visites :*
sur rendez-vous

GRANDS VINS DE CHABLIS
1996
René et Vincent DAUVISSAT PROPRIÉTAIRES CHABLIS (YONNE)
Chablis Grand Cru
"Les Preuses"
APPELLATION CHABLIS GRAND CRU CONTRÔLÉE
Mise à la Propriété
René et Vincent DAUVISSAT, PROPRIÉTAIRES À CHABLIS (YONNE) FRANCE

Domaine Jean-Paul Droin

L'énergique Jean-Paul Droin est propriétaire d'un beau domaine de 20 hectares qui s'étend sur beaucoup des pentes les plus convoitées de Chablis. Droin est un utilisateur impénitent de chêne neuf, et certains lui reprochent même de noyer les caractéristiques des terroirs avec les arômes opulents de vanille du bois. Il leur rétorque que ses nombreux clients et lui-même préfèrent leurs vins comme cela. Chablis compte un bon nombre d'âmes indépendantes comme lui, et c'est heureux car il en résulte une riche diversité de styles. Droin suit ses instincts avec un talent consommé.

Le respect de la tradition et l'indépendance d'esprit Les Droin sont en toute probabilité la plus ancienne famille de viticulteurs chablisiens: Jean-Paul, archiviste de la ville et passionné d'histoire, a fait remonter la lignée jusqu'en 1640 et représente la douzième génération à exercer le métier familial! Il commença à travailler dans les vignes à côté de son père et de son grand-père à l'âge de quatorze ans, et assume la responsabilité totale de l'exploitation depuis que son père a pris sa retraite en 1982. Il est aujourd'hui secondé par son fils Benoît, qui a pris en charge les vinifications après avoir étudié à Beaune et à Dijon.
Jean-Paul Droin, un homme pragmatique à l'esprit d'analyse, n'a pas peur d'aller à contre-courant des opinions des puristes quand il le juge nécessaire. C'est le cas non seulement pour l'emploi du chêne neuf, mais également des machines à vendanger, qu'il serait très content d'utiliser même dans ses grands crus s'ils n'étaient pas si pentus, car, soutient-il, elles n'oxydent pas plus le fruit que les paniers profonds employés par les générations précédentes, et elles n'endommagent pas les vignes.

Du fruit irréprochable et du chêne neuf Toutefois, sur beaucoup d'autres points, il est en parfait accord avec les autres grands viticulteurs de Chablis: la taille courte des ceps, l'ébourgeonnage – l'« essoumachage », comme on dit à Chablis –, le rognage pour faciliter l'aération, la culture écologique de la vigne, ainsi que l'expérimentation de méthodes innovantes pour lutter contre le ver de la grappe et les autres ennemis de la vigne. Toutes ces mesures sont en effet nécessaires pour obtenir un fruit d'une qualité irréprochable, capable de produire de grands vins; le tri des raisins est même parfois inutile!
Depuis 1986, les grands crus et certains premiers crus sont fermentés dans des fûts de chêne, neufs ou âgés d'un à trois ans – le choix et la quantité de bois neuf étant fonction des caractéristiques du millésime –, tandis que les autres vins sont fermentés en cuve. Environ un mois après les fermentations malolactiques, les vins élevés en fût sont soutirés, et les vins fermentés en cuve sont transférés dans ces fûts afin de s'enrichir de la lie qui les tapisse. En fût, les vins sont bâtonnés tous les dix-quinze jours.

Chablis Vosgros La tolérance personnelle envers le chêne neuf dicte naturellement quels vins l'on préfère dans la gamme de Droin. Le grand cru Grenouille est assurément un vin finement défini, à tel point qu'on pourrait facilement le confondre avec un condrieu nerveux. Vaudésir et Blanchot ont plus de typicité, mais les plus reconnaissables sont le superbe Les Clos et l'exceptionnel premier cru Vosgros, fermenté en cuves et en fûts, et élevé de la même manière pendant environ un an. Concentré, tendu et expressif, moyennement corsé, et doté d'un mélange aromatique parfaitement équilibré de pierre à fusil, d'agrumes et de bois, ce beau vin mettra environ huit à dix ans pour que ses notes minérales s'affirment entièrement; arrivé à son apogée, il s'accorde parfaitement aux terrines de poisson, aux poissons grillés ou pochés et aux fromages de chèvre.

Bourgogne
• *A.O.C.:*
Chablis Premier Cru

• *Vin sélectionné:*
Chablis Vosgros
• *Classification:*
premier cru
• *Cépage:*
chardonnay
• *Géologie:*
argilo-calcaire sur marnes kimméridgiennes
• *Âge moyen des vignes:*
20 ans
• *Superficie exploitée:*
0,58 hectare
• *Production moyenne:*
4000 bouteilles

• *Autres vins produits:*
- *Vins blancs:*
Grand cru:
✓ Valmur
✓ Vaudésir
✓ Grenouille
✓ Les Clos
✓ Blanchot
Premier cru:
✓ Vaillons
✓ Montmains
✓ Montée de Tonnerre
✓ Fourchaume
✓ Côte de Léchet
✓ Vaucoupin
Village:
✓ Chablis
✓ Petit Chablis

• *Propriétaire:*
Famille Droin
• *Vinificateur:*
Benoît Droin
• *Vignoble exploité:*
20 hectares
• *Production:*
150000 bouteilles
• *Exportations:*
60 %
• *Vente sur place:*
sur rendez-vous
• *Visites:*
sur rendez-vous

JEAN-PAUL
PRODUCT OF FRANCE
1999
1999
PORTE D'OR DE LA BOURGOGNE
Chablis Premier Cru
Vosgros
APPELLATION CHABLIS PREMIER CRU CONTRÔLÉE
750 ml
Mise en bouteilles à la Propriété par
Jean-Paul DROIN
Propriétaire-Viticulteur à Chablis - Yonne - France

Domaine Bonneau du Martray

Le domaine Bonneau du Martray, établi à Pernand au nord-est de Beaune, propose deux vins, un rouge et un blanc, provenant de crus voisins situés sur la colline de Corton. Mais c'est principalement son vin blanc, le fameux Corton-Charlemagne, qui a gagné au domaine sa réputation internationale de longue date.

Des taches sur la barbe de Charlemagne Les terres des environs d'Aloxe et de Pernand conviennent davantage à la production de vin rouge, mais une tradition ancienne veut que l'on fasse également du blanc dans cette région. D'après la légende, Charlemagne serait à l'origine de cet usage. L'empereur, homme de grande stature et de bel appétit, possédait en effet une vigne sur la colline de Corton qui lui fournissait son breuvage préféré. Or au fil des années, les copieuses rasades de vin rouge qu'il s'octroyait laissaient des taches toujours plus visibles sur sa barbe blanchissante. Son épouse Liutgarde, considérant qu'elles ne convenaient pas à sa dignité d'empereur, le persuada de boire du vin blanc ; pour faire plaisir à sa femme et pour continuer de déguster son corton favori, Charlemagne fit donc replanter une partie du vignoble avec des vignes de raisin blanc...

Un clos historique Selon l'abbé de Courtépée, historien du XVIIIe siècle, le clos que Charlemagne donna à la collégiale de Saulieu en 775 et celui que possédait monsieur Bonneau-Véry – le fondateur du domaine Bonneau du Martray – ne faisaient qu'un. Ce cru est situé en haut de la côte, là où le sol d'argile contient sensiblement plus de calcaire et convient beaucoup mieux au chardonnay.
Le domaine prospéra et se transmit de génération en génération jusqu'en 1969. René Bonneau du Martray, n'ayant aucun héritier direct, légua alors le domaine à sa nièce, la comtesse Le Bault de la Morinière. Aujourd'hui, son fils Jean-Charles en assure la direction.

Une fermentation en deux temps Seuls des raisins parfaits, sévèrement triés, ont l'honneur de produire le Corton-Charlemagne. Ils sont écrasés avec douceur dans deux pressoirs à membrane et le moût est débourbé pendant une courte période avant d'être transféré par gravité dans des fûts de chêne choisis avec une grande attention. La fermentation alcoolique commence alors lentement et à température contrôlée. Le vin est remué de temps en temps pour remettre sa lie en suspension et amplifier de ce fait ses qualités aromatiques, et la fermentation malolactique a lieu par la suite. Quand elle est terminée et que le vin est resté suffisamment en contact avec le bois, il est de nouveau transféré en cuve pour l'égalisation et enfin mis en bouteilles.

Corton-Charlemagne Le Corton-Charlemagne Bonneau du Martray est l'un des plus nerveux, car ses vignes sont orientées au sud-ouest et à l'ouest plutôt qu'à l'est – comme c'est le cas de la grande majorité de ses pairs –, et reçoivent donc plus de lumière du soleil pendant la journée. Les arômes d'agrumes, de fleurs ou de pêche qu'il développe dans sa jeunesse évoluent en notes de chèvrefeuille, de noisette et de cannelle. Mais il est caractérisé tout au long de sa vie par une vigueur, une puissance et une persistance exceptionnelles. Un homard grillé est un compagnon de choix pour ce prince, ainsi qu'une poularde de Bresse demi-deuil.

Bourgogne
• *A.O.C. :*
Corton-Charlemagne

• *Vin sélectionné :*
Côte-de-Beaune Corton-Charlemagne
• *Classification :*
grand cru
• *Cépage :*
chardonnay
• *Géologie :*
argilo-calcaire
• *Âge moyen des vignes :*
40 ans
• *Superficie exploitée :*
9,5 hectares
• *Production moyenne :*
48 000 bouteilles

• *Autres vins produits :*
- Vins rouges
Grand cru :
✓ Corton

• *Propriétaire :*
Le Bault de la Morinière
• *Superficie du vignoble :*
11 hectares
• *Production :*
56 000 bouteilles
• *Exportations :*
85 %
• *Vente sur place :*
oui
• *Visites :*
non

Domaine
u du Martray
CORTON-CHARLEMAGNE
GRAND CRU
APPELLATION CONTRÔLÉE
Bonneau du Martray
PROPRIÉTAIRE À PERNAND-VERGELESSES & ALOXE-CORTON (CÔTE-D'OR) FRANCE
Mis en bouteille
au Domaine
1998
PRODUCE OF FRANCE

Les efforts conjoints d'un père et de son fils pendant ces trente dernières années ont valu à Meursault un nouveau domaine dont le village peut être fier. Le domaine Coche-Dury a aujourd'hui bien trop de clients qui se pressent pour acheter ses vins – notamment les meilleurs restaurants et cavistes spécialisés, français et étrangers – pour pouvoir tous les satisfaire. Chacun se cramponne donc à la quote-part qui lui est allouée car ce sont des vins magnifiques, encore vendus à un prix raisonnable.

Des humbles débuts à la prospérité Le grand-père Coche acquit ses premières parcelles de vigne après la Grande Guerre, au moment de la Dépression, quand les perspectives n'étaient guère prometteuses – Meursault n'avait alors pas le prestige dont il jouit aujourd'hui. Coche vendait la majeure partie de sa production en vrac, mais « faisait un peu de bouteille » lui-même. Il légua le domaine à son fils en 1964. Georges, le père de Jean-François Coche, se mit à agrandir le vignoble par des achats et des contrats de métayage, et il augmenta la quantité de vin mis en bouteille. Il était fier de ses meursaults et les fit participer à des concours avec beaucoup de succès, ce qui leur gagna une grande notoriété et une place sur la carte des vins des meilleurs restaurants. Jean-François Coche prit la suite de son père en 1972, et au fil des ans il est parvenu à acheter un certain nombre de parcelles dont il s'occupait en tant que métayer. Récemment, il a fait une excursion dans le village voisin de Puligny avec l'acquisition d'un demi-hectare des Enseignères.

Tout commence par les faibles rendements Coche informe son visiteur que la clef de la qualité des vins du domaine est la limitation des rendements. À cet effet, il taille la moitié de ses vignes de chardonnay selon la méthode du cordon de Royat plutôt que toutes les vignes selon la méthode Guyot simple, qui est plus habituelle pour le chardonnay – c'est l'inverse pour le pinot noir : chaque variété a sa taille préférée, celle du cordon de Royat donnant des plus petites grappes de baies plus petites et des rendements plus faibles. L'ébourgeonnage du printemps est naturellement considéré comme une opération essentielle.
Après un pressurage doux et un débourbage, les vins Coche-Dury – y compris l'aligoté – sont fermentés en fût ; pour les meilleurs d'entre eux, la moitié de la futaille est renouvelée chaque année, les autres se contentant de moins de chêne neuf. Ils reçoivent un bâtonnage régulier au cours de leur élevage de vingt mois et sont soutirés deux fois. Puis ils sont mis en bouteille à la main directement avec un collage mais sans filtration.

Meursault Perrières Outre plusieurs climats en appellation communale, Coche possède deux premiers crus. Les Perrières, sis au-dessus de Charmes dans les terres de Meursault jouxtant Puligny, est le climat du village qui approche le plus fréquemment la qualité d'un grand cru. Il donne un vin très nerveux et précis, avec un caractère franc et minéral, et peu de la lourdeur que l'on retrouve parfois dans les vins de certains autres climats voisins. Évidemment, l'homme qui élabore le vin est pour beaucoup dans cette différence, et le Perrières Coche-Dury allie la personnalité de son terroir avec le raffinement travaillé du style de son créateur. La complexité aromatique de ce vin merveilleusement concentré et harmonieux s'accorde très bien au homard à la crème.

Bourgogne
• *A.O.C. :*
Meursault Premier Cru

• *Vin sélectionné :*
Meursault Perrières
• *Classification :*
premier cru
• *Cépage :*
chardonnay
• *Géologie :*
argilo-calcaire
• *Âge moyen des vignes :*
45 ans
• *Superficie exploitée :*
0,52 hectare
• *Production moyenne :*
2 100 bouteilles

• *Autres vins produits :*
- *Vins blancs :*
Grand cru :
✓ Corton-Charlemagne
Premier cru :
✓ Meursault Les Caillerets
Village :
✓ Meursault Les Rougeots
✓ Meursault Les Chevalières
✓ Meursault Les Vireuils
✓ Meursault
✓ Puligny-Montrachet Les Enseignères
Régional :
✓ Bourgogne Chardonnay
✓ Bourgogne Aligoté
- *Vins rouges :*
Premier cru :
✓ Volnay Clos des Chênes
✓ Volnay Taillepieds
Village :
✓ Meursault
✓ Monthélie
✓ Auxey-Duresses
Régional :
✓ Bourgogne Pinot Noir

• *Propriétaire :*
Jean-François Coche
• *Vinificateur :*
Jean-François Coche
• *Vignoble exploité :* 10,5 hectares
• *Production :*
60 000 bouteilles
• *Exportations :*
50 %
• *Vente sur place :*
non
• *Visites :*
non

MISE EN BOUTEILLES
A LA PROPRIÉTÉ
1995
MISE EN BOUTEILLES
A LA PROPRIÉTÉ
Meursault=Perrières
APPELLATION CONTROLÉE
CE VIN N'A PAS
DE FILTRATION
75 cl
13% vol.
J.-F. COCHE-DURY
PROPRIÉTAIRE-VITICULTEUR A MEURSAULT (COTE-D'OR)

Trouver une bouteille du vin de François Jobard est quasiment aussi difficile que de prendre rendez-vous avec l'homme lui-même, car son petit domaine de cinq hectares ne produit que 24 000 bouteilles par an et il fait presque tout le travail lui-même. La quasi-totalité de son vin est achetée par des restaurants, des particuliers français et des importateurs étrangers qui, lorsqu'ils ont la chance de pouvoir réserver du vin, ne manquent pas d'acquérir la quote-part qui leur est allouée.

La transmission et la division du domaine familial La famille Jobard possède des vignes autour de Meursault depuis environ un siècle, et s'est constitué progressivement un domaine pendant quatre générations. Il fut divisé en deux en 1971 après le départ à la retraite de Pierre Jobard, car ses deux fils Charles et François voulaient chacun poursuivre leur métier indépendamment. Depuis, François a ajouté plusieurs parcelles de vignes à son domaine, le rendant suffisamment important pour pouvoir faire vivre une famille. C'est un homme qui a un grand sens de la tradition, et il élabore ses vins lentement et soigneusement, tout comme son père et son grand-père avant lui. Il se méfie un peu de la science œnologique moderne et méprise ceux de ses collègues qui n'osent plus prendre les décisions eux-mêmes.

Une vinification traditionnelle Jobard utilise des traitements et des herbicides au printemps, puis il cultive ses vignes de manière plus organique au milieu de l'été, de sorte que les moûts ne contiennent aucune trace de matière étrangère. Il taille court les ceps pour réduire ses rendements, mais comme certains de ses confrères, il a constaté que les vignes de chardonnay peuvent être vendangées à des rendements beaucoup plus importants que le pinot et produire néanmoins un vin concentré de grande qualité. Tout de même, les siens sont faibles, et une des raisons à cela est que Jobard taille la moitié de ses vignes selon la méthode du cordon de Royat, qui produit des baies plus petites que la classique méthode Guyot simple.

Sa vinification est traditionnelle, mais avec plusieurs particularités : une fois pressuré, le moût est mis directement en fût, sans débourbage, et grâce à la présence de grosses lies Jobard effectue peu de bâtonnages ; cela explique dans une certaine mesure l'austérité et la réserve initiales des vins, ainsi que leur finesse. L'élevage est long, durant généralement 12 à 18 mois avant le soutirage, suivi d'encore trois mois de repos avant la mise en bouteilles par gravité, sans collage ni filtration. Peu de bois neuf est utilisé.

Meursault Poruzot Le premier cru qu'on est le plus susceptible de trouver est le Poruzot, car avec 77 ares, c'est sa parcelle la plus importante. Ce meursault est un très beau vin qui traduit fidèlement le style Jobard, étant retenu et plutôt inexpressif dans sa jeunesse, mais très élégant et très pur. Après avoir passé quelques années en bouteille, sa texture charnue s'étoffe et il exprime beaucoup plus nettement ses arômes merveilleux et complexes de noisette, de miel et d'épices. Son équilibre parfait lui permet de se bonifier pendant vingt bonnes années, et les grands millésimes peuvent étonner par leur longévité exceptionnelle. Une fois appelé à table, ce délicieux Poruzot sera très heureux de se trouver en compagnie d'une fricassée de poulet au meursault.

Bourgogne
• *A.O.C. :*
Meursault Premier Cru

• *Vin sélectionné :*
Meursault Poruzot
• *Classification :*
premier cru
• *Cépage :*
chardonnay
• *Géologie :*
argilo-calcaire
• *Âge moyen des vignes :*
23 ans
• *Superficie exploitée :*
0,77 hectare
• *Production moyenne :*
4 000 bouteilles

• *Autres vins produits :*
- *Vins blancs :*
Premier cru :
✓ Meursault Charmes
✓ Meursault Genevrières
✓ Meursault La Pièce sous le Bois
Village :
✓ Meursault, Puligny-Montrachet
Régional :
✓ Bourgogne
✓ Bourgogne Aligoté
- *Vins rouges :*
Premier cru :
✓ Blagny La Pièce sous le Bois
Régional :
✓ Bourgogne

• *Propriétaire :*
François Jobard
• *Vinificateur :*
François Jobard
• *Vignoble exploité :* 5,18 hectares
• *Production :*
24 000 bouteilles
• *Exportations :*
65 %
• *Vente sur place :*
sur rendez-vous
• *Visites :*
non

de Bourgogne
1995
Meursault-Poruzot
APPELLATION CONTROLÉE
WHITE BURGUNDY WINE
François JOBARD
VITICULTEUR A MEURSAULT, COTE-D'OR, FRANCE
BY VOL.
PRODUCE OF FRANCE

Étant donné le nombre de vins que Pierre Morey produit actuellement, il n'est pas facile de comprendre comment il parvient à consacrer à chacun le temps suffisant, et pourtant il le fait. Qu'ils proviennent de son propre domaine, de son activité de négoce ou du domaine Leflaive, sa touche est sûre, et ses vins sont des chefs-d'œuvre de leurs appellations respectives.

Un ultimatum pour s'occuper du domaine La famille de Pierre Morey est apparentée à un degré très éloigné aux nombreux Morey de Chassagne, car pendant la Terreur qui suivit la Révolution en 1793, son ancêtre Alexis Morey a rencontré une fille de Meursault, l'a épousée et s'est installé dans le village. Il s'est constitué une petite propriété viticole, mais à travers les années et les générations elle a été subdivisée plusieurs fois, en domaines trop petits pour faire vivre une famille. Auguste Morey-Genelot, le père de Pierre Morey, a dûment hérité de sa part en 1930, mais ne voyant aucun avenir dans le vin, il l'a abandonnée pour devenir représentant de commerce. Quelques années plus tard le père d'Auguste, un vétéran de la Grande Guerre, prenant de l'âge, lui a donné un ultimatum pour revenir s'occuper du domaine, faute de quoi il le vendrait. Et Auguste est revenu. Bien qu'il n'ait pas cru suffisamment dans l'avenir pour acheter des vignobles, il a signé des contrats de métayage avec la famille Lafon portant sur quatre hectares d'appellations prestigieuses à Meursault – Perrières, Genevrières et Charmes –, ainsi que 35 ares de Montrachet, et plus tard sur des parcelles de Bâtard-Montrachet et de Pommard Grands Épenots.

Compenser les vignes perdues Pierre Morey a commencé à travailler avec son père à l'âge de dix-huit ans, et s'est trouvé entièrement responsable de l'exploitation à la retraite de son père six ans plus tard, en 1972. Au bout d'une quinzaine d'années, à l'expiration des contrats de métayage, il a vu toutes les magnifiques parcelles appartenant aux Lafon reprises par Dominique Lafon. Pour compenser ces pertes et la pénurie d'appellations de qualité dans sa cave, il a créé en 1990 la maison de négoce Morey-Blanc afin de pouvoir acheter des raisins ou des moûts lui permettant d'élaborer du vin. Depuis lors, il a trouvé des sources de Genevrières, de Charmes et même de Montrachet, ainsi que de Bouchères, des Narvaux et de Saint-Aubin Les Combes.
Le talent et le dévouement de Morey à son métier ont été récompensés en 1988 par une invitation à travailler aux côtés de Jean Virot en tant que régisseur du domaine Leflaive, en vue de prendre sa relève au moment de sa retraite. Morey a accepté ce poste en 1990, et les critiques ont remarqué une nette amélioration qualitative au domaine Leflaive dans les années qui ont suivi.

Meursault Perrières En 1987, Morey est parvenu à acheter une parcelle d'un demi-hectare des Perrières qu'il exploitait en métayage depuis 1973. Depuis lors, environ 2 500 bouteilles d'un vin merveilleusement concentré et minéral démontrent son style de vinification et font honneur à sa cave chaque année pendant une courte période, avant que des clients avides ne se les arrachent. Espérons qu'ils ont tous une bonne cave et de la patience, car ce vin est sans doute celui de Morey qui demande le plus de temps pour s'affiner. Grâce à son excellente acidité et son grand équilibre, il exige au minimum huit à dix ans, mais de préférence vingt ans ou plus, pour s'exprimer pleinement. Le bar en croûte est un compagnon de table qu'il apprécie particulièrement.

Bourgogne
• *A.O.C.:*
Meursault Premier Cru

• *Vin sélectionné:*
Meursault Perrières
• *Classification:*
premier cru
• *Cépage:* chardonnay
• *Géologie:*
calcaire
• *Âge moyen des vignes:*
30 ans
• *Superficie exploitée:*
0,52 hectare
• *Production moyenne:*
2 500 bouteilles

• *Autres vins produits:*
(domaine)
- *Vins blancs:*
Grand cru:
✓ Bâtard-Montrachet
Village:
✓ Meursault Les Tessons
✓ Meursault
Régional:
✓ Bourgogne
✓ Chardonnay
✓ Bourgogne Aligoté
- *Vins rouges:*
Premier cru:
✓ Pommard
Grands Épenots
Village:
✓ Meursault Les Durots
✓ Monthélie
Régional:
✓ Bourgogne Pinot Noir

• *Propriétaire:*
Pierre Morey
• *Vinificateur:*
Pierre Morey
• *Vignoble exploité:*
8 hectares
• *Exportations:*
70 %
• *Vente sur place:*
oui
• *Visites:*
sur rendez-vous

1998
PM
1998
MEURSAULT PERRIERES
Appellation Meursault Premier Cru Contrôlée
750ml
Mis en bouteille à la Propriété par
PIERRE MOREY
MEURSAULT - COTE D'OR - FRANCE
PRODUCT OF FRANCE

Domaine des Comtes Lafon

Il est un domaine à Meursault qui domine largement ses pairs, produisant des vins recherchés par les connaisseurs du monde entier. Le domaine des Comtes Lafon est la source de vins d'une richesse, d'une pureté et d'un caractère exceptionnels, grâce à d'excellents vignobles, à des traditions familiales bien ancrées et au talent de leur vinificateur.

Un bon vivant fonde son domaine Jules Lafon, avocat et inspecteur des finances à Dijon, épousa en 1894 une fille de Meursault, Marie Boch, et créa son domaine. Marie avait hérité d'un bon nombre de parcelles de vignoble, et Lafon, bon vivant fortuné et connaisseur, en ajouta d'autres au domaine et échangea les moins bonnes parcelles de Marie contre des vignes de meilleure qualité. Il mourut en 1940, laissant deux fils, Pierre et Henri. Pierre mourut quatre ans après son père, et Henri, qui ne s'intéressait pas au domaine, décida de le vendre ; toutefois il avait compté sans René, le fils de Pierre, qui empêcha la vente et prit la responsabilité du domaine. En dépit de son travail à Paris et des contraintes financières qu'Henri lui imposait pour le rembourser, René parvint à maintenir le domaine en activité et à élaborer du vin avec l'aide d'un employé fidèle sur place. Il vendit sa production en vrac jusqu'en 1961, année où il commença à tout mettre en bouteille au domaine. Et aujourd'hui c'est Dominique, fils de René, qui dirige le domaine.

De bons raisins et peu d'interventions Ce jeune homme, qui a beaucoup voyagé et qui a l'esprit ouvert, s'est révélé l'un des vinificateurs les plus doués et les plus réguliers de Bourgogne. Bien que le domaine ait bâti sa réputation autour de ses vins blancs, Dominique Lafon est très fier de ses rouges – le domaine possède des parcelles importantes dans trois des meilleurs premiers crus de Volnay –, auxquels il a apporté de nettes améliorations depuis son arrivée.

La grandeur des vins de Lafon est d'abord liée aux vignes : grâce à un régime viticole biologique, les sols sains donnent des vignes en parfaite santé, qui sont taillées court et ébourgeonnées au début de la saison afin de réduire les rendements et de produire des raisins de très bonne qualité, cueillis au dernier moment pour un maximum de concentration aromatique. La manière de vinifier n'a guère changé au cours de ce siècle, les Lafon ayant pour philosophie d'intervenir le moins possible et de laisser le vin se faire. Un élevage prolongé dans leurs caves, réputées les plus fraîches de toute la Bourgogne, précède la mise en bouteille avec un collage soigneux mais sans filtration.

Montrachet À partir d'un tiers d'hectare du précieux sol roux et pierreux du climat Montrachet, acheté par son arrière-grand-père lors d'une vente aux enchères en 1918, Dominique Lafon produit une quantité infime de l'un des plus grands vins blancs du monde. Malgré sa profondeur, sa belle robe jaune-or ne prépare pas vraiment le dégustateur à l'intense concentration aromatique, au gras et à l'opulence de ce nectar en bouche, étonnant par l'ampleur de ses dimensions, et incroyablement persistant une fois avalé. Ce Montrachet ne devrait pas être débouché avant dix ans d'âge, et mérite au moins un homard rôti à la broche, pour une expérience gastronomique inoubliable.

Bourgogne
• *A.O.C. :*
Montrachet

• *Vin sélectionné :*
Montrachet
• *Classification :*
grand cru
• *Cépage :*
chardonnay
• *Géologie :*
argilo-calcaire
• *Âge moyen des vignes :*
55 ans
• *Superficie exploitée :*
0,31 hectare
• *Production moyenne :*
900 bouteilles

• *Autres vins produits :*
- *Vins blancs :*
Premier cru :
✓ Meursault Perrières
✓ Meursault Gouttes d'Or
✓ Meursault Genevrières
✓ Meursault Charmes
✓ Puligny-Montrachet Champ Gain
Village :
✓ Meursault Désirée
✓ Meursault Clos de la Barre (monopole)
✓ Meursault
- *Vins rouges :*
Premier cru :
✓ Volnay Santenots du Milieu
✓ Volnay Clos des Chênes
✓ Volnay Champans
✓ Monthélie Les Duresses

• *Propriétaires :*
Comtes Lafon
• *Vinificateur :* Dominique Lafon
• *Œnologie :*
BIVB, Beaune
• *Vignoble exploité :* 13,5 hectares
• *Production :*
65 000 bouteilles
• *Exportations :*
45 %
• *Vente sur place :*
non
• *Visites :*
non

MONTRACHET
APPELLATION MONTRACHET CONTROLÉE
GRAND CRU
1995
Domaine des Comtes LAFON
Mis en bouteilles à la propriété
Clos de la Barre
21190 Meursault
FRANCE
13,5 % vol.
PRODUCE OF FRANCE

Olivier Leflaive Frères

La demande excessive et la frustration de nombreux clients potentiels posent depuis de nombreuses années un problème au domaine Leflaive, comme à beaucoup des meilleures exploitations de la Bourgogne. La situation a amené un membre de la jeune génération des Leflaive à créer sa maison de négoce en 1984, afin de satisfaire ce qui, autrement, aurait tout simplement été de la clientèle perdue. La maison Olivier Leflaive Frères est maintenant bien établie et produit des quantités appréciables d'excellents vins.

Des vins élevés comme au domaine Dès le départ, l'idée de Leflaive était d'acheter des raisins ou des moûts mais jamais des vins tout faits, et de les traiter exactement de la même manière qu'au domaine familial. Il n'est naturellement pas facile de s'approvisionner en raisins de haute qualité provenant de Puligny, mais Olivier Leflaive avait la chance d'avoir des contacts et de bonnes relations avec de nombreux vignerons dans les villages de vin blanc de la côte de Beaune, grâce à la longue histoire et au rôle important de sa famille dans la région.
Il embaucha le talentueux Jean-Marc Boillot comme régisseur et vinificateur, et ensemble tous deux se sont mis à élaborer les vins. Les affaires ont commencé à s'envoler, puis en 1991 Boillot est parti afin de prendre en main un héritage, et Franck Grux, qui avait précédemment travaillé chez Jean-Marc Roulot, le remplaça. Par ailleurs, Leflaive a commencé à acheter des parcelles de vigne, ce qui n'est guère surprenant étant donné qu'il a toujours considéré les choses du point de vue du vigneron; Olivier Leflaive Frères est maintenant devenu un domaine aussi bien qu'une maison de négoce…

Une vinification traditionnelle et le respect du terroir L'élaboration du vin est effectuée de la manière la plus traditionnelle qui soit et avec tout le respect dû aux caractéristiques des climats. Après un pressurage pneumatique doux et un jour de débourbage, les moûts sont fermentés dans des pièces de chêne, dont environ 20 à 25 % sont neuves selon la qualité du millésime. Le chêne provient des forêts de l'Allier et reçoit une chauffe légère, ce qui le rend propre à de longues périodes d'élevage, entrecoupées de beaucoup de bâtonnages. L'évolution des vins est surveillée grâce à des dégustations régulières, et un seul soutirage est effectué, après environ 12 à 15 mois d'élevage. Les divers fûts sont alors unifiés en cuve. Plusieurs semaines plus tard, les vins sont collés et parfois légèrement filtrés, et enfin mis en bouteille.

Montrachet Il est a priori impossible pour un négociant de parvenir à trouver une source du suprêmement désirable Montrachet. Pourtant Olivier Leflaive en a une, ce qui lui a permis d'en produire quatre pièces en 1996, donnant 1 200 bouteilles. C'est un très grand vin, concentré, riche et puissant, ample en bouche mais ayant un niveau d'acidité suffisamment élevé pour donner de la forme à son opulence. Rigide et peu formé dans sa jeunesse, il a vraiment besoin d'au moins douze ans pour s'arrondir et développer toute sa complexité. Le Montrachet jeune trouvera un bon complice dans le jambon persillé, mais devenu adulte il exigera une compagnie plus raffinée, comme des ris de veau ou des crustacés tels qu'un homard ou des langoustes.

Bourgogne
• *A.O.C.:*
Montrachet

• *Vin sélectionné:*
Montrachet
• *Classification:*
grand cru
• *Cépage:*
chardonnay
• *Géologie:*
argilo-calcaire
• *Âge moyen des vignes:*
30 ans
• *Production moyenne:*
1 200 bouteilles

• *Autres vins produits:*
- *Vins blancs:*
Grand cru:
✓ Chevalier-Montrachet
✓ Bâtard-Montrachet
✓ Criots-Bâtard-Montrachet
✓ Bienvenues-Bâtard-Montrachet
✓ Corton-Charlemagne.
De nombreux premiers crus et villages:
✓ Puligny
✓ Chassagne
✓ Meursault
✓ Saint-Aubin
✓ Rully
- *Vins rouges:*
Premiers crus et villages:
✓ Volnay
✓ Pommard
✓ Monthélie

• *Propriétaire:*
Olivier Leflaive
• *Vinificateur:*
Franck Grux
• *Œnologue:*
Philippe Grillet
• *Vignoble exploité:*
12 hectares
• *Production (négoce et domaine):*
750 000 bouteilles
• *Exportations:*
70 %
• *Vente sur place:*
oui
• *Visites:*
sur rendez-vous

CÔTE D'OR
GRAND VIN DE BOURGOGNE
Produit de France
Produce of France
Montrachet
GRAND CRU
APPELLATION MONTRACHET CONTRÔLÉE
1998
VINIFIÉ, ÉLEVÉ ET MIS EN BOUTEILLES PAR
Olivier Leflaive
SEVIB S.A. 21190 PULIGNY-MONTRACHET
L - MON 982

Pour de nombreux connaisseurs dans le monde, Puligny-Montrachet est synonyme de Leflaive, et la simple évocation de l'étiquette du domaine, de la lourde capsule jaune en plomb qui coiffe la bouteille et du nectar riche, opulent et enivrant qu'elle contient... font saliver et affluer vers la mémoire des souvenirs inoubliables. De l'avis de beaucoup, Leflaive est le meilleur domaine de vin blanc du monde.

Une croyance inébranlable en l'avenir de la Bourgogne Le domaine Leflaive en tant que tel fut créé par Joseph Leflaive, descendant d'une famille propriétaire de vignes dont la lignée remonte à 1580. Après avoir hérité de deux hectares de vignes en 1905, se montrant résolument confiant en l'avenir de la Bourgogne – qui vivait alors la redoutable période de l'après-phylloxéra où beaucoup de terres étaient à vendre –, Leflaive se mit à acheter des parcelles, et en 1925 il avait accumulé un magnifique vignoble d'environ 25 hectares.
Le vin fut paraît-il excellent dès les premières années, et au cours de ce siècle de nombreux grands vins ont été élaborés, forgeant progressivement la grande renommée du domaine. Joseph Leflaive passa la main à ses fils Jo et Vincent, et François Virot, son fidèle et talentueux régisseur, fut remplacé par son fils Jean Virot. Par la suite, en 1973, une société civile d'exploitation fut fondée pour mieux gérer la copropriété des nombreux descendants des Leflaive. En 1990, les cousins Anne-Claude et Olivier Leflaive furent nommés cogérants du domaine, et Pierre Morey, vigneron fort respecté de Meursault, fut embauché pour prendre la relève de Jean Virot, parti à la retraite. Anne-Claude Leflaive dirige seule le domaine depuis 1994.

Une conversion à la viticulture biodynamique Plus que tout autre, les domaines prestigieux n'ont pas le droit de se reposer sur leurs lauriers, et la génération actuelle en est bien loin. Tourmentée par l'immunité croissante des vignes aux traitements et par la lente asphyxie du sol, Anne-Claude eut le courage d'envisager un changement radical dans la culture du vignoble. Elle a mis en place des essais parallèles de conduite biologique et biodynamique de certaines parcelles, dans l'espoir de rétablir la vie micro-organique du sol et de permettre aux ceps de développer leur propre système de résistance à la maladie. Cela a suscité des réactions de scepticisme et des commentaires peu amènes sur l'irresponsabilité de la jeunesse vis-à-vis de certaines des plus grandes vignes de Bourgogne... Cependant, depuis fin 1997, après avoir constaté suffisamment d'améliorations pour défendre son action, le domaine a adopté les principes de la biodynamie pour toutes ses opérations viticoles, et désormais les traitements organiques sont régis par un calendrier lié aux cycles planétaires.

Chevalier-Montrachet Parmi leur fabuleux patrimoine de grands et de premiers crus, les Leflaive possèdent deux des 7,5 hectares du climat Chevalier-Montrachet, qui se trouve juste au-dessus du Montrachet lui-même. Ce vin magnifiquement opulent et raffiné demande une douzaine d'années pour arriver à son apogée, développant une profondeur infinie d'arômes et de sensualité, et unissant la puissance à l'élégance avec un rare succès. Pour le célèbre dégustateur Clive Coates, « c'est un vin à boire à genoux, en sincère et humble remerciement »... Un Chevalier-Montrachet de chez Leflaive appréciera la compagnie d'un homard à l'américaine ou tout simplement grillé, ou de langoustes thermidor, pour une soirée mémorable...

Bourgogne
• *A.O.C.:*
Chevalier-Montrachet

• *Vin sélectionné:*
Chevalier-Montrachet
• *Classification:*
grand cru
• *Cépage:*
chardonnay
• *Géologie:*
argilo-calcaire
• *Âge moyen des vignes:*
27 ans
• *Superficie exploitée:*
2 hectares
• *Production moyenne:*
8000 bouteilles

• *Autres vins produits:*
- Vins blancs:
Grand cru:
✓ Montrachet
✓ Bâtard-Montrachet
✓ Bienvenues-Bâtard-Montrachet
Premier cru:
✓ Puligny-Montrachet Les Pucelles
✓ Puligny-Montrachet Clavoillon
✓ Puligny-Montrachet Folatières
✓ Puligny-Montrachet Les Combettes.
Village:
✓ Puligny-Montrachet.
Régional:
✓ Bourgogne Blanc
- *Vin rouge:*
Premier cru:
✓ Blagny Sous le Dos d'Âne

• *Propriétaire:*
Famille Leflaive
• *Gérante:*
Anne-Claude Leflaive
• *Vinificateur:*
Pierre Morey
• *Vignoble exploité:*
22 hectares
• *Production:*
130 000 bouteilles
• *Exportations:*
70 %
• *Vente sur place:*
non
• *Visites:*
non

1993
1993
Produce
of France
Mis en bouteilles
à la Propriété
Chevalier-Montrachet
GRAND CRU
APPELLATION CHEVALIER-MONTRACHET CONTRÔLÉE
750 ml
13.5% vol
DOMAINE LEFLAIVE
PROPRIÉTAIRE A PULIGNY-MONTRACHET (COTE-D'OR)
L 09 1 93
JOUFFROY & Cie BEAUNE 2254

Démontrant un talent de vinificateur remarquable, Gérard Boudot élabore à chaque nouveau millésime de beaux exemples de certaines des plus grandes appellations bourguignonnes, qu'une longue liste de restaurateurs étoilés et de clients français fidèles s'arrachent. Grâce à sa compréhension parfaite des divers terroirs sous sa garde, son domaine produit certains des plus grands bourgognes blancs de la région.

Un changement d'orientation et un mariage beaunois Gérard Boudot n'est pas né dans une famille viticole. Ce fils du Creusot, ville située à l'ouest de la côte chalonnaise, voulait travailler dans le département des Eaux et Forêts, mais il n'a pas réussi les examens nécessaires et a dû revoir son orientation. Il s'est alors inscrit au lycée viticole de Beaune. Il a rencontré Jeanine, la petite-fille d'Étienne Sauzet, après un match de rugby à Beaune dans lequel il jouait, ils sont tombés amoureux et se sont mariés. Et quand le moment est venu en 1974 pour un des petits-enfants de Sauzet de prendre en charge le domaine, les frères de son épouse n'étant pas intéressés, la responsabilité de l'exploitation lui a échu.

Des achats de raisin remplacent les vignes perdues Il a fallu beaucoup de travail et de temps pour remettre en état les vignes, car elles avaient souffert d'excès d'engrais à base de potasse pendant des années. Patiemment, Boudot a appliqué au vignoble de petites doses de magnésium pour neutraliser la potasse et a fait effectuer de nombreuses analyses. Ses efforts ont été couronnés de succès au bout d'une dizaine d'années, les sols vivant et respirant de nouveau. Et ce délai lui a laissé le temps de se familiariser avec toutes les charges de sa nouvelle fonction...

En 1989, la mère de Jeanine divisa officiellement le domaine entre ses enfants, et son fils Jean-Marc décida inopinément d'en retirer sa part. Les Boudot se sont donc soudainement retrouvés avec un domaine réduit d'un tiers. Logiquement, ils prirent dès l'année suivante le statut de maison de négoce afin de pouvoir acheter de la matière première pour compenser ce déficit.

Des rendements limités et une maturité optimale La vinification de Boudot ne recèle aucun secret révolutionnaire. Un ébourgeonnage sévère est effectué au printemps pour limiter les rendements, et la cueillette est retardée jusqu'à la maturité optimale des raisins – ce qui n'est pas évident car il faut éviter toute surmaturité, à l'origine d'une acidité insuffisante. La fermentation se produit à environ 20° en fût, et les vins connaissent par la suite un long débourbage, de sorte que l'élevage a lieu sur une lie très fine, pour un maximum de finesse. Les vins sont bâtonnés avec une régularité décroissante jusqu'au soutirage, au bout d'un an, et avant la mise deux mois plus tard, ils sont transférés en cuve pour unification et collage, ce qui prend jusqu'à trois semaines.

Bâtard-Montrachet Le Bâtard-Montrachet, vinifié dans une proportion égale de fûts de chêne neufs et déjà utilisés pendant 15 mois, démontre le perfectionnisme soigneux de Boudot : c'est un vin superbement façonné, très puissant et de grande dimension. Bien qu'il soit concentré, intense et viril, il est exceptionnellement élégant – ce qui est un signe distinctif des vins de Gérard Boudot – et remarquablement persistant. Il a besoin d'au moins huit ans de conservation en cave, et à table Jeanine suggère de le servir sur une volaille de Bresse à la crème et aux morilles, ou sur un homard grillé.

Bourgogne
• *A.O.C. :*
Bâtard-Montrachet

• *Vin sélectionné :*
Bâtard-Montrachet
• *Classification :*
grand cru
• *Cépage :*
chardonnay
• *Géologie :*
argilo-calcaire
• *Âge moyen des vignes :*
30 ans
• *Superficie exploitée :*
0,6 hectare
• *Production moyenne :*
3 500 bouteilles

• *Autres vins produits :*
- Vins blancs :
Grand cru :
✓ Montrachet
✓ Chevalier-Montrachet
✓ Bienvenues-Bâtard-Montrachet
Premier cru :
✓ Puligny-Montrachet Les Combettes
✓ Puligny-Montrachet Champ Canet
✓ Puligny-Montrachet Folatières
✓ Puligny-Montrachet Perrières
✓ Puligny-Montrachet Referts
✓ Puligny-Montrachet La Garenne
Village :
✓ Puligny-Montrachet
✓ Chassagne-Montrachet

• *Régisseur :*
Gérard Boudot
• *Vinificateur :*
Gérard Boudot
• *Vignoble exploité :*
14 hectares
• *Production :*
90 000 bouteilles
• *Exportations :*
70 %
• *Vente sur place :*
non
• *Visites :*
non

ES
1996
ES
Batard-Montrachet
Grand Cru
Appellation Batard-Montrachet Contrôlée
Mis en bouteilles par
Etienne Sauzet
PULIGNY-MONTRACHET - CÔTE-D'OR - FRANCE
Produce of France

Domaine Louis Carillon & Fils

Les en-têtes et les étiquettes du domaine donnent la date de 1632, mais les Carillon ont récemment découvert un document certifiant les activités viticoles de Jehan Carillon en 1520, ce qui fait de cette famille la doyenne de Puligny, antérieure même aux Leflaive. Les Carillon ont leur propre style, qui pourrait se résumer par des vins riches, élégants et moyennement corsés, avec juste une nuance de boisé. Ils sont bâtis pour le long terme et sont délicieux.

Cinq cents ans d'histoire Une visite au domaine Carillon fait prendre conscience de la longue histoire de la Bourgogne. Voici une famille qui pourra bientôt célébrer son demi-millénaire et qui comporte aujourd'hui trois générations : le grand-père Robert, retraité mais toujours dans les parages et prêt à prodiguer ses conseils, le père Louis, le chef du domaine, et ses fils Jacques et François, tous deux s'occupant désormais des opérations courantes. Et sans doute y aura-t-il dans un proche avenir une nouvelle génération pointant son nez pour la première fois à la porte de la cave, découvrant avec une légère appréhension ce mystérieux environnement… Ici l'histoire est partout : les cours, les recoins et les passages ont tous leurs anecdotes à raconter, beaucoup n'ayant pas changé depuis la Révolution ; mais en même temps la modernité a rattrapé le domaine, comme en témoignent les cuves en acier inoxydable et autres équipements vinicoles contemporains qui reposent sans gêne dans ces caves d'un âge révolu.

La qualité sans compromis Les Carillon mêlent tradition et modernité sans effort apparent dans leur quête de la qualité sans compromis. Ils cultivent leur vignoble de manière écologique et pragmatique, labourant le sol pour supprimer les mauvaises herbes, et n'utilisant des traitements que lorsqu'une inspection des vignes en a prouvé l'impérieuse nécessité. Le replantage est effectué parcelle par parcelle afin d'avoir un bon mélange de vigne d'âges différents, et le sol est laissé en jachère plusieurs années avant de recevoir les jeunes vignes ; ce sacrifice de quelques années de récoltes, pour revivifier le sol au profit des millésimes suivants, est révélateur de l'esprit Carillon. Les raisins sont vendangés à la main lorsqu'ils ont atteint leur maturité optimale, c'est-à-dire après certains confrères mais aussi avant d'autres, car les Carillon ne veulent pas plus de raisins surmûris qu'insuffisamment mûrs.
Dans la cuverie, après un pressurage et un débourbage rapide, les meilleurs vins sont fermentés en fût. Les arômes exotiques de fruits tropicaux n'étant pas appréciés des Carillon, les fermentations sont effectuées à environ 25°, les bâtonnages ne sont pas trop fréquents, et au maximum un cinquième des fûts utilisés pour l'élevage est renouvelé chaque année. De cette manière, la pureté naturelle du fruit et le caractère du terroir ne sont jamais pollués par des arômes artificiels de vinification.

Bienvenues-Bâtard-Montrachet Les années moyennes, seules six cents bouteilles sont produites du plus grand vin des Carillon, le Bienvenues-Bâtard-Montrachet. Ce seigneur est un savant mélange de puissance et de délicatesse, et grâce au talent de ses créateurs, il parvient à éviter la lourdeur et le boisé dominant de certaines autres versions. Il ne devrait pas être débouché avant sa sixième année, car son fruité riche a besoin de temps pour se mettre en voix. Ce chef-d'œuvre de réserve et de classe appelle la noblesse d'un homard à l'armoricaine.

Bourgogne
• *A.O.C. :*
Bienvenues-Bâtard-Montrachet

• *Vin sélectionné :*
Bienvenues-Bâtard-Montrachet
• *Classification :*
grand cru
• *Cépage :*
chardonnay
• *Géologie :*
argilo-calcaire
• *Âge moyen des vignes :*
35 ans
• *Superficie cultivée :*
0,12 hectare
• *Production moyenne :*
600 bouteilles

• *Autres vins produits :*
- *Vins blancs :*
Premier cru :
✓ Puligny-Montrachet Les Combettes
✓ Puligny-Montrachet Les Champs Canet
✓ Puligny-Montrachet Les Champs Gain
✓ Puligny-Montrachet Les Perrières
✓ Puligny-Montrachet Les Referts
Village :
✓ Puligny-Montrachet
✓ Chassagne-Montrachet
Régional :
✓ Bourgogne Aligoté
- *Vins rouges :*
Premier cru :
✓ Saint-Aubin Les Pitangerets
Village :
✓ Chassagne-Montrachet
✓ Mercurey
Régional :
✓ Bourgogne
✓ Bourgogne Passetoutgrain

• *Propriétaire :*
Famille Carillon
• *Vignoble exploité :*
12 hectares
• *Production :*
65 000 bouteilles
• *Exportations :*
70 %
• *Vente sur place :*
oui
• *Visites :*
sur rendez-vous

CARILLON
1632
1998
Vins de
Bourgogne
CARILLON
1632
BIENVENUES-BATARD-MONTRACHET
GRAND CRU
APPELLATION BIENVENUES-BATARD-MONTRACHET GRAND CRU CONTRÔLEE
ALC. 13.5% BY VOL.
750 ML
Mis en bouteille
au Domaine par
Louis CARILLON et Fils
Puligny-Montrachet
Côte-d'Or - France
VITICULTEURS
PRODUCE OF FRANCE

Tout amateur de vin désirant déguster ce qui se fait de mieux en matière de bourgogne blanc, pour comprendre tout ce que l'on peut accomplir en faisant fermenter le jus du chardonnay, se doit de déboucher une bouteille de Ramonet. Celui-ci compte parmi les deux ou trois domaines mythiques de la Bourgogne, et pour de très bonnes raisons.

Des humbles débuts mais une renommée mondiale L'histoire du domaine Ramonet commence avec le mariage de Pierre Ramonet, un jeune ouvrier viticole de condition modeste, avec Lucie Prudhon, la fille d'un chef de culture. Pierre, né en 1906, avait quitté l'école à l'âge de huit ans pour aider son père, ouvrier dans la vigne, et Lucie et lui savaient très bien ce que signifiait travailler dur et mettre de l'argent de côté. Dans les années trente, ils acquirent avec leurs économies une parcelle du premier cru Chassagne Ruchottes, et le millésime 1934 de Pierre fut exporté aux États-Unis, fraîchement sortis de la Prohibition, faisant du domaine l'un des premiers de Bourgogne à se gagner une réputation internationale. Au fil des ans, Pierre démontrait un génie peu commun dans l'art d'élaborer des vins magistraux, et les Ramonet s'offrirent en 1955 leurs parcelles de Bâtard-Montrachet et de Bienvenues-Bâtard-Montrachet, et 25 ares de Montrachet lui-même en 1975.
Pierre et Lucie eurent un fils, André, qui eut à son tour deux garçons, Noël et Jean-Claude. André souffrit toute sa vie d'une santé précaire et ne prit jamais totalement la relève de son père, avec lequel il produisit son dernier millésime en 1983. Depuis lors, les jeunes fils d'André ont la responsabilité du domaine et maintiennent la réputation familiale avec un talent consommé. Ils assurent les nombreuses tâches qui incombent au vigneron avec un instinct infaillible, car c'est avant tout l'empirisme – et non les diplômes œnologiques – qui préside à l'élaboration des vins chez Ramonet.

Des blancs à conserver au moins vingt ans Les vins blancs sont élaborés pour la garde à long terme, ce qui chez les Ramonet signifie plusieurs décennies, tandis que les rouges, qui méritent eux aussi l'attention, sont à point au bout d'environ six ans. Le domaine voue un véritable culte aux vieilles vignes – toute vigne de moins de 18 ans est considérée comme jeune – et les faibles rendements sont la pierre angulaire de la qualité des bourgognes Ramonet. Les vins blancs sont fermentés au début en cuve et par la suite en fût, sans véritable contrôle de température, puis reposent sur leurs lies jusqu'à ce qu'un premier soutirage s'avère indispensable. La présence de toute cette matière solide évite d'avoir à beaucoup bâtonner. L'élevage a lieu dans une futaille dont en général 35 % sont neufs, avec une chauffe légère, et lorsqu'il est terminé les vins sont légèrement collés et filtrés avant d'être mis en bouteilles.

Bienvenues Bâtard-Montrachet La gamme des premiers crus du domaine est d'une qualité à couper le souffle, mais les trois grands crus gravitent à une orbite encore bien plus élevée. Le Montrachet est en général le meilleur des trois, mais il est bien difficile de les départager. Le Bâtard est invariablement plus ferme et plus austère que le Bienvenues, ce qui, selon Noël Ramonet, est dû à des bois différents lors de l'élevage. Le Bienvenues démontre avec majesté une séduction opulente, des dimensions et une complexité extraordinaires, pour terminer sur une incroyable persistance. Ce grand vin trouve dans des grenouilles persillées, ou un chaud-froid de volaille à l'estragon, de très convenables compagnons de table.

Bourgogne
• *A.O.C. :*
Bienvenues-Bâtard-Montrachet

• *Vin sélectionné :*
Bienvenues Bâtard-Montrachet
• *Classification :*
grand cru
• *Cépage :*
chardonnay
• *Géologie :*
argilo-calcaire
• *Âge des vignes :*
50 ans
• *Superficie exploitée :*
0,5 hectare
• *Production moyenne :*
2 500 bouteilles

• *Autres vins produits :*
- *Vins blancs :*
Grand cru :
✓ Montrachet
✓ Bâtard-Montrachet
Premier cru :
✓ Chassagne-Montrachet Ruchottes
✓ Chassagne-Montrachet Morgeot
✓ Chassagne-Montrachet Les Caillerets
✓ Chassagne-Montrachet Les Chaumées
✓ Chassagne-Montrachet Les Vergers
✓ Chassagne-Montrachet La Boudriotte
✓ Puligny-Montrachet Champ-Canet
✓ Saint-Aubin Le Charmois
Village :
✓ Chassagne-Montrachet
✓ Puligny-Montrachet
Régional :
✓ Bourgogne Aligoté
- *Vins rouges :*
Premier cru :
✓ Chassagne-Montrachet Morgeot
✓ Chassagne-Montrachet Clos de la Boudriotte
✓ Chassagne-Montrachet Clos Saint-Jean
Village :
✓ Chassagne-Montrachet
Régional :
✓ Bourgogne Grand Ordinaire

• *Propriétaire :*
Famille Ramonet
• *Vinificateurs :*
Noël & Jean-Claude Ramonet
• *Vignoble exploité :*
17 hectares
• *Production :*
80 000 bouteilles
• *Exportations :*
70 %
• *Vente sur place :*
non
• *Visites :*
non

MISE AU DOMAINE
RAMONET
1996
Grand Cru
BIENVENUE
BATARD-MONTRACHET
APPELLATION CONTRÔLÉE
S.C.E. DOMAINE RAMONET
VITICULTEUR A CHASSAGNE-MONTRACHET
COTE-D'OR, FRANCE
PRODUCE OF FRANCE
13,5% vol.

Les vins uniques et hautement estimés de Condrieu sont produits exclusivement avec le cépage viognier, sur des terrasses de sol granitique qui surplombent le Rhône. Il y a peu de vignerons vraiment talentueux à Condrieu car le viognier est notoirement difficile à cultiver, mais les plus doués maintiennent leur vin au meilleur niveau avec ardeur, passion et dévotion. L'un des plus brillants est le jeune André Perret, qui produit des vins représentant la quintessence de l'appellation et dont les qualités sont très recherchées.

À sols différents vins différents Perret a succédé à son père en 1982 et a agrandi le domaine d'un demi-hectare qui constituait l'exploitation – à cette époque la fruiticulture était l'activité principale de la famille – jusqu'à dix hectares. Quatre se situent dans l'aire d'appellation Condrieu, alors que les autres donnent du saint-joseph rouge et blanc et du côtes-du-rhône rouge.
Perret produit ses condrieux dans deux vignobles qui ont des sols différents, et donnent ainsi des vins aux caractères distincts. Le coteau de Chéry, sis au-dessus d'une courbe dans le Rhône entre Condrieu et Vérin, a une couche d'arzelle, un sol friable de granit, de mica et de schiste ; c'est l'un des meilleurs coteaux de Condrieu, et beaucoup estiment que ce sol confère du corps et de la puissance à ses vins. À quelques kilomètres plus au sud, surplombant Chavanay, se trouve le clos Chanson, dont le sol plus argileux donne un vin facile à déguster exprimant pleinement les arômes floraux exquis qui caractérisent les vins de viognier.

Maîtrise des rendements et fûts de chêne Il est certains principes que l'on ne saurait ignorer si l'on veut produire un raisin de qualité avec ce cépage. Les rendements doivent être strictement maîtrisés et le fruit doit arriver à une maturité parfaite avant d'être cueilli. Perret taille donc généreusement ses ceps et leur âge moyen élevé limite également leur productivité, ce qui donne un jus de vraiment bonne qualité. Les insecticides ne sont pas employés, l'engrais est organique et toutes les opérations viticoles sont conduites par « lutte raisonnée », c'est-à-dire de la manière la plus naturelle possible.
Le Coteau de Chéry et le Clos Chanson sont tous deux fermentés et élevés exclusivement en fût, alors que le troisième vin, un condrieu provenant de jeunes vignes, connaît l'inox en plus du bois. La fermentation malolactique est systématiquement recherchée, et a lieu en fût pour les deux vins principaux ; la technique bourguignonne du bâtonnage, qui consiste à touiller le vin afin de maintenir en suspension les lies, est employée pour augmenter l'arôme et la texture. Après douze mois d'élevage, les vins sont prêts pour la mise en bouteilles.

Condrieu Coteau de Chéry Paré, comme beaucoup de condrieux, d'une belle robe jaune dorée dans sa jeunesse, le Coteau de Chéry est plus marqué par son terroir que ne le sont la plupart des vins des autres coteaux. Il a besoin de trois à cinq ans pour que les caractéristiques du cépage apparaissent et dès lors – ce qui est atypique pour un vin blanc –, sa robe aura quelque peu pâli. Au bout d'une demi-douzaine d'années, le Coteau de Chéry d'André Perret allie brillamment la puissance, la richesse et une complexité aromatique fascinante, au bouquet délicieux et original d'herbes et de violettes. À cet âge, suggère Perret, c'est le partenaire idéal du gratin de queues d'écrevisses.

Vallée du Rhône
• *A.O.C.:*
Condrieu

• *Vin sélectionné:*
Condrieu Coteau de Chéry
• *Cépage:* viognier
• *Âge moyen des vignes:* 35 ans
• *Géologie:* granit
• *Superficie du vignoble:* 3 hectares
• *Production moyenne:* 8000 bouteilles

• *Autres vins produits:*
- *Vins blancs:*
✓ Condrieu Clos Chanson
✓ Condrieu
✓ Saint-Joseph
- *Vins rouges:*
✓ Saint-Joseph
✓ Côtes-du-Rhône

• *Propriétaire:* André Perret
• *Vinificateur:* André Perret
• *Vignoble exploité:* 10 hectares
• *Production:* 40000 bouteilles
• *Exportations:* 40 %
• *Vente sur place:* oui
• *Visites:* sur rendez-vous

1997
COTEAU DE CHERY
Condrieu
APPELLATION CONDRIEU CONTROLEE
ANDRE PERRET
PROPRIETAIRE VITICULTEUR A CHAVANAY 42410 - FRANCE
PRODUCE OF FRANCE

Grâce à la qualité exceptionnelle de leurs vins, les Guigal ont fait découvrir la vallée du Rhône septentrionale à de nombreux amateurs de vin dans le monde entier, créant une demande qui a fait prospérer tous les vignerons et a entraîné une nette amélioration des standards. La Maison Guigal est aujourd'hui une entreprise importante et prospère, où la quantité et la qualité parviennent néanmoins à se côtoyer.

Un jeune homme à qui tout réussit La maison fut fondée en 1946 quand Étienne Guigal, qui avait commencé tout jeune à travailler comme caviste pour la célèbre maison Vidal-Fleury à Ampuis et en avait gravi des échelons, est parti pour s'installer à son compte. Pendant quinze ans les affaires prospérèrent, et lorsqu'en 1961 il fut frappé de cécité, Marcel, son fils de dix-sept ans, fut appelé à prendre sa suite. Le don inné de Marcel Guigal pour élaborer le vin, sa rigueur méthodique et perfectionniste, et un sens des relations publiques qu'envieraient beaucoup de chefs d'entreprise lui ont gagné une grande notoriété. À la fin des années soixante-dix, ses vins étaient loués par tous les critiques et les connaisseurs.

Des cuvées de prestige Au fil des ans, les Guigal ont peu à peu acquis des belles parcelles de vigne, dont les joyaux sont les trois crus de Côte-Rôtie – La Mouline, La Landonne et La Turque –, qui produisent des vins que les amateurs s'arrachent avec férocité. En 1994, une cuvée prestige de Condrieu nommée La Doriane fut inaugurée, et l'année suivante, alors que Philippe, le fils de Guigal, participait pour la première fois à la vinification, la cuvée de Côte-Rôtie Château d'Ampuis a été lancée.
En dehors de ces vins, qui proviennent des douze hectares appartenant à Guigal, la maison produit une gamme de vins du Rhône Nord et Sud à partir de raisins achetés à plus de soixante-dix vignerons. Elle comprend toutes les appellations importantes, et tous les vins sont de très bonne voire d'excellente qualité.

Du grand raisin et une longue vinification La qualité des vins Guigal est imputable à une matière première irréprochable ainsi qu'au perfectionnisme qui sévit dans la cuverie et les caves. Les parcelles appartenant à la maison sont travaillées organiquement, le rendement des vignes est impitoyablement limité et les raisins sont cueillis à parfaite maturité ; ces mêmes critères sont exigés des vignerons fournisseurs de l'entreprise.
Les crus rouges de prestige sont élevés uniquement dans des fûts de chêne neufs – ce qui a valu aux Guigal beaucoup de critiques au départ – pendant pas moins de… quarante-deux mois ! Malgré tout ce temps passé en fût, les vins sont si riches qu'après plusieurs années en bouteille le boisé est à peine perceptible. Pendant l'élevage en fût, ils ne sont pas soutirés plus de six fois, et ils sont finalement mis en bouteille sans collage ni filtration. Une vinification si prolongée donne naturellement des vins d'une longévité exceptionnelle.

Condrieu La Doriane Le somptueux La Doriane, produit sur deux parcelles d'un hectare chacune appartenant aux Guigal et cultivées à la main, montre que la famille est aussi douée pour les vins blancs que pour les rouges. La fermentation alcoolique de La Doriane s'effectue en fûts et en cuves inox à une température basse de 16 à 18°, et sa fermentation malolactique se poursuit en fûts. Dans le verre, on remarque immédiatement son extraordinaire raffinement : le viognier, naturellement riche et exotique, y est discipliné, très intense et très long, avec un admirable équilibre des arômes. Les œufs brouillés à la truffe s'accordent particulièrement bien à cet original et délicieux condrieu.

Vallée du Rhône
• *A.O.C. :*
Condrieu

• *Vin sélectionné :*
Condrieu La Doriane
• *Cépage :*
viognier
• *Âge moyen des vignes :*
25 ans
• *Géologie :*
schistes, silice et calcaire, arène granitique
• *Superficie du vignoble :*
2 hectares
• *Production moyenne :*
10 000 bouteilles

• *Autres vins produits :*
- *Vins blancs :*
✓ Condrieu
✓ Hermitage
✓ Côtes-du-Rhône
- *Vins rouges :*
✓ Côte-Rôtie La Turque
✓ Côte-Rôtie La Mouline
✓ Côte-Rôtie La Landonne
✓ Côte-Rôtie « Château d'Ampuis »
✓ Côte-Rôtie Brune et Blonde
✓ Hermitage
✓ Châteauneuf-du-Pape
✓ Gigondas
✓ Côtes-du-Rhône

• *Propriétaire :*
E. Guigal SA
• *Président-directeur général :*
Marcel Guigal
• *Œnologue :*
Philippe Guigal
• *Vignoble exploité :*
12 hectares
• *Exportations :*
60 %
• *Vente sur place :*
oui
• *Visites :*
sur rendez-vous

La Doriane
1999
E. GUIGAL
La Doriane
CONDRIEU
Appellation Condrieu Contrôlée
Produit de France
E. GUIGAL
VINIFIÉ, ÉLEVÉ ET MIS EN BOUTEILLE PAR E. GUIGAL, CHÂTEAU D'AMPUIS (RHÔNE) FRANCE

Aucun rassemblement de bons condrieux ne serait complet sans un ou deux vins de François Villard, au sujet desquels il est facile de distribuer généreusement les superlatifs. Puissants, intensément aromatiques et d'un équilibre impeccable, ils démontrent à quel point le viognier est un cépage magnifique, et à quel point il est à l'aise dans le granit décomposé et le mica schisteux des terrasses de Condrieu. Ils témoignent aussi du fossé qui sépare le condrieu des vins de viognier produits ailleurs.

Un cuisinier devient vigneron L'arrivée météorique de Villard à la tête de l'exploitation a été d'autant plus remarquable qu'il ne provient pas d'un milieu vinicole. Le jeune homme était cuisinier dans un hôpital avant de démissionner de ce poste au début de 1988 pour devenir vigneron. Ne connaissant rien de plus du métier que n'importe quel amateur de vin, il s'est inscrit à un cours de sommellerie à Tain-l'Hermitage, et a suivi également un cours de viticulture au lycée agricole de Mâcon Davayé.

Il a commencé avec un hectare de terrain qu'il a planté en 1989, et a progressivement agrandi son exploitation au cours des années suivantes jusqu'à atteindre sept hectares au printemps 1999. Puisque chaque nouvelle acquisition a dû être plantée de vignes, l'âge de ses ceps est encore très bas... mais cela ne compromet nullement la richesse et la complexité de ses vins.

Des vendanges tardives pour un arôme intense De faibles rendements pour les vins rouges et la surmaturité du raisin pour les blancs sont les pierres angulaires de la méthode Villard. Les vignobles sont gérés aussi naturellement que possible, avec des engrais organiques et un labourage ; Villard étudie actuellement l'opportunité de laisser l'herbe se développer sur ses vignobles en terrasse afin d'ancrer le sol et de l'empêcher d'être porté en bas de la pente par les pluies.

Chaque année Villard espère que ses viogniers seront atteints par le *Botrytis*, la fameuse « pourriture noble ». Cela se produit souvent, mais même sans l'apparition du champignon le fruit est laissé sur la vigne suffisamment longtemps pour développer un jus doux et très concentré, ce qui explique l'arôme intense et puissant des condrieux de Villard. Si seulement les vignerons qui vendangent précocement suivaient son exemple ! Villard produit quatre vins différents à partir de trois parcelles, les fermentant en fût à basse température puis les élevant en fût pendant presque un an, avec un bâtonnage hebdomadaire pendant les huit premiers mois. Ils ne sont pas soutirés afin de préserver leur parfum.

Condrieu Deponcins Les vignes de dix ans d'âge de Villard sur les coteaux splendides de Poncins, en face de Château-Grillet, donnent un vin très intense au parfum sublime avec un caractère prononcé de pêche, d'abricot sec et de vanille. Le Deponcins est aussi remarquable pour sa chair épaisse et opulente, son taux d'alcool notable et son acidité impeccable, des caractéristiques qui se rencontrent rarement ensemble. Voici un condrieu qui, à la différence de la plupart, peut acquérir des qualités intéressantes après une décennie en cave. Dans sa jeunesse, il a suffisamment d'arôme pour faire face à un foie gras de canard, et assez de race pour séduire une crème d'artichauts aux coquilles Saint-Jacques.

Vallée du Rhône
• *A.O.C.:*
Condrieu

• *Vin sélectionné:*
Condrieu Deponcins
• *Cépage:*
viognier
• *Âge moyen des vignes:*
10 ans
• *Géologie:*
granit décomposé et mica
• *Superficie du vignoble:*
1 hectare
• *Production moyenne:*
4 500 bouteilles

• *Autres vins produits:*
- *Vins blancs:*
✓ Condrieu « Les Terrasses du Palat »
✓ Condrieu « Le Grand Vallon »
✓ Condrieu « Quintessence »
✓ Saint-Joseph « Mairlant »
- *Vins rouges:*
✓ Côte-Rôtie « La Brocarde »
✓ Saint-Joseph « Reflet »

• *Propriétaire:*
François Villard
• *Vinificateur:*
François Villard
• *Vignoble exploité:*
8 hectares
• *Production:*
26 000 bouteilles
• *Exportations:*
45 %
• *Vente sur place:*
oui
• *Visites:*
sur rendez-vous

FV
1999
Deponcins
CONDRIEU
Appellation Condrieu Contrôlée
Mis en bouteille à la propriété par
14% vol
FRANÇOIS VILLARD
750 ml
Propriétaire Récoltant à Montjoux
42410 F - Saint Michel sur Rhône
PRODUCT OF FRANCE

Domaine Georges Vernay

Depuis qu'il a débuté en 1953 avec 1,5 hectare de vignes, Georges Vernay est devenu une mine de renseignements sur le capricieux cépage viognier et s'est forgé une réputation exceptionnelle pour ses vins de Condrieu intensément parfumés. Ils représentent la quintessence de leur appellation, démontrant avec brio que le condrieu figure bien parmi les grands vins blancs secs du monde.

La foi dans l'avenir vinicole de la région Les œnophiles doivent beaucoup à Vernay, non seulement pour la qualité de ses vins, mais aussi pour l'existence même de l'appellation Condrieu, car c'est lui qui a défendu le vignoble dans les années soixante au moment où, peu lucratif et démodé, il risquait de disparaître. En 1965 en effet, ce vignoble historique était réduit à une superficie pitoyable de huit hectares. Peu à peu, grâce à quelques vignerons tenaces et surtout à Georges Vernay et à sa production régulièrement excellente, l'intérêt international s'accrut pour le condrieu, ce qui eut pour effet de redonner confiance dans l'avenir aux gens du pays. Abandonnées ou occupées par des fruits ou des légumes, les terrasses commencèrent à être regagnées par la vigne.
Officiellement, Vernay est maintenant retraité et les vins du domaine sont élaborés par sa fille Christine, qui apprit le métier aux côtés de son père dès son plus jeune âge, et par son fils Luc, qui partage son temps entre le domaine et son école d'ULM. Cependant le patriarche est toujours dans les parages, prêt à aider ses enfants et les autres vignerons de ses conseils et de ses encouragements.

Des vins aux arômes irrésistibles Le domaine a été agrandi à mesure que des terres convenables étaient mises en vente et il s'étend aujourd'hui sur seize hectares. En plus des vins de viognier, Vernay produit des vins rouges de syrah des appellations Côte-Rôtie et Saint-Joseph. Il élabore depuis toujours deux condrieux, un vin générique et le Coteau de Vernon ; cependant, pour faire face à une demande excessive de ce dernier, il a introduit en 1992 le vin au nom évocateur de « Les Chaillées de l'Enfer » (chaillée signifie terrasse), qui qualitativement se situe entre les deux autres, étant une sélection de raisins des meilleures parcelles.
Mais comment les Vernay élaborent-ils des vins si magnifiquement aromatiques ? D'abord grâce à leur vignoble, planté très densément de vieilles vignes au faible rendement – dix-huit hectolitres par hectare n'est pas rare pour le Coteau de Vernon... La vendange est retardée le plus possible pour obtenir un maximum d'arômes, même au prix d'une faible acidité, et le raisin est fermenté à une basse température, de 14 à 18°, dans des cuves en inox et des foudres, ou des fûts pour Les Chaillées et Vernon. Une fermentation malolactique a lieu la plupart du temps.

Condrieu Coteau de Vernon Le condrieu le plus prestigieux des Vernay est élevé en fûts de chêne, dont 20 % de neufs, pendant douze à dix-huit mois, avec des bâtonnages occasionnels pour augmenter l'intensité aromatique. Le Coteau de Vernon est peut-être le meilleur représentant qui soit du cépage viognier : sa saveur intense d'abricot, de pêche et de violette est absolument irrésistible, et il est ample et succulent au palais, avec juste l'acidité nécessaire à un bon équilibre. Ce merveilleux nectar est délicieux tout seul mais les Vernay recommandent de le déguster sur du homard, de la langoustine ou du foie gras, pour un repas sublime...

Vallée du Rhône
• *A.O.C. :*
Condrieu

• *Vin sélectionné :*
Condrieu
Coteau de Vernon
• *Cépage :*
viognier
• *Âge moyen des vignes :*
60 ans
• *Géologie :* granit
• *Superficie du vignoble :*
1,5 hectare
• *Production moyenne :*
5 000 bouteilles

• *Autres vins produits :*
- *Vins blancs :*
✓ Condrieu
✓ Condrieu
« Les Chaillées de l'Enfer »
✓ Vin de Pays des
Collines Rhodaniennes
- *Vins rouges :*
✓ Côte-Rôtie
✓ Saint-Joseph
✓ Côtes-du-Rhône
« Sainte-Agathe »
✓ Vin de Pays des
Collines Rhodaniennes

• *Propriétaire :*
Domaine Georges Vernay
• *Vinificateur :*
Christine Vernay
• *Vignoble exploité :*
16 hectares
• *Production :*
80 000 bouteilles
• *Exportations :*
20 %
• *Vente sur place :*
sur rendez-vous
• *Visites :*
non

Condrieu
PRODUIT DE FRANCE
Coteau de Vernon
CONDRIEU
Appellation Condrieu contrôlée
13,5% vol
1996
750ml
Mis en bouteille à la Propriété
EARL Georges VERNAY, Viticulteur à CONDRIEU (Rhône) FRANCE

Domaine Jean-Louis Chave

Très peu de vignerons, non seulement dans la vallée du Rhône mais en France et dans le monde, ont la réputation de Gérard Chave, dont les hermitages rouges et blancs sont des chefs-d'œuvre de complexité, d'élégance et d'harmonie. Ces grands vins prennent tout leur temps pour développer leur personnalité et s'épanouir, mais avec le passage des années ils récompensent la patience en se transformant en nectars qui n'ont aucun équivalent. Leur longévité est tout à fait exceptionnelle – un bon millésime conservé dans une bonne cave peut atteindre le demi-siècle sans problème...

Cinq siècles de succession directe Ayant cultivé ses propres vignes depuis l'âge de dix-sept ans, Chave avait déjà une riche expérience pratique quand il a succédé à son père Jean-Louis dix-huit ans plus tard, en 1970. Mais l'art de la vinification est sans doute dans le sang de cette famille car les Chave ont célébré en 1981 un remarquable événement, leurs cinq cents ans de succession familiale directe et ininterrompue. La lignée d'ailleurs n'est pas prête de s'arrêter, car le fils de Gérard, portant le prénom de son grand-père Jean-Louis, a été soigneusement formé par son père et joue aujourd'hui un rôle croissant dans l'exploitation familiale.

Perfectionnisme et intuition Les Chave possèdent pas moins de quinze hectares sur la colline d'Hermitage, répartis sur neuf « climats » différents... ce qui explique en partie la qualité de leurs vins. Mais à cela il faut ajouter un facteur plus important, leur perfectionnisme et leur rare intelligence de la vinification, qui exclut toute routine au domaine. Ils font naturellement tout leur possible pour que leurs vignes produisent d'excellents raisins : les rendements sont bien maîtrisés, le labourage est préféré à l'emploi d'herbicides, le compost aux engrais artificiels, et le fruit n'est jamais vendangé avant d'avoir atteint sa pleine maturité. La famille a l'habitude de traiter chaque récolte selon ses mérites et de la vinifier en conséquence, parcelle par parcelle, en élevant les différents vins séparément. Chave, après avoir essayé le bois neuf, a décidé de ne jamais en utiliser. Il préfère élever ses vins dans des pièces bourguignonnes déjà avinées, et les fûts neufs ne sont admis à la cave que pour remplacer ceux qui sont bons pour la retraite.
Ce n'est que lorsque l'élevage des différents vins est terminé qu'ils sont assemblés. Avec une intuition sans pareille, les Chave recherchent l'affinité et la complémentarité entre les vins de différentes parcelles pour produire un tout harmonieux qui reflète le caractère du millésime. Tous les vins ne sont donc pas forcément utilisés chaque année, et le surplus est vendu en vrac au négoce.

Hermitage Rien n'est plus triste que de voir des bouteilles de jeunes millésimes d'Hermitage Chave ouvertes et consommées, comme cela se produit très souvent dans les grands restaurants français, car ce sont des vins qui donnent peu de plaisir jeunes mais qui subissent une véritable métamorphose si on les laisse se bonifier pendant douze à vingt-cinq ans. L'Hermitage blanc, vin élégant et très surprenant, est certainement plus satisfaisant lorsqu'il est jeune que son frère rouge car dès le début, il est délicieusement rond et riche, et doté d'une harmonie exquise ; néanmoins, une décennie passée en bouteille confère des nuances complexes de noisette, de tilleul et d'acacia à son bel arôme dominant de miel. Sa très longue persistance souligne la grande classe de ce chef-d'œuvre, qui s'accommode volontiers de volailles et autres viandes blanches, de crustacés, de ris de veau et de mets au foie gras.

Vallée du Rhône
• *A.O.C. :*
Hermitage

• *Vin sélectionné :*
Hermitage
• *Cépages :*
marsanne 80 %,
roussanne 20 %
• *Âge moyen des vignes :*
60 ans
• *Géologie :*
loesse, poudingues, calcaire
• *Superficie du vignoble :*
5 hectares
• *Production moyenne :*
15 000 bouteilles

• *Autres vins produits :*
- *Vin blanc :*
✓ Hermitage vin de paille
- *Vins rouges :*
✓ Ermitage Cuvée Cathelin
✓ Hermitage
✓ Saint-Joseph

• *Propriétaires :*
Gérard & Jean-Louis Chave
• *Vinificateurs :*
Gérard & Jean-Louis Chave
• *Vignoble exploité :*
17 hectares
• *Production :*
66 000 bouteilles
• *Exportations :*
60 %
• *Vente sur place :*
non
• *Visites :*
non

DOMAINE J.L.CHAVE
VIGNERONS DE PÈRE EN FILS DEPUIS 1481
1998
PRODUCT OF FRANCE
A BON TAING BON VIN
Hermitage
APPELLATION HERMITAGE CONTRÔLÉE
DOMAINE JEAN-LOUIS CHAVE
MISE EN BOUTEILLES A LA PROPRIÉTÉ
PROPRIÉTAIRE-VITICULTEUR - MAUVES EN ARDÈCHE - FRANCE

Chapoutier est l'un des noms les plus vénérables de la vallée du Rhône septentrionale, car cette maison fondée en 1808 a produit de nombreux grands vins au cours de sa longue et illustre existence. Et depuis les années quatre-vingt-dix, la nouvelle génération en place a élaboré des vins plus sublimes que jamais, des cuvées couronnées d'éloges par tous les experts internationaux et les amateurs de vin dans le monde entier.

Le changement de style des vins Cette renaissance est le résultat d'une réévaluation totale des pratiques viticoles et vinicoles par Michel Chapoutier. À vrai dire, la maison n'a guère brillé pendant les années soixante-dix et quatre-vingt, continuant à produire les vins lourds et oxydés qui avaient été populaires auparavant alors que beaucoup de vignerons commençaient à traduire dans leurs cuvées la typicité des terroirs et les caractéristiques du millésime.
De l'avis de Michel Chapoutier, les problèmes principaux résidaient dans la matière première, qui était produite avec des rendements excessifs et de ce fait donnait des vins manquant d'identité, et dans l'élevage, qui avait lieu dans de vieux fûts de châtaignier et durait jusqu'à ce que les ventes rendent nécessaire une mise en bouteilles, avec comme conséquence une oxydation souvent excessive.

L'adoption de la biodynamie La quête d'un raisin de meilleure qualité a amené la Maison M. Chapoutier à adopter des méthodes viticoles biodynamiques. Les désherbants, les pesticides et les engrais synthétiques ont donc tous été bannis des vignobles. Les rendements sont maintenus à un niveau bas grâce à la présence de vieilles vignes et à une taille sévère.
En plus de la récolte des trois cents hectares qu'elle travaille, la maison achète de grandes quantités de raisin supplémentaires afin de pouvoir produire une gamme complète de vins du Rhône. M. Chapoutier rémunère maintenant ses vignerons fournisseurs en fonction de la superficie de leur vignoble plutôt que de la quantité qu'ils produisent – ce qui donne de substancielles primes à la qualité et au biologique et les pousse à améliorer la qualité de leurs raisins – et les encou-rage à travailler en suivant les grandes lignes de la biodynamie.

Une vinification plus perfectionniste La vinification est perçue simplement comme la conclusion de l'année viticole. Néanmoins, dans ce domaine également beaucoup de changements se sont produits. Désormais M. Chapoutier utilise les levures indigènes du raisin pour la fermentation et modère les refroidissements. La cuvaison des rouges, ponctuée de pigeages et de remontages, dure jusqu'à six semaines, et les blancs sont élevés sur leur lie avec des bâtonnages réguliers. Enfin du chêne neuf est utilisé pour l'élevage, et la mise en bouteilles a lieu dès que la dégustation indique que les vins sont prêts. Des raisins de grande qualité et des vinifications perfectionnistes, voilà la recette simple qui a tout changé. Même les étiquettes ont été repensées, Michel Chapoutier ayant eu l'initiative originale de les imprimer en braille.

Hermitage Chante-Alouette Sélectionner un vin de la maison est difficile, car chacun est excellent dans son domaine... Toutefois le magnifique Hermitage blanc du lieu-dit Chante-Alouette se démarque des vins du genre par une texture épaisse et charnue et des arômes concentrés et grillés, aux notes épicées et fruitées complexes. Sa fermeté, sa bonne acidité et sa longue persistance lui promettent une vie longue et distinguée. Parvenu à son apogée, le Chante-Alouette déploiera tous ses atours en compagnie de coquilles Saint-Jacques.

Vallée du Rhône
• *A.O.C.:*
Hermitage

• *Vin sélectionné:*
Hermitage Chante-Alouette
• *Cépage:*
marsanne
• *Âge moyen des vignes:*
40 ans
• *Géologie:*
loess et alluvions calcaires
• *Production moyenne:*
20 000 bouteilles

• *Autres vins produits:*
- *Vins blancs:*
✓ Ermitage « de l'Orée »
✓ Condrieu
✓ Saint-Joseph « Deschants »
✓ Crozes-Hermitage « Les Meysonniers »
✓ Châteauneuf-du-Pape « La Bernardine »
- *Vins rouges:*
✓ Ermitage « Le Pavillon »
✓ Hermitage « Monier de la Sizeranne »
✓ Côte-Rôtie « La Mordorée »
✓ Côte-Rôtie
✓ Saint-Joseph « Deschants »
✓ Crozes-Hermitage « Les Meysonniers »
✓ Châteauneuf-du-Pape « Barbe-Rac »
✓ Châteauneuf-du-Pape « La Bernardine »

• *Vinificateurs:*
Michel Chapoutier & Albéric Mazoyer
• *Vignoble exploité:*
80 hectares et plus
• *Exportations:*
60 %
• *Vente sur place:*
oui (téléphoner pour connaître les heures d'ouverture)
• *Visites:*
sur rendez-vous

CHAPOUTIER
M. CHAPOUTIER
1996
Chante-Alouette®
HERMITAGE
APPELLATION HERMITAGE CONTROLEE
750 ml
VIN BLANC
WHITE WINE
PRODUIT DE FRANCE
mis en bouteille par
M. CHAPOUTIER
26600 TAIN (FRANCE)
1996
75 cl
13,5 % alc./vol.
PRODUCE OF FRANCE

Dans la vallée du Rhône, il existe un domaine qui fait partie des joyaux vinicoles français les plus renommés à travers le monde. Le château de Beaucastel, à Châteauneuf-du-Pape, s'est en effet forgé au cours du XXe siècle une réputation à nulle autre pareille grâce à la perfection et à l'individualité de ses vins, et son importante production est immédiatement acquise par tous les amateurs de vin avisés.

Une famille de vignerons exceptionnels L'histoire du domaine commence en 1549, quand « noble Pierre de Beaucastel » acheta une propriété à Coudoulet. Bientôt ses descendants construisirent une belle maison sur place, où la famille demeura pendant environ deux cents ans. À la fin du XIXe siècle, lors de la dévastation du vignoble par le phylloxéra, le maître de Beaucastel s'appelait Élie Dussaud. Il ne replanta pas et vendit en 1909 le domaine à Pierre Tramier, qui s'attela progressivement à cette tâche avant de léguer le domaine à son gendre Pierre Perrin. C'est à la famille Perrin – Pierre, puis son fils Jacques et, depuis 1978, ses petits-fils François et Jean-Pierre Perrin… – que Beaucastel doit sa grandeur actuelle, chaque génération ayant contribué à bâtir sa renommée mondiale.

Un vin atypique et prestigieux Le vin est spécifique à deux titres, par les cépages qui le composent et par la façon dont il est vinifié. Le vignoble contient chacun des treize cépages autorisés de l'appellation, mais dans des proportions qui ne sont vues nulle part ailleurs. Jacques Perrin était en effet convaincu que le mourvèdre devrait être le cépage dominant, et il a construit ses vins autour de lui à un moment où ce cépage n'était pas du tout en vogue. Beaucastel est aujourd'hui le seul vin rouge de Châteauneuf-du-Pape dans lequel le grenache n'est pas dominant. Le meilleur vin blanc du domaine, produit exclusivement avec de la roussanne, illustre également cette indépendance d'esprit. Par ailleurs, depuis l'époque de Jacques Perrin, les vignes sont cultivées avec le plus grand respect pour le sol et l'environnement, afin de les fortifier et par conséquent d'obtenir un raisin de meilleure qualité. Aujourd'hui les Perrin sont fiers que les abeilles, les oiseaux, les cigales et les coccinelles aient colonisé leur vignoble.
Lorsque les raisins noirs ont été triés puis égrappés, ils sont soumis à un procédé conçu par Pierre Perrin et perfectionné par son fils, par lequel les peaux sont chauffées à la vapeur à 80° avant d'être refroidies à 20°. Cette technique permet d'extraire les arômes et la couleur de l'intérieur de la peau ; elle détruit également certaines bactéries et enzymes qui causent l'oxydation précoce – il n'est donc pratiquement plus nécessaire de recourir à l'utilisation du dioxyde de soufre pendant la fermentation. Au final, les fermentations sont plus lentes et plus longues, et les vins résultants plus riches et d'une plus grande longévité. Le reste du processus de vinification, classique, est régi par le grand perfectionnisme des Perrin.

Châteauneuf-du-Pape Roussanne Vieilles Vignes Peu de vins sont produits à partir de la roussanne seule, car elle mûrit lentement et s'oxyde très vite en tant que jus non fermenté ou vin en élevage. Toutefois, dans les années exceptionnelles, les Perrin relèvent le défi : ils produisent un vin somptueusement riche, élégant et parfumé qui rivalise avec les appellations françaises les plus prestigieuses, et qui sait se bonifier avec les années. Jeune, il convient particulièrement à la cuisine provençale. Les millésimes un peu plus vieux se marient très bien avec une poêlée de foie gras aux cèpes, ou avec du homard en sauce à la crème ou au beurre.

Vallée du Rhône
• *A.O.C. :*
Châteauneuf-du-Pape

• *Vin sélectionné :*
Châteauneuf-du-Pape Roussanne Vieilles Vignes
• *Cépage :* roussanne
• *Âge moyen des vignes :* 75 ans
• *Géologie :* grès, molasse marine, galets roulés
• *Superficie du vignoble :* 3 hectares
• *Production moyenne :* 5 000 bouteilles

• *Autres vins produits :*
- *Vins blancs :*
✓ Châteauneuf-du-Pape
✓ Côtes-du-Rhône « Coudoulet de Beaucastel »
- *Vins rouges :*
✓ Châteauneuf-du-Pape « Hommage à Jacques Perrin »
✓ Châteauneuf-du-Pape
✓ Côtes-du-Rhône « Coudoulet de Beaucastel »
- *Vin rosé :*
✓ Côtes-du-Rhône Coudoulet de Beaucastel

• *Propriétaire :* Famille Perrin
• *Vignoble exploité :* 100 hectares
• *Production :* 420 000 bouteilles
• *Exportations :* 80 %
• *Vente sur place :* en fonction des stocks
• *Visites :* sur rendez-vous

MISE EN BOUTEILLES
DU CHATEAU
1999
PRODUCE OF FRANCE
Château de Beaucastel
CHATEAUNEUF-DU-PAPE
APPELLATION CHÂTEAUNEUF-DU-PAPE CONTROLÉE
VIEILLES VIGNES
Sté FERMIÈRE DES VIGNOBLES PIERRE PERRIN
AU CHATEAU DE BEAUCASTEL COURTHEZON (Vse) FRANCE
13,5% alc./vol.
MISE EN BOUTEILLES DU CHATEAU

Un vignoble merveilleusement situé, allié à une tradition de bonne gestion et d'innovations dans la vigne et dans la cuverie, sont à l'origine de la longue prééminence de La Nerthe parmi les domaines de Châteauneuf-du-Pape. Aujourd'hui encore la propriété continue à bénéficier des investissements et de la clairvoyance nécessaires pour produire du grand vin, et ses châteauneuf-du-pape comptent régulièrement parmi les plus accomplis de la région.

Du grand vin depuis deux siècles Le domaine existait déjà en 1560, où il était la propriété de la famille Tulle de Villefranche. Dès 1750 il s'étendait sur cinquante hectares et produisait du vin ; ses propriétaires avaient déjà organisé un réseau d'agents, car sa production se vendait jusqu'à Londres, Moscou et l'Amérique. Le vin commença à être mis en bouteilles sur place dans les années suivantes, et M. Jullien, dans *Topographie de tous les vignobles connus*, le qualifia de « vin de première classe ».

Une solution au problème du phylloxéra Les vignes de La Nerthe furent détruites par le redouté puceron phylloxéra dans les années 1870, et les Tulle de Villefranche vendirent le domaine au commandant Joseph Ducos. Alors que chacun remplaçait les vignes décimées par des arbres fruitiers, Ducos, convaincu que la solution résidait dans la greffe de vignes rhodaniennes sur des porte-greffe américains résistants au phylloxéra, se mit à reconstruire son vignoble par cette méthode. Il a été observé avec incrédulité, puis avec curiosité par ses confrères vignerons, mais fut finalement imité de tous. Ducos a mené d'intenses recherches sur les cépages, en a planté dix sur son domaine, et les résultats de ses expérimentations furent pris en compte dans l'élaboration des lois d'appellation de Châteauneuf-du-Pape en 1936.
Après avoir subi des dommages étendus pendant la guerre et une période d'après-guerre difficile, la propriété fut rachetée en 1985 par la famille Richard et par David & Foillard, et entièrement restaurée. Alain Dugas, qui avait été l'élève du docteur Dufays du domaine de Nalys, fut appelé à la direction.

Exprimer le terroir de La Nerthe Bon nombre de traditions du XIXe siècle sont encore maintenues aujourd'hui à La Nerthe, car leur valeur n'est plus à démontrer. En 1860, la récolte était systématiquement égrappée, légèrement foulée et fermentée pendant quinze à dix-huit jours en cuve ; c'est encore de cette façon que le vin rouge est élaboré aujourd'hui. La multiplicité des cépages est essentielle à l'expression équilibrée du terroir de La Nerthe, et le grenache n'a donc jamais été particulièrement prédominant dans l'assemblage. Enfin le merveilleux emplacement du vignoble, le grand âge des vignes, des rendements très faibles et une maturité parfaite du raisin sont autant de facteurs qui contribuent à la qualité exceptionnelle de La Nerthe.

Châteauneuf-du-Pape Clos de Beauvenir Dugas produit quatre vins : un excellent châteauneuf-du-pape classique en rouge et en blanc, le rouge Cuvée des Cadettes structuré et d'une impressionnante richesse ainsi que, les années favorables, le magnifique blanc Clos de Beauvenir, fermenté en fût. Alors que l'encépagement varie selon la maturité acquise chaque année par les cépages utilisés, le Beauvenir présente toujours une robe relativement foncée, un nez intense et épicé, une bouche ample, riche et complexe. Puissant et intensément aromatique, ce grand vin distingué est doté d'une fraîcheur et d'une élégance qui ne sont pas les moindres de ses attributs. Un flan de crustacés aux courgettes magnifiera ses qualités.

Vallée du Rhône
• *A.O.C. :*
Châteauneuf-du-Pape

• *Vin sélectionné :*
Châteauneuf-du-Pape Clos de Beauvenir
• *Cépages :*
clairette 54 %,
roussanne 28 %,
grenache blanc 15 %,
bourboulenc 3 %
• *Âge moyen des vignes :*
20 ans
• *Géologie :*
argilo-sablonneux
• *Superficie du vignoble :*
2 hectares
• *Production moyenne :*
6 000 bouteilles

• *Autres vins produits :*
- *Vins blancs :*
✓ Châteauneuf-du-Pape
- *Vins rouges :*
✓ Châteauneuf-du-Pape
✓ Châteauneuf-du-Pape « Cuvée des Cadettes »

• *Propriétaire :*
Famille Richard
• *Directeur :*
Alain Dugas
• *Vinificateur :*
Alain Dugas
• *Œnologue :*
Alain Dugas
• *Vignoble exploité :*
90 hectares
• *Production :*
350 000 bouteilles
• *Exportations :*
75 %
• *Vente sur place :*
9 h-12 h, 14 h 30-17 h 30
• *Visites :*
groupes de dix personnes, sur rendez-vous

Châteauneuf-du-Pape
Contrôlé
Château La Nerthe
Châteauneuf-du-Pape
APPELLATION CHÂTEAUNEUF-DU-PAPE CONTRÔLÉE
CLOS DE BEAUVENIR 1998
Mis en bouteille au Château
13,5% vol.
75cl
Château La Nerthe S.C.A. · Propriétaire-Récoltant à Châteauneuf-du-Pape · Vaucluse · France
PRODUCT OF FRANCE

Le joli village vauclusien de Beaumes-de-Venise a une spécialité, un vin doux et aromatique nommé muscat de Beaumes-de-Venise. La grande majorité des vignerons du village livrent leur récolte de raisins de muscat à la cave coopérative locale, mais une poignée d'exploitations produit et vend elle-même ce « vin doux naturel ». Parmi elles, le domaine des Bernardins élabore un excellent muscat du « vieux style ».

Déclin et renaissance d'une tradition locale Comme beaucoup de villages de la région, Beaumes produit du vin depuis l'époque romaine ; le vin doux naturel a quant à lui fait son apparition au début du XIXe siècle. Dans les années 1870 les vignes, comme presque partout ailleurs, ont subi les ravages du phylloxéra, ce qui a failli mettre un terme à cette longue tradition viticole. Pendant les décennies qui ont suivi ce désastre, la plupart des vignerons se sont en effet reconvertis dans d'autres récoltes plus rentables et moins risquées, et les vignes de muscat étaient rares.
Louis Castaud, du domaine des Bernardins, fut le premier à s'alarmer de la quasi-disparition de la production traditionnelle du village, et c'est grâce à ses efforts que le muscat de Beaumes-de-Venise a accédé au statut d'appellation contrôlée en 1943. Une cave coopérative a été fondée treize ans plus tard, et les agriculteurs purent de nouveau espérer gagner leur vie avec des vignes de muscat. La superficie plantée de ce cépage a alors lentement commencé à augmenter…
Aux Bernardins, Pierre Castaud succéda à son père Louis ; il prit sa retraite en 1976 et légua les affaires à sa fille et son gendre, Jean Maurin. Aujourd'hui leur propre fille et son époux anglais Andrew Hall prennent progressivement en charge les destinées du domaine.

Surmaturité du raisin et mutage de la fermentation Presque tous les muscats de Beaumes-de-Venise sont produits à partir du muscat blanc à petits grains. Les raisins sont cueillis légèrement surmûris, foulés, séparés de leurs peaux puis fermentés dans des cuves en acier inoxydable à une température variant de 6 à 20°. Les Bernardins est depuis toujours le domaine le plus traditionnel du village ; Andrew Hall utilise 25 % de muscat noir à petits grains, qui donne un vin plus corsé et une robe dorée plus soutenue que le muscat blanc, et fermente le vin à plus de 20° pendant un mois. La fermentation est arrêtée par l'addition d'alcool avant que tout le sucre ne soit converti, et le vin est alors élevé en cuves pendant quelques mois avant la mise en bouteilles et la vente.

Muscat de Beaumes-de-Venise Le vin du domaine des Bernardins ressemble peu aux muscats banals « technologiques » produits aujourd'hui. Doté d'une belle robe ambrée, il est charpenté, riche et rond en bouche, et ses arômes de raisin sont quelque peu dominés par sa liqueur onctueuse ; des nuances d'amande et d'oxydation sont également discernables. Ce vin exige plusieurs années en bouteille pour développer son bouquet et atteindre l'équilibre idéal – ses producteurs prétendent qu'il peut vieillir avec distinction pendant une vingtaine d'années. Ce muscat est accommodant à table, mais il déploie toute son éloquence en compagnie de foie gras et de roquefort, et il garde même sa personnalité en face de desserts au chocolat.

Vallée du Rhône
• *A.O.C.* :
Muscat de Beaumes-de-Venise

• *Vin sélectionné* :
Muscat de Beaumes-de-Venise
• *Cépages* :
muscat blanc à petits grains 75 %,
muscat noir à petits grains 25 %
• *Âge moyen des vignes* :
25 ans
• *Géologie* :
molasse calcaire
• *Superficie du vignoble* :
15 hectares
• *Production moyenne* :
66 000 bouteilles

• *Autres vins produits* :
- *Vins rouges* :
✓ Côtes-du-Rhône Villages Beaumes-de-Venise
✓ Côtes-du-Rhône « Les Balmes »
- *Vin rosé* :
✓ Côtes-du-Rhône « Les Balmes »

• *Propriétaires* :
M. & Mme Castaud-Maurin, M. & Mme Hall
• *Vinificateur* :
Andrew Hall
• *Vignoble exploité* :
22 hectares
• *Production* :
120 000 bouteilles
• *Exportations* :
15 %
• *Vente sur place* :
9h-12h, 14h-17h (18h en été)
• *Visites* :
non

1998
QUE BÈN BÉURA
PRODUCE OF FRANCE
Muscat
Beaumes de
VIN DOUX NATUREL
APPELLATION MUSCAT DE BEAUMES DE VENISE CONTROLÉE
DOMAINE des BERNARDINS
MISE D'ORIGINE
CAVE CASTAUD, PROPRIÉTAIRE A BEAUMES-DE-VENISE (VAUCLUSE)

Le magnifique clos de la Coulée de Serrant est un vignoble depuis 1130, époque où des moines cisterciens y ont planté des ceps, et son vin a toujours été considéré comme un produit rare et unique. Les monarques français ont apprécié ses qualités, et plus récemment de nombreux critiques, tels le gastronome Curnonsky qui l'a inclus dans sa célèbre liste des cinq plus grands vins blancs de France.

Un site incomparable On ne peut imaginer meilleur site pour la viticulture : se composant de trois parcelles raides surplombant la Loire, le vignoble a un sol schisteux qui est idéal pour le drainage ainsi que pour la conservation d'humidité, et son microclimat bénéficie de l'effet modérateur du fleuve.
Le gardien actuel de ce sanctuaire, Nicolas Joly, élabore des chefs-d'œuvre de pureté, d'harmonie et de richesse. Il s'est taillé une belle réputation – après des débuts tournés en dérision – en appliquant totalement les théories biodynamiques à ses activités viticoles et vinicoles. C'est grâce à des vignerons comme lui que la biodynamie est de plus en plus acceptée de nos jours.

Un remède naturel à une tragédie moderne Le postulat essentiel de la biodynamie est que les « progrès » agricoles ont anéanti de nombreux sols, qui ont perdu leurs forces propres et sont devenus dépendants des engrais chimiques pour nourrir la vigne. Or cette évolution est totalement contraire à la notion d'appellation d'origine : autrefois, les vignes saines exprimaient le caractère du sol ; mais aujourd'hui de nombreux sols n'ont plus de vie organique et les vignes n'absorbent plus qu'une nourriture chimique. En conséquence, le vin n'a guère d'identité géographique… et contient beaucoup d'impuretés.

Restaurer tous les échanges de la vigne avec son milieu Désormais conscients de ce problème, les vignerons ont adopté différents remèdes pour régénérer la vie micro-organique du sol, allant de la « lutte raisonnée » – biologique autant que possible – à la culture 100 % bio. La biodynamie va plus loin encore. Car les vignes ne vivent pas simplement du sol, mais également de l'atmosphère qui les entoure, faite d'eau, d'air, de lumière et de chaleur. Et on peut favoriser ou limiter les échanges constants entre ces différents éléments en employant divers composts et préparations homéopathiques, et renforcer ainsi la vie du sol et la photosynthèse des plantes. Par ailleurs, le soleil, la lune et les étoiles exercent également une influence significative sur ces échanges, qui peut être amplifiée si le vigneron choisit soigneusement le jour ou l'heure les plus propices pour chaque tâche.
La biodynamie implique également une modification des pratiques dans la cave : les apports et les procédés artificiels comme les levures aromatiques, le débourbage, le refroidissement et la thermorégulation sont proscrits. La qualité du raisin obtenue en amont permet d'éviter ces interventions.

Savennières Coulée de Serrant Le Coulée de Serrant – comme les autres cuvées de Joly – est de toute évidence un vin à la santé robuste, doté d'une richesse aromatique et d'une harmonie sublime qui reflètent avec brio la grande individualité de son terroir. Grâce aux nombreux soutirages pendant l'élevage, il ne craint pas l'oxydation : il vaut même mieux l'ouvrir un jour ou deux à l'avance ; par la suite, laissé ouvert ou rebouché, il s'améliore encore pendant plusieurs jours, sans réfrigération ! Servi à 14-16° sur un brochet au beurre blanc ou sur un homard en sauce, c'est un pur régal.

Vallée de la Loire
• *A.O.C. :*
Savennières Coulée-de-Serrant

• *Vin sélectionné :*
Savennières Coulée de Serrant
• *Cépage :*
chenin
• *Âge moyen des vignes :*
35 ans
• *Géologie :* schiste
• *Superficie du vignoble :*
7 hectares
• *Production :*
20 000 à 25 000 bouteilles

• *Autres vins produits :*
- *Vins blancs :*
✓ Savennières Roche-aux-Moines Clos de la Bergerie
✓ Savennières Becherel
✓ Savennières Petit Clos

• *Propriétaire :*
Nicolas Joly
• *Vinificateur :*
Nicolas Joly
• *Vignoble exploité :*
14 hectares (biodynamie depuis 1980-1984)
• *Production :*
38 000 à 46 000 bouteilles
• *Exportations :*
50 %
• *Vente sur place :*
8h30-12h, 14h-17h45
• *Visites :*
oui (sauf dimanches et jours fériés)

CLOS
DE LA
Coulée de Serrant
APPELLATION SAVENNIÈRES-COULÉE DE SERRANT CONTRÔLÉE
1999
Nicolas JOLY, Propriétaire-Viticulteur
au CLOS DE LA COULÉE DE SERRANT - 49170 SAVENNIÈRES
Mise en bouteilles au Château
WHITE WINE
NET CONTENTS : 750 ML.

La jolie région viticole de Savennières produit des vins secs à partir du cépage chenin qui comptent parmi les plus distingués de la vallée de la Loire. Les meilleurs ont une fermeté, une structure et une richesse aromatique leur permettant de se bonifier pendant de nombreuses années. Les vins élaborés par Pierre Soulez au château de Chamboureau font régulièrement partie de l'élite de l'appellation.

Une affaire de famille La famille Soulez est propriétaire du château de Chamboureau et de son domaine depuis 1949. Acheté par Michel et Anne Soulez, il fut légué à leurs onze enfants ; aujourd'hui Pierre le dirige, Hervé est responsable du vignoble et Hugues, un petit-fils, est l'œnologue maison. Chamboureau est situé dans l'aire d'appellation Roche-aux-Moines, l'un des deux grands crus de Savennières. La famille Soulez possède 8,5 des 17 hectares de ce vignoble merveilleusement situé.

Un caractère de terroir plutôt que de cépage Sa composition géologique – du schiste argilo-siliceux avec la présence de déjections volcaniques – trahit un sol très pauvre et acide, donnant des vins d'une grande individualité. L'objectif de Soulez étant de faire ressortir le caractère du terroir dans ses vins, les méthodes viticoles qu'il emploie visent à fortifier les vignes par une culture quasi écologique. Les amendements et les pesticides chimiques sont exclus au domaine, ainsi que les désherbants. L'herbe pousse d'ailleurs entre les rangées de vignes, ce qui limite les problèmes d'érosion auxquels est sujet ce vignoble pentu surplombant la Loire. Et puisque l'herbe concurrence la vigne pour le peu de nourriture qui se trouve dans le sol, cette dernière est obligée d'enterrer ses racines plus profondément ; le caractère du terroir domine ainsi celui du cépage.

Un retour à la tradition d'antan Soulez récolte ses raisins par tries successives dans la vigne afin de ne cueillir que les fruits ayant été atteints par le champignon *Botrytis cinerea*, ou ayant été passerillés. La richesse intrinsèque du jus équilibre alors l'austérité naturelle du chenin et l'acidité du sol, donnant des vins qui, bien qu'ils soient capables de se bonifier pendant des décennies, se dégustent avec plaisir au bout de quelques années.

Les jus sont fermentés en fûts de chêne des Vosges qui ont déjà servi plusieurs fois. L'utilisation de petits fûts représente un retour récent à la tradition familiale, auquel fait allusion la mention « Cuvée d'Avant » sur les étiquettes. La fermentation se poursuit par l'élevage, avec bâtonnage occasionnel de la lie, sans soutirage jusqu'au mois de mai suivant la récolte. Ensuite, les soutirages et le collage assurent la clarification nécessaire, et la mise en bouteille a lieu en septembre.

Savennières Roche-aux-Moines doux Chevalier Buhard Rétablissant une autre coutume qui avait été oubliée, Soulez s'est mis à produire du savennières demi-sec, voire même doux, chaque fois que la nature le permet. Ce fut le cas en 1997 : la récolte a été effectuée en quatre tries, et certaines baies sélectionnées avaient un potentiel de 19°. Fermenté, le vin a atteint son équilibre à 13° avec 6° potentiels, laissant 102 g de sucre non fermenté. Le résultat est un vin magnifiquement riche et mielleux, à la robe or pâle. Les saveurs minérales et de coing très mûr du Chevalier Buhard cèdent la place à une persistance remarquablement longue et complexe. Pierre Soulez conseille de déguster cet original sans apport extérieur, pour le plaisir.

Vallée de la Loire
• *A.O.C. :*
Savennières Roche-aux-Moines

• *Vin sélectionné :*
Savennières Roche-aux-Moines doux Chevalier Buhard
• *Cépage :*
chenin
• *Géologie :*
schiste argilo-siliceux
• *Âge moyen des vignes :*
25 ans
• *Superficie du vignoble :*
6,5 hectares
• *Production moyenne :*
2 000 bouteilles

• *Autres vins produits :*
- *Vins blancs :*
✓ Savennières Roche-aux-Moines « Cuvée d'Avant » (sec et demi-sec)
✓ Savennières Clos du Papillon (moelleux)
✓ Savennières
- *Vins rouges :*
✓ Anjou Villages
✓ Anjou

• *Propriétaire :*
Pierre Soulez
• *Vinificateur :*
Hugues Daubercies
• *Œnologie :*
Berger
• *Vignoble exploité :*
20 hectares
• *Production :*
120 000 bouteilles
• *Exportations :*
50 %
• *Vente sur place :*
oui
• *Visites :*
10 h-12h30, 14h-18h

750 ml
PRODUCE OF FRANCE
SAVENNIÈRES ROCHE AUX MOINES
APPELLATION SAVENNIERES ROCHE AUX MOINES CONTROLEE
1997
CHATEAU DE CHAMBOUREAU
1997
CHEVALIER BUHARD
Cuvée d'Avant
DOUX
Pour cette cuvée
2000 btles
Pierre SOULEZ, Viticulteur à SAVENNIÈRES 49170 FRANCE
MISE EN BOUTEILLES AU CHATEAU

Si la forte amélioration de la qualité des coteaux-du-layon depuis le milieu des années quatre-vingt devait être imputée à un seul vigneron, Philippe Delesvaux serait peut-être celui-là. Ses vins sont en effet des cas d'école de pureté, de précision et d'harmonie, et surtout de naturel. Heureusement, beaucoup de ses confrères ont remarqué le succès qu'il a remporté et ont suivi son exemple.

Un apprenti géologue devient vigneron L'histoire de Delesvaux est celle d'un jeune homme qui a relevé un défi et qui a réussi son pari. Ce Versaillais a quitté sa ville natale pour l'Anjou afin d'y étudier les minerais, sa passion. Il est tombé amoureux de la région et a trouvé un poste à la direction d'une ferme exploitant du bétail et des vignes. Delesvaux a commencé à travailler en 1978 et aimait bien s'occuper des quarante vaches du troupeau, mais la production de vin l'a vraiment fait réfléchir. Le vin qu'il élaborait, d'un intérêt limité, était vendu en vrac. Cela lui a donné furieusement envie de produire des bouteilles signées de son propre nom…

L'amour des grains nobles En 1982, il parvint à trouver 3 hectares de vignes à louer au cœur de l'appellation Coteaux-du-Layon. Les débuts ne furent pas faciles : les vignes étaient vieilles et difficiles à cultiver, et ses équipements de vinification assez anciens. Mais Delesvaux, soutenu par son épouse Catherine, était résolu à produire un grand coteaux-du-layon, et sa détermination l'a emporté.
Après s'être contenté de suivre l'exemple des vignerons du pays pendant deux millésimes, il eut une sorte de révélation et décida, en 1985, de vendanger ses vignes par passages successifs afin de cueillir tous les raisins à une maturité maximale, voire même après qu'ils ont été affectés par la « pourriture noble ». La récolte rentra au domaine à 16,5° potentiels, ce qui semblait énorme à l'époque, et le couple se rendit compte que ce millésime était infiniment meilleur que les précédents ; les restaurateurs et les experts locaux étaient d'ailleurs du même avis. Dès lors, la récolte des grains nobles par tries est devenue l'obsession de Delesvaux, et il a élaboré quantité de bouteilles acclamées par la critique.

Le refus catégorique de la chaptalisation Son domaine s'étend aujourd'hui sur 14,5 hectares, et il a pu investir dans des équipements modernes pour tirer le meilleur de sa matière première. Le nombre de cuvées qu'il produit change chaque année, cela dépend de la générosité de la nature. Car Delesvaux est bien sûr fermement opposé à la chaptalisation – l'adjonction de sucre dans les moûts –, ainsi qu'à l'utilisation de levures artificielles. La récolte de chaque trie est acceptée et vinifiée pour ce qu'elle est, donnant des vins qui vont du sec et du demi-sec au moelleux et même au liquoreux.

Coteaux-du-Layon Sélection de Grains Nobles Les raisins de chenin botrytisés qui ont donné le Grains Nobles 1997 ont été cueillis pendant les deuxième et troisième tries d'octobre et de novembre 1997 à 24,5° potentiels, et le vin a trouvé son équilibre à 12° avec pas moins de 212 g de sucre non fermenté résiduel ! Cette bouteille remarquable est certes extrêmement liquoreuse et riche, mais elle n'est point écœurante. Le vin est au contraire léger, élégant et harmonieux au palais, avec une persistance d'une longueur et d'une complexité phénoménales ! Sa richesse et son équilibre sont tels qu'il durera certainement un demi-siècle. Une telle perfection mérite d'être savourée seule, avant ou après le repas, ou bien avec du foie gras…

Vallée de la Loire
• *A.O.C. :*
Coteaux-du-Layon

• *Vin sélectionné :*
Coteaux-du-Layon Sélection de Grains Nobles
(bouteille de 50 cl)
• *Cépage :*
chenin
• *Âge moyen des vignes :*
30 ans
• *Géologie :*
schiste carbonifère, galets, cendres volcaniques
• *Superficie du vignoble :*
10 hectares
• *Production :*
1 200 à 10 000 bouteilles

• *Autres vins produits :*
- *Vins blancs :*
✓ Anjou
✓ Coteaux-du-Layon Saint-Aubin
✓ Coteaux-du-Layon Saint-Aubin Clos du Pavillon
✓ Coteaux-du-Layon Saint-Aubin Clos de la Guiberderie
- *Vins rouges :*
✓ Anjou
✓ Anjou Villages

• *Propriétaires :*
Philippe & Catherine Delesvaux
• *Vinificateur :*
Philippe Delesvaux
• *Vignoble exploité :* 14,5 hectares
• *Production :*
26 000 bouteilles
• *Exportations :*
80 %
• *Vente sur place :*
sur rendez-vous
• *Visites :*
sur rendez-vous

DOMAINE
PHILIPPE DELESVAUX
1997
LECTION DE GRAINS NOBLE
COTEAUX DU LAYON
APPELLATION COTEAUX DU LAYON CONTROLEE
PRODUCT OF FRANCE
MIS EN BOUTEILLE AU DOMAINE
VITICULTEUR "LES ESSARDS" 49190 St AUBIN DE LUIGNE - FRANCE

DOMAINE JO PITHON

Jo Pithon a fait bien du chemin depuis le jour où il a décidé de cesser d'élaborer du vin en vrac pour essayer de produire une variété authentique et naturellement riche de coteaux-du-layon. Avec l'expérience, il a acquis confiance en lui et s'est autorisé à prendre des risques croissants qui lui ont permis d'obtenir des vins aux dimensions étonnantes. Ce vigneron généreux et plus grand que nature adore de toute évidence son travail, et sa réussite est bien méritée.

La quête d'un vin toujours meilleur Son grand-père était vigneron, mais le jeune Pithon n'était pas particulièrement destiné à exercer ce métier. Il a simplement suivi des études dans un lycée agricole et en est sorti avec un fort désir d'être son propre patron. Il a alors décidé de louer quelques vignes et d'essayer de produire du vin... se découvrant ainsi une passion et un réel talent pour la vinification.

Pithon a créé son domaine en 1978, et pendant douze années il a vendu son vin en vrac, comme à peu près tout le monde dans la région. Mais un beau jour, il a eu envie de changer radicalement d'orientation – serait-ce lié à sa rencontre avec Isabelle et à la fin de sa vie de célibataire ?... Il a investi dans quelques barriques et commencé à vendanger son vignoble par tries successives, une décision qui, en ce glorieux millésime 1990, a donné des vins dépassant largement ses espérances. Malheureusement, l'année suivante, un gel catastrophique a frappé toute la vallée de la Loire. Mais loin de se laisser abattre, Pithon en a profité pour transformer radicalement son vignoble. Il l'a fait passer de 14 à 4,5 hectares en se séparant d'un certain nombre de vignes moins bonnes qu'il louait, afin de se concentrer sur la production de coteaux-du-layon de la toute meilleure qualité.

Des mesures drastiques dans la vigne et dans la cave Pithon s'est mis à passer beaucoup plus de temps dans les vignes pour s'assurer de la qualité des raisins, et il a travaillé dur pour leur fournir un environnement écologique dépourvu de produits de synthèse. Aujourd'hui, une taille courte et un ébourgeonnage limitent la charge des ceps à seulement six grappes ; puis un effeuillage assure la bonne aération des raisins et améliore leur exposition au soleil, ce qui favorise une plus grande maturité et réduit les risques de pourriture.

Puisqu'il serait ridicule de polluer un beau fruit au cours du processus de vinification, les vins ne se voient ajouter ni levures artificielles, ni enzymes, ni sucre. Aussi incroyable que cela puisse paraître, les taux imposants de sucre résiduel des vins de Pithon sont entièrement le résultat de la « pourriture noble » ou du passerillage dans la vigne.

Coteaux-du-Layon Saint-Lambert Ambroisie La cuvée Ambroisie est élaborée à partir des raisins les plus concentrés du clos des Bonnes Blanches dans les meilleures années. Comme tous les vins de Pithon, elle est habillée d'une belle robe or jaune. Au nez, on détecte d'abord une richesse énorme et somnolente ; mais si on tourne plusieurs fois le verre, une fraîcheur et une délicatesse inattendues se font sentir. La dégustation révèle ensuite une vaste panoplie d'arômes de fruits secs et d'épices qui enveloppent le palais, d'une complexité étonnante. Ambroisie est extrêmement liquoreux – en 1997, la vendange est rentrée à 32° potentiels et le vin a fini sa fermentation avec 340 g par litre de sucre résiduel ! Pourtant il possède en même temps une bonne nervosité, ce qui est la preuve d'un vrai talent dans les vignes et dans le chai. Ce coteaux-du-layon inoubliable est un régal siroté tout seul, mais du foie gras rehausse indiscutablement l'expérience...

Vallée de la Loire
• *A.O.C. :*
Coteaux-du-Layon Saint-Lambert

• *Vin sélectionné :*
Coteaux-du-Layon Saint-Lambert Ambroisie
(bouteille de 50 cl)
• *Cépage :*
chenin
• *Âge moyen des vignes :*
10 ans
• *Géologie :* schiste
• *Superficie du vignoble :*
1,2 hectare
• *Production moyenne :*
900 bouteilles

• *Autres vins produits :*
- *Vins blancs :*
✓ Coteaux-du-Layon Beaulieu
✓ Coteaux-du-Layon Beaulieu Clos des Ortinières
✓ Coteaux-du-Layon Saint-Aubin Clos des Bois
✓ Coteaux-du-Layon Saint-Lambert Clos des Bonnes Blanches
✓ Coteaux-du-Layon Chaume
✓ Anjou Bergères
✓ Anjou Beaulieu
✓ Quarts-de-Chaume

• *Propriétaires :*
Jo & Isabelle Pithon
• *Vinificateurs :*
Jo & Isabelle Pithon
• *Vignoble exploité :*
8 hectares
• *Production :*
26 000 bouteilles
• *Exportations :*
75 %
• *Vente sur place :*
sur rendez-vous
• *Visites :*
sur rendez-vous

Domaine Jo Pithon
1997
PRODUIT DE FRANCE
PRODUCT OF FRANCE
JP
1997
VAL DE LOIRE
LOIRE WHITE WINE
AMBROISIE
Clos des Bonnes Blanches
Coteaux du Layon St Lambert
12 % Alc. by Vol.
APPELLATION COTEAUX DU LAYON ST LAMBERT CONTRÔLÉE
et Jo PITHON, Vignerons, Les Bergères, St-LAMBERT DU LATTAY

Pour être crédible, toute liste des meilleurs producteurs de vins d'Anjou se doit d'inclure le domaine des Baumard à Rochefort, qui produit une belle gamme de presque toutes les appellations de la région à un excellent niveau de qualité. De la plus modeste à la plus prestigieuse, chacune de ces bouteilles est une référence.

L'art de la vigne de père en fils La famille Baumard est l'une des plus anciennes de la région, étant établie à Rochefort depuis 1634. Le patriarche, Jean, est une figure éminente du pays. Ce vigneron très respecté, aujourd'hui retraité, a été professeur de viticulture à Angers et président de l'Union des syndicats d'AOC de la Loire. Son fils Florent a hérité de la responsabilité du domaine au milieu des années quatre-vingt-dix, et il s'est révélé un viticulteur et un vinificateur fort talentueux. Une visite chez les Baumard dans leur beau Logis de la Giraudière, qui date du XVIIe siècle, est une expérience des plus agréables et instructives.

Le raffinement du style maison Les Baumard sont surtout spécialistes des vins liquoreux des Coteaux-du-Layon et des Quarts-de-Chaume. Ils produisent depuis longtemps des versions pures, riches et harmonieuses de ces vins, favorisant l'élégance et la délicatesse plutôt que la puissance et la concentration que l'on trouve chez certains. Jean Baumard a diversifié le portefeuille de vignobles du domaine en investissant en Savennières dans les années soixante, et il a développé un style de vin – sec, souple, aromatique et bon à déguster jeune – très différent de ceux des autres producteurs à l'époque qui a rapidement connu un vif succès commercial. Sous l'influence de Florent, les millésimes récents de l'ensemble de la gamme expriment le terroir dont ils émanent de façon légèrement plus marquée.

Pourriture noble ou passerillage selon les années Les tries successives, que l'on pratique afin de ne cueillir que les raisins suffisamment concentrés en sucre, sont au cœur de la qualité des vins de Baumard. Certaines années, celles qui combinent avec bonheur chaleur et humidité, voient l'apparition générale du *Botrytis cinerea*. La « pourriture noble » qui en résulte déshydrate le raisin, rend son jus moins acide et entraîne la création de glycérol. D'autres années, si la fin de saison est chaude mais sèche, les raisins surmûris se flétrissent et se dessèchent sur la vigne, donnant un jus fort concentré au faible taux d'acidité malique. C'est le phénomène du passerillage. Quelle que soit la manière dont les arômes du raisins ont été concentrés, il est essentiel de vendanger par tries pour profiter au mieux de la générosité de la nature.

Quarts-de-Chaume Jeune, le quarts-de-chaume des Baumard est habillé d'une robe or pâle brillante qui prend des nuances vertes puis ambrées au fil des ans. Les arômes de raisin frais du chenin laissent peu à peu la place à un pot-pourri fascinant dans lequel le coing, le tilleul, la pêche, l'abricot, l'encens, la cire et le miel peuvent tous être présents, dans des proportions décidées par le millésime. Au palais, la concentration de la liqueur peut être modérée ou puissante, mais l'élégance et le raffinement sont toujours au programme. On peut l'apprécier dans la fraîcheur de sa jeunesse comme dans la complexité de sa maturité ou dans la sagesse de son grand âge… Quelle que soit l'option choisie, une tarte chaude au maroilles, un feuilleté au roquefort ou une terrine de foies de volailles forment des accords délicieux et inattendus avec ce vin somptueux.

Vallée de la Loire
• *A.O.C. :*
Quarts-de-Chaume

• *Vin sélectionné :*
Quarts-de-Chaume
• *Cépage :*
chenin
• *Âge moyen des vignes :*
30 ans
• *Géologie :*
altération de schistes gréseux
• *Superficie du vignoble :*
5,3 hectares
• *Production moyenne :*
8 000 bouteilles
(Hauteur réelle de la bouteille : 31,9 cm)

• *Autres vins produits :*
- *Vins blancs :*
✓ Coteaux-du-Layon Clos de Sainte-Catherine
✓ Coteaux-du-Layon
✓ Savennières Clos Saint-Yves
✓ Savennières
✓ Anjou sec
✓ Crémant de Loire
- *Vins rouges :*
✓ Anjou Logis de la Giraudière
✓ Anjou Clos de la Folie
- *Vins rosés :*
✓ Rosé de Loire
✓ Cabernet d'Anjou

• *Propriétaire :*
SCEA Domaine des Baumard
• *Directeur :*
Florent Baumard
• *Vinificateur :*
Florent Baumard
• *Vignoble exploité :*
43,66 hectares
• *Production :*
de 70 000 à 220 000 bouteilles
• *Exportations :*
45 %
• *Vente sur place :*
10h-12h, 14h-17h30
(sauf dimanches et jours fériés)
• *Visites :*
oui
(fermé entre Noël et le jour de l'an)

AU DOMAINE
BAUMARD
DOMAINE DES BAUMARD
PRODUCE OF FRANCE
1999
1999
QUARTS DE CHAUME
APPELLATION QUARTS DE CHAUME CONTRÔLÉE
Toute la récolte a été mise en bouteilles au Domaine
DOMAINE DES BAUMARD VITICULTEUR 49190 ROCHEFORT SUR LOIRE FRANCE

Château Bellerive

Beaucoup de ceux qui ont eu le privilège de goûter le vin magnifique et rare qu'est le quarts-de-chaume peuvent en remercier le château Bellerive. Ce splendide domaine est en effet l'un des plus importants propriétaires de l'appellation, possédant pas moins de 12 hectares sur les 40 que compte cette dernière, et il ne produit que du quarts-de-chaume. Il jouit depuis longtemps d'une excellente réputation grâce à son nectar extraordinairement liquoreux et harmonieux.

La dîme des vignerons envers les seigneurs La production de vin autour de Chaume a probablement commencé au XIe ou au XIIe siècle. À cette époque, le fief appartenait aux seigneurs de la Grande Guerche, en Saint-Aubin-de-Luigné. Une pratique foncière courante était le « bail à complant », selon lequel un seigneur prêtait une terre à un cultivateur roturier à condition qu'il y plante des vignes. Un peu plus tard, la jeune vigne était divisée en deux parties égales, l'une revenant au propriétaire, l'autre restant entre les mains du concessionnaire qui était tenu de verser une redevance annuelle, consistant en une quote-part de la récolte. C'est là l'origine des Quarts-de-Chaume, une dîme définie comme « le quart de la récolte pendante sur les vignes qui sont sur le revers du coteau du midi ». Cette importante précision – le choix du secteur le plus ensoleillé –, gage de qualité, a servi plus tard à délimiter l'AOC viticole.

Un terrain de prédilection pour le chenin Les vignes de Bellerive entourent le château et sont situées au centre de l'appellation, sur les terres les plus propices à l'apparition du *Botrytis cinerea*. Elles sont en terrasse, sur un sol très dur composé de fragments de schistes et de grès, qui est naturellement drainé et qui s'échauffe bien.

Les ceps de chenin sont taillés très bas afin de profiter au maximum de la chaleur réfractée par le sol, et sont plantés à une faible densité de 5 000 pieds à l'hectare pour améliorer le cycle de maturation. Les vignes sont taillées sévèrement afin de limiter leur productivité et les rendements sont toujours inférieurs au maximum de l'appellation, qui est de 22 hectolitres par hectare.

Après des tries successives dans la vigne pour cueillir les raisins au fur et à mesure qu'ils sont suffisamment atteints par la « pourriture noble », chaque arrivage est doucement écrasé, et le moût est mis à fermenter à basse température en barrique. La récolte de chaque parcelle est de ce fait maintenue séparée, les différents vins étant assemblés ultérieurement. Ils sont élevés dans du chêne, puis mis en bouteille au mois de septembre suivant la vendange.

Quarts-de-Chaume Quintessence Les années exceptionnelles, la fraction la plus riche de la récolte est maintenue à part et mise en bouteille sous le nom de Quintessence. Ce vin est bien plus profond que la cuvée classique, mais il est comme elle un modèle d'harmonie et d'équilibre. Paré d'une magnifique robe vieil or, Quintessence dévoile une gamme aromatique d'une complexité étonnante, comprenant principalement des notes de miel, de fruits secs et de fruits confits. La bouche, d'une formidable concentration, présente des nuances exquises d'agrumes qui lui confèrent une impression de légèreté et de délicatesse. Cette grande cuvée, dotée d'une persistance remarquable, peut vivre un bon demi-siècle de splendeur… Le Quintessence se marie très bien avec les poissons en sauce tels que le saumon, le turbot et le barbu, ainsi que les viandes blanches et les fromages à pâte persillée.

Vallée de la Loire
• *A.O.C. :*
Quarts-de-Chaume

• *Vin sélectionné :*
Quarts-de-Chaume Quintessence
• *Cépage :* chenin
• *Âge moyen des vignes :* 25 ans
• *Géologie :* schistes et grès
• *Superficie du vignoble :* 12 hectares
• *Production moyenne :* 10 000 bouteilles (Hauteur réelle de la bouteille : 31,8 cm)

• *Autres vins produits :*
- *Vin blanc :*
✓ Quarts-de-Chaume (cuvée classique)

• *Propriétaires :* Serge & Michel Malinge
• *Vinificateur :* Benoît Dufour
• *Œnologue-conseil :* Didier Coutenceau
• *Vignoble exploité :* 12 hectares
• *Production :* 30 000 bouteilles
• *Exportations :* 20 %
• *Vente sur place :* oui
• *Visites :* oui

DE CHAUME
BELLERIVE
QUARTS DE CHAUME
APPELLATION QUARTS DE CHAUME CONTRÔLÉE
Quintessence
1997
MIS EN BOUTEILLE AU CHÂTEAU
PAR S.A.R.L. CHÂTEAU BELLERIVE - 49190 ROCHEFORT-SUR-LOIRE - FRANCE
PRODUCE OF FRANCE

Château Pierre-Bise

Le vin doit faire appel à l'intelligence de l'homme et l'engager à réfléchir, à réagir même. Comme d'autres formes d'art, c'est un vecteur de communication ; dans un monde idéal, le vin excite la curiosité et incite à essayer de comprendre son message, écrit par le sol et l'environnement des vignes dont il émane, et par les caractéristiques climatiques de son millésime. Claude Papin élabore de tels vins porteurs de message, qui comptent aujourd'hui parmi les plus authentiques et les plus intéressants produits en Anjou.

À la découverte des différences géologiques Papin est autodidacte, mais l'approche méthodologique et la pensée analytique ne lui sont point étrangères. Son père a acquis en 1959 un vignoble abandonné, dont il a hérité en 1974. À partir de 1985, il s'est passionné pour la notion de terroir et est allé à la découverte des sols des nombreux coteaux angevins en consultant une carte géologique de la région et en goûtant les raisins de chaque vignoble. Ses recherches se sont approfondies en 1992 quand il a collaboré avec des chercheurs de l'Institut national de la recherche agronomique, à Angers.

Des vins aux personnalités marquées Grâce à son travail minutieux, les clients du château Pierre-Bise se voient proposer une très jolie gamme de vins, principalement des coteaux-du-layon, aux personnalités différenciées. La propriété s'étend sur une imposante superficie de 53 hectares et est cultivée selon les principes de la « lutte raisonnée » – aussi biologiquement que possible –, Papin étant même partisan de la culture naturelle, ou traditionnelle. Chaque parcelle reçoit des soins spécifiques en fonction de son sol et de son microclimat ; dans certains lieux-dits l'herbe pousse entre tous les ceps, dans d'autres, un rang sur deux. Et bien que le domaine ne soit pas officiellement placé sous régime biologique, les vignes sont protégées des insectes par l'utilisation d'oligo-éléments, d'algues marines et d'huile de pin, en excluant tout produit chimique.

Sauvegarder la typicité En plus d'une taille sévère, Papin limite le rendement de ses vignes par un éclaircissage, et il commence toujours à vendanger aussi tard que possible afin d'obtenir une récolte parfaitement mûre, voire surmûrie selon le vin. Pour les cuvées de coteaux-du-layon produites à partir de raisins botrytisés cueillis tardivement, la vendange a naturellement lieu par tries successives, qui durent jusqu'en décembre ; mais même les vins rouges et rosés sont récoltés le plus tard possible, à la main.

Le fruit de chaque parcelle est vinifié séparément, car chacun des terroirs – composés de schistes, de roches volcaniques, de sols carbonifères… – a sa personnalité. Pour protéger encore davantage l'individualité des vins, les jus ne connaissent qu'un très léger débourbage, ce qui maintient en vie toutes les familles de levures et assure des fermentations plus prolongées.

Quarts-de-Chaume Comme tous les vins de Papin, son quarts-de-chaume est un modèle de pureté, d'harmonie et de modération. Magnifiquement riche en sucre naturel, opulent et aromatiquement complexe, il laisse cependant une sensation de nervosité légèrement amère et minérale, témoignant avec éloquence des nuances du dialecte géologique local. Quel grand vin, quel talent de l'homme et de la nature ! Le foie gras apporte une contribution non négligeable à cette conversation au sommet.

Vallée de la Loire
• *A.O.C. :*
Quarts-de-Chaume

• *Vin sélectionné :*
Quarts-de-Chaume
(bouteille de 50 cl)
• *Cépage :*
chenin
• *Âge moyen des vignes :*
50 ans
• *Géologie :*
carbonifère
• *Superficie du vignoble :*
2,7 hectares
• *Production moyenne :*
7 000 bouteilles

• *Autres vins produits :*
- *Vins blancs :*
✓ Coteaux-du-Layon Chaume
✓ Coteaux-du-Layon Beaulieu L'Anclaie
✓ Coteaux-du-Layon Beaulieu Les Soucheries
✓ Coteaux-du-Layon Beaulieu Les Rouannières
✓ Savennières Clos de Coulaine
✓ Anjou « Haut de la Garde »
- *Vins rouges :*
✓ Anjou Villages Clos de Coulaine
✓ Anjou Villages « Pierre-Bise »
✓ Anjou Gamay
- *Vin rosé :*
✓ Rosé de Loire

• *Propriétaire :*
Claude Papin
• *Vinificateur :*
Claude Papin
• *Vignoble exploité :*
53 hectares
• *Production :*
160 000 bouteilles
• *Exportations :*
15 %
• *Vente sur place :*
8h-12h, 14h-18h
• *Visites :*
oui

Château Pierre-Bise
Quarts de Chaume
Appellation Quarts de Chaume contrôlée
500 ml
Alc. 12,50% vol.
1998
PRODUCT OF FRANCE - ÉLEVÉ ET MIS EN BOUTEILLE AU CHATEAU
viticulteur à 49750 Beaulieu-sur-Layon, Tél. 02 41 78 31 44

Un changement de propriétaire a fait des merveilles au château de Suronde, l'une des rares propriétés qui se situent à l'intérieur de l'extraordinaire cru angevin des Quarts-de-Chaume. Déterminé à produire le tout meilleur vin possible, de manière totalement naturelle et uniquement à partir de raisins convenablement affectés par la pourriture noble, Francis Poirel s'est taillé une solide réputation dans la région en l'espace de quelques années. Pour comprendre ce succès foudroyant, il suffit de déguster une gorgée de son vin.

La crise de la quarantaine et un changement de vie Francis Poirel est venu au vin par choix, de l'extérieur. Certes, il avait un grand-père vigneron dans les côtes de Toul, et en tant que petit-fils unique il avait souvent séjourné chez lui jeune ; mais son expérience de la vinification n'allait pas plus loin que cela… Il s'était consacré jusqu'alors à la pêche maritime quand, la quarantaine venue, il a ressenti le besoin de changer de vie.

Poirel était passionné par le vin et la gastronomie. Ses amis vignerons Mark Angeli, Philippe Alliet et les autres n'ont dû déployer que peu d'efforts pour le persuader de s'inscrire au lycée agricole de Blanquefort, pour une formation d'un an en viticulture et en vinification. Après suivirent les visites aux agents immobiliers, les petits rires et l'inévitable rengaine que les domaines viticoles de petite superficie en Anjou se présentaient rarement à la vente. Mais fin 1994, le château de Suronde fut mis en vente. Poirel n'hésita pas.

Le respect des générations à venir Dès qu'il se fut installé dans la maison – une charmante curiosité architecturale accrochée au coteau qui plonge vers le Layon –, Poirel a commencé à travailler comme il souhaitait le faire, cultivant sa vigne de manière biologique. Il a adopté ce type de viticulture non simplement pour obtenir un raisin d'une qualité irréprochable, mais également par respect des générations à venir – car il a vivement conscience du poids du passé et de la nature transitoire de la présence de chaque propriétaire.

Toutes les mesures sont prises pour alléger la charge des vignes, qui ne portent plus au final que cinq à sept grappes : la taille, sévère, est suivie d'un ébourgeonnage, et enfin d'une « vendange verte » au besoin. L'effeuillage également est pratiqué, afin d'améliorer l'aération et l'insolation. On n'est point surpris d'apprendre que Poirel effectue plus de tries que la plupart de ses confrères pour sélectionner sa récolte de raisins botrytisés, qui sont transportés jusqu'au pressoir dans de petites caissettes de 15 kg afin d'éviter l'écrasement prématuré et l'oxydation.

Quarts-de-Chaume La vendange ayant été doucement écrasée dans un pressoir vertical, le jus extraordinairement riche du Quarts-de-Chaume fermente lentement en fût sous l'action de ses propres levures, qui ne trouvent que du sucre naturel à consommer – Poirel est absolument opposé à la chaptalisation de ce genre de vin. Ensuite, il s'arrondit et se développe, toujours en fût, pendant dix-huit à vingt mois avant d'être mis en bouteille. Le nectar qui en résulte est magnifiquement liquoreux, concentré et aromatique, déployant une splendide gamme d'arômes de miel, d'épices, d'abricot sec, de figue et de datte, avec des notes d'agrumes pour certains millésimes… Le Quarts-de-Chaume reste pourtant étonnamment frais, et il permet d'apprécier l'élégance, la finesse et la race émanant de son remarquable terroir. Pour l'originalité, on peut l'essayer sur un pigeon rôti à l'estragon : c'est un accord surprenant et excellent ! Plus traditionnelle, l'alliance avec une tarte Tatin aux abricots frais est parfaite.

Vallée de la Loire
• *A.O.C. :*
Quarts-de-Chaume

• *Vin sélectionné :*
Quarts-de-Chaume
• *Cépage :*
chenin
• *Âge moyen des vignes :*
45 ans
• *Géologie :*
schistes et grès
• *Superficie du vignoble :*
5 hectares
• *Production :*
8 000 à 10 000 bouteilles
(Hauteur réelle de la bouteille : 32 cm)

• *Autres vins produits :*
- *Vins blancs :*
✓ Anjou
✓ Quarts-de-Chaume « Trie Victor »
✓ Quarts-de-Chaume « Joseph »

• *Propriétaire :*
Francis Poirel
• *Vinificateur :*
Francis Poirel
• *Vignoble exploité :*
7 hectares
• *Production :*
10 000 bouteilles
• *Exportations :*
65 %
• *Vente sur place :*
sur rendez-vous
• *Visites :*
sur rendez-vous

CHATEAU DE
CHATEAU
DE
SURONDE
QUARTS
DE
CHAUME
750ml
Appellation Quarts de Chaume Contrôlée
1997
12%vol.
Mis en bouteille au château
Vigneron à Rochefort sur Loire 49190 - France

Château de Fesles

Le premier domaine du grand cru angevin Bonnezeaux en superficie, mais aussi en qualité d'après beaucoup de connaisseurs, est le château de Fesles. Cette exploitation occupe un magnifique emplacement sur une colline dominant la rivière Layon, et elle a toujours joui d'une excellente réputation. Aujourd'hui, elle produit des vins d'une richesse et d'une puissance extraordinaires. On peut en remercier son nouveau propriétaire, un homme déterminé qui s'est donné les moyens d'exploiter pleinement le potentiel des vignobles du domaine, très bien situés.

Un Bordelais en Anjou Bernard Germain a hérité de l'expérience et de l'amour du métier de six générations de vignerons bordelais. Sa société, Vignobles Germain et Associés, possède une impressionnante poignée de châteaux bordelais de la rive droite, et l'on comprend qu'il ait été pris d'amour pour le beau domaine de Fesles, qui ne serait pas déplacé sur les terres girondines. Quand il l'a acquis en 1996, le château venait d'être totalement rénové par le célèbre pâtissier français Gaston Lenôtre, qui l'avait lui-même acheté quelques années auparavant. En même temps que Fesles, Germain a également acquis plusieurs autres propriétés de la région qui appartenaient à Lenôtre. Il possède ainsi des vignobles dans les plus grandes appellations angevines.

Des conditions favorisant la maturité du raisin Ce sont les vignes couvrant les coteaux derrière le château qui donnent naissance au bonnezeaux de Fesles – selon certains, le nom « bonnezeaux » fait référence à la qualité de l'eau ferrugineuse locale ; selon d'autres il est d'origine celte. Les vignobles situés sur le plateau autour du château sont quant à eux plantés de cépages rouges, car le *Botrytis* ne s'y développe guère. À cet endroit, les sols argilo-siliceux et l'exposition sud/sud-ouest, alliés au climat doux et à la faible pluviosité de la région, constituent des conditions très favorables au mûrissement des raisins.

Entre cinq et sept cueillettes successives sont effectuées pour vendanger tout le raisin à l'état idéal de surmaturité ou de « pourriture noble ». À l'arrivée au chai, construit en 1991 par Lenôtre, une macération de dix à douze heures permet d'extraire les arômes et l'acidité des raisins. Ils sont alors doucement pressurés, puis débourbés à basse température et fermentés, trie par trie, en fûts de 400 litres pendant un à deux mois. La transformation terminée, les vins sont élevés en fût pendant dix à quinze mois dans une belle cave climatisée, et mis en bouteille quand l'élevage a duré suffisamment longtemps.

Bonnezeaux Le perfectionnisme qui régit les équipes des vignobles et du chai transparaît avec évidence dans le bonnezeaux Château de Fesles. Ce vin, doté d'une opulence, d'une concentration et d'arômes remarquables, a les dimensions d'un premier cru sauternais, mais il est naturellement marqué par la personnalité unique du grand cépage de l'Anjou, le chenin. Sa liqueur est fabuleuse, et ses arômes d'épices et d'écorce d'agrumes, types *Botrytis*, sont très marqués ; il est pourtant équilibré par une telle acidité qu'il est extrêmement harmonieux et élégant. Il a besoin de temps pour digérer les arômes de chêne neuf acquis lors de son élevage, mais même dans sa jeunesse c'est un partenaire fort éloquent pour les viandes blanches et les poissons en sauces crémeuses, pour le roquefort ou pour la tarte aux poires, non sucrée, servie chaude.

Vallée de la Loire
• *A.O.C. :*
Bonnezeaux

• *Vin sélectionné :*
Bonnezeaux
• *Cépage :*
chenin
• *Âge moyen des vignes :*
35 ans
• *Géologie :*
schiste phtanitique, quartz
• *Superficie du vignoble :*
14 hectares
• *Production moyenne :*
46 000 bouteilles

• *Autres vins produits :*
- *Vin blanc :*
✓ Anjou sec
- *Vins rouges :*
✓ Anjou Vieilles Vignes
✓ Anjou Villages
- *Vin rosé :*
✓ Rosé d'Anjou

• *Propriétaire :*
Bernard Germain
• *Régisseur :*
Gilles Bigot
• *Vinificateur :*
Gilles Bigot
• *Œnologue :*
Clément Barrault
• *Vignoble exploité :*
33 hectares
• *Exportations :*
60 %
• *Vente sur place :*
10h-18h

CF
CHATEAU
DE
FESLES
BONNEZEAUX
appellation Bonnezeaux controlée
1997
13 % VOL
MIS EN BOUTEILLE A LA PROPRIETE
PAR SA DE FESLES - 49380 -
POUR VIGNOBLES GERMAIN ET ASSOCIES - 49380 - THOUARCE
75 CL

Domaine des Petits Quarts

Pour prendre toute la mesure des véritables progrès accomplis ces dernières années dans la production de bonnezeaux, il suffit de déguster le travail de familles comme celle des Godineau, à Faye-d'Anjou. Ils ont pris des mesures drastiques afin de vendanger les raisins dans un état de « pourriture noble » extrême, ce qui leur permet de produire des vins d'une richesse et d'une complexité extraordinaires. Les nectars élaborés au domaine des Petits Quarts seront sans doute une révélation pour le consommateur qui n'a pas ouvert une bouteille de bonnezeaux depuis quelques années !

Une avalanche de médailles Les Godineau ne sont pas des inconnus au village, car voilà cinq générations qu'ils se sont installés à Bonnezeaux et qu'ils ont commencé à y produire du vin. En 1887, ils ont déménagé 800 mètres plus à l'ouest, sur la commune de Faye-d'Anjou, et ont créé leur nouvelle exploitation, le domaine des Petits Quarts. Aujourd'hui Jean-Pascal Godineau perpétue la tradition familiale avec un talent consommé, comme en témoigne l'avalanche régulière de médailles accordées au domaine lors des concours annuels de Paris, de Mâcon et de Bonnezeaux, ainsi que les « coups de cœur » et autres reconnaissances attribuées par des ouvrages de référence tels que le Guide Hachette des vins.

Trois conditions pour produire un grand bonnezeaux Riche d'un vignoble de 60 hectares, le domaine est l'un des plus grands de la région. C'est aussi l'un des producteurs de bonnezeaux les plus importants, car il dispose de suffisamment de terrain dans la petite appellation de 125 hectares pour permettre à Godineau d'élaborer plusieurs cuvées différentes.

Aux Petits Quarts, trois conditions fondamentales rendent possible la naissance d'un grand bonnezeaux : un excellent terroir, de faibles rendements et un degré avancé de maturité du raisin. Les vignes de chenin, dont beaucoup ont un âge respectable, sont plantées sur des coteaux raides de schistes exposés au sud et au sud-est qui jouissent de conditions microclimatiques fort propices au passerillage et à l'apparition du champignon *Botrytis cinerea*. Les rendements sont maintenus très bas, autour de 15-20 hectolitres par hectare alors que les lois d'AOC en autorisent jusqu'à 25. Et la vendange est bien sûr effectuée à la main par tries successives, entre le 20 septembre et le 25 novembre, parfois même jusqu'en décembre.

Une fois cueillie, la récolte est pressurée sans tarder et vinifiée à basse température dans des fûts ou des cuves inox. Le liquide doré qui résulte de ce lent processus est mis en bouteille au printemps.

Bonnezeaux Le Malabé L'orgueil du domaine, la parcelle du Malabé, donne un fruit qui fermente entièrement dans de l'inox, car Godineau estime que l'utilisation de fûts nuirait à l'expression de la personnalité très marquée des schistes gris et gris-verts qui composent son sol. Ce lieu-dit est particulièrement propice au développement de la pourriture noble et du passerillage, et jusqu'à sept tries y sont effectuées afin d'obtenir une concentration maximale de la matière première. Il en résulte un vin impressionnant de richesse et de densité, avec de francs arômes de miel, de pain grillé et de fruits secs, qui jouit d'un bel équilibre et d'une persistance très longue. Comme la nature est généreuse ! Qu'on l'apprécie dans la fraîcheur aromatique de sa jeunesse ou dans la ronde complexité que lui confère l'âge, Le Malabé se suffit à lui-même ; cependant, si une terrine de ris de veau ou du foie gras se trouvent à portée de main, ils n'amoindriront pas le plaisir…

Vallée de la Loire
• *A.O.C. :*
Bonnezeaux

• *Vin sélectionné :*
Bonnezeaux Le Malabé
• *Cépage :*
chenin
• *Âge moyen des vignes :*
60 ans
• *Géologie :* schiste
• *Superficie du vignoble :*
3 hectares
• *Production :*
4 000 à 8 000 bouteilles

• *Autres vins produits :*
- *Vins blancs :*
✓ Coteaux-du-Layon Faye-d'Anjou
✓ Coteaux-du-Layon
- *Vin rouge :*
✓ Anjou
- *Vins rosés :*
✓ Cabernet d'Anjou
✓ Rosé d'Anjou

• *Propriétaire :*
Jean-Pascal Godineau
• *Vinificateur :*
Jean-Pascal Godineau
• *Vignoble exploité :*
60 hectares
• *Production :*
300 000 bouteilles
• *Exportations :*
15 %
• *Vente sur place :*
8h-12h, 14h-18h (sauf dimanches et jours fériés)
• *Visites :*
oui

PRODUCE OF FRANCE
VIN D'ANJOU
Bonnezeaux
CONTRÔLÉE
LE MALABÉ
Mise en bouteille à la Propriété
Père et Fils, Prop.-Vitic., à 49380 FAYE D'ANJOU
Tél. 02 41 54 03 00

Domaine de la Sansonnière

L'arrivée de Mark Angeli en Anjou a été extrêmement bénéfique pour la région. Souvent, lorsque des hommes ou des femmes viennent au vin de l'extérieur, sans tradition vinicole familiale, le niveau d'investissement personnel est plus important, l'inspiration et la détermination plus fortes que chez les vignerons établis depuis des générations. C'est le cas de ce jeune homme, qui aime et croit passionnément en sa région d'adoption, et qui est déterminé à aider et entraîner avec lui d'autres jeunes dans les mêmes dispositions d'esprit, dans l'espoir d'améliorer l'avenir de l'Anjou.

Le retour aux pratiques ancestrales Après une formation viticole à Sauternes, Angeli est arrivé au domaine de La Sansonnière en 1989. Il fut étonné de constater que son instinct d'amoureux de la nature allait à l'encontre des dogmes viticoles qu'on lui avait enseignés, et il abolit peu à peu les pratiques modernes au domaine, préférant travailler à l'ancienne. Il a commencé par assainir le vignoble en introduisant une viticulture naturelle, car il a horreur des traitements chimiques si usités dans la région. Il a libéré ses vignes des fils de fer et des piquets, préférant les laisser se balancer dans la brise et pousser vers le soleil. Et un cheval remplace progressivement le tracteur pour ses sensations bien plus gratifiantes. Il a même planté deux parcelles de vignes non greffées, dont une en foule, comme on le faisait avant le phylloxéra et l'arrivée des rangées droites et ordonnées de vignes – la densité des ceps y est si élevée (40 000 par hectare !) qu'il est difficile d'y pénétrer... Enfin, ayant commencé dès le début dans sa parcelle de Bonnezeaux, il a adopté dès 1994 les principes de la biodynamie pour l'ensemble de ses vignes, par respect pour les générations futures.

Un vin par terroir spécifique La diversité géologique intéressante de ses parcelles l'a incité à produire une large gamme de vins, dont chacun est la photographie d'un terrain spécifique. Le cabernet sauvignon donne un raisin particulièrement bon dans la région de Thouarcé, et Angeli apprécie les possibilités du grolleau gris. Mais c'est le chenin qu'il préfère, bien évidemment pour la production de vins liquoreux, mais surtout pour son potentiel en vin sec. Le chenin est indestructible si on prend les mesures nécessaires dans la vigne.

L'élaboration du vin à l'ancienne Il vendange à de faibles rendements, chacun des cépages étant cueilli par tries, et pour les vins secs il récolte le chenin quand les baies sont dorées, juste avant qu'elles ne se ratatinent.
Mark Angeli élabore son vin vraiment à l'ancienne, en commençant par un pressurage très lent des raisins dans des pressoirs verticaux traditionnels qui lui permettent de se passer du débourbage, brève période où beaucoup de qualité peut être perdue. Il les transfère alors dans des fûts de 400 litres pour la fermentation, qui s'effectue en l'absence totale d'additifs. Ensuite ce sont les levures – et certainement pas Angeli – qui dictent la durée de la cuvaison et de l'élevage.

Anjou La Lune Appelée ainsi par son ouvrier Stéphane en raison de sa forme en croissant, la parcelle La Lune, sise sur la colline en face du domaine, a une composition géologique hétérogène et donne un vin sec fort intéressant, d'une pureté et d'une netteté remarquables. La Lune respire l'harmonie et l'élégance, et allie un exquis fruité mûr avec une certaine minéralité tout en évitant d'être trop charnu. Cette grande expression du chenin d'Anjou fermenté à sec se montre le partenaire idéal d'une langoustine grillée.

Vallée de la Loire
• *A.O.C. :*
Anjou

• *Vin sélectionné :*
Anjou La Lune
• *Cépage :*
chenin
• *Âge des vignes :*
10 à 53 ans
• *Géologie :*
sable, argile, schiste carbonifère
• *Superficie du vignoble :*
2,3 hectare
• *Production moyenne :*
8 000 bouteilles
(Hauteur réelle de la bouteille : 31,9 cm)

• *Autres vins produits :*
- *Vins blancs :*
✓ Anjou Les Fouchardes
✓ Anjou Coteau du Houet
✓ Anjou Les Vieilles Vignes des Blanderies
✓ Anjou Vignes Françaises
✓ Anjou Vignes Françaises en Foule
✓ Bonnezeaux Coteau du Houet
- *Vins rouges :*
✓ Anjou Les Sables
✓ Anjou Les Gelinettes
- *Vin rosé :*
✓ Rosé d'Anjou

• *Propriétaire :*
Mark Angeli
• *Vinificateurs :*
les levures (sic)
• *Vignobles cultivés :*
7,5 hectares
• *Production :*
26 000 bouteilles
• *Exportations :*
50 %
• *Vente sur place :*
non
• *Visites :*
sur rendez-vous

Produit de France
1998
DEMETER
ANJOU
Appellation Controlée
La Lune
MIS EN BOUTEILLE AU DOMAINE
Mark ANGELI, Vigneron à LA SANSONNIÈRE, THOUARCÉ, (Maine & Loire) FRANCE

En passant le portail et en contemplant le beau château de Villeneuve entouré de ses vignes parfaitement entretenues, on pourrait presque s'imaginer à Saint-Émilion... Et en effet le cabernet franc n'est pas du tout étranger ici. Mais il y a du chenin blanc également, car Saumur est à un jet de pierre, et le domaine domine la Loire. Nous sommes chez Jean-Pierre Chevallier, un vigneron phare de la région qui produit du saumur blanc et du saumur-champigny d'excellente qualité.

Un vignoble de blancs exceptionnel Les Chevallier, une famille vigneronne de Souzay, ont acheté la propriété en 1969 et l'ont restaurée avec amour pour lui conférer son élégance actuelle. Jean-Pierre a commencé à travailler au domaine en 1982 après avoir obtenu son diplôme à l'Institut d'œnologie de Bordeaux.

Le vignoble jouit d'une situation privilégiée grâce à son exposition sud-est et à son sol crayeux, qui donnent des vins caractérisés par leur finesse et leur élégance. Ces terres conviennent admirablement à la production de vins blancs de qualité, dont Chevallier a toujours été grand amateur ; par le passé, la région donnait naissance à autant de blancs que de rouges, mais les effets de mode ont entraîné un accroissement de la proportion de ces derniers.

Des pratiques viticoles respectueuses de l'environnement Chevallier a progressivement amélioré le mode de culture du vignoble. En 1983, il a cessé d'utiliser de l'engrais, puis il a expérimenté l'enherbement, laissant pousser l'herbe dans la vigne. En 1985 il a introduit la pratique de la « vendange verte » en juillet, et afin de maintenir des rendements à un niveau compatible avec la plus haute qualité, il ne conserve maintenant que six bourgeons par cep. D'autres perfectionnements ont suivi, mais ce n'est qu'en 1993 qu'il commença à être vraiment satisfait de son vin.

Les expériences et les innovations se poursuivent. Ainsi, depuis 1998, le ver de grappe est combattu par la technique de la « confusion sexuelle » dans la vigne : en saturant l'air de l'odeur des papillons femelles Eudemis et Cochylis grâce à des centaines de diffuseurs d'odeur, on désoriente les papillons mâles qui ne peuvent plus trouver leurs partenaires. Il n'y a aucun accouplement, aucune ponte d'œufs, et donc plus de destruction des raisins par les vers de grappe.

Un raisin ultra mûr avec un excellent degré de sucre Tous ces soins sont prodigués dans le but de vendanger des raisins ultra-mûrs, voire même surmûris pour certaines cuvées, objectif que Chevallier atteint régulièrement. Les excellents degrés font qu'il n'a pas besoin de chaptaliser – d'ajouter du sucre aux moûts avant la fermentation –, et les années où la vendange rentre à plus de 13° naturels, il produit un vin rouge magnifique à partir du Grand Clos qui entoure le château, et un superbe blanc, Les Cormiers.

Saumur Les Cormiers Cueillis par tries successives, les raisins de chenin somptueusement mûrs sont vinifiés dans un mélange de barriques neuves et d'un an, et le vin est ensuite élevé en barrique pendant presque une année. Conformément à la tradition, il n'y a pas de fermentation malolactique, ce qui est une bonne chose étant donné l'opulence du vin. Les Cormiers est une splendeur de richesse et de succulence qui dégage un éventail d'arômes de chèvrefeuille, de fruits blancs et parfois de fruits tropicaux. Mais il reste frais et sec en bouche, ce qui en fait un excellent compagnon de mets délicats tels que les pointes d'asperges aux morilles. Voilà un vin qui démontre les grands progrès des années récentes !

Vallée de la Loire
• *A.O.C. :*
Saumur

• *Vin sélectionné :*
Saumur Les Cormiers
• *Cépage :*
chenin blanc
• *Âge moyen des vignes :*
30 ans
• *Géologie :*
calcaire
• *Superficie du vignoble :*
3 hectares
• *Production moyenne :*
8000 bouteilles
(Hauteur réelle de la bouteille : 32 cm)

• *Autres vins produits :*
- *Vin blanc :*
✓ Saumur
- *Vins rouges :*
✓ Saumur-Champigny
✓ Saumur-Champigny Vieilles Vignes
✓ Saumur-Champigny Le Grand Clos

• *Propriétaire :*
SCA Chevallier Père & Fils
• *Vinificateur :*
Jean-Pierre Chevallier
• *Œnologue :*
Jean-Pierre Chevallier
• *Vignoble exploité :*
25 hectares
• *Production :*
146000 bouteilles
• *Exportations :*
30 %
• *Vente sur place :*
oui
• *Dégustation :*
9h-12h, 14h-18h
(sauf dimanches et jours fériés)

SAUMUR
APPELLATION SAUMUR CONTROLEE
LES CORMIERS
1 9 9 7
Château de Villeneuve
750 ML
SCA CHEVALLIER
CHAMPIGNY FRANCE
MIS EN BOUTEILLE
A LA PROPRIETE

La vallée de la Loire a la chance de compter un certain nombre de propriétés qui ont toujours produit du vin excellent, même pendant les heures difficiles, témoignant sans tapage intempestif que la région est capable de grandes choses. L'un d'entre eux est le domaine vouvrillon du Clos Naudin. Là, Philippe Foreau élabore tranquillement des chefs-d'œuvre d'harmonie et d'élégance, tout comme son grand-père Armand et son père André à leur époque. Clos Naudin est et a toujours été la source d'un vouvray représentant la quintessence du genre.

Un dur travail dans les vignes de chenin Philippe Foreau a hérité des responsabilités en 1983. Au domaine, la semaine de travail n'a guère changé avec les générations : on passe toujours beaucoup de temps parmi les vignes, qui sont toutes plantées dans les « perruches » argilo-siliceuses locales. Leur culture représente un dur labeur physique, mais ces efforts sont essentiels si l'on veut obtenir des raisins de la meilleure qualité possible. Car si le chenin est un grand cépage, capable de donner des vins d'une rare distinction, il peut également produire des liquides sans caractère si on ne limite pas sa vigueur et si on ne s'en occupe pas correctement. Par conséquent, le cycle annuel commence toujours par une taille sévère pour limiter le rendement. Après, tout est fonction du millésime et de la météo tourangelle, imprévisible : rien n'est jamais routinier dans la vigne.

Choisir le bon moment pour vendanger La seule constante est le respect de l'environnement du vignoble : le labourage et la distribution très réduite d'engrais organiques sont préférés aux désherbants et aux engrais de synthèse. Les vignes sont donc obligées d'enterrer leurs racines profondément pour se nourrir, ce qui fait mieux ressortir le caractère spécifique de chaque parcelle dans les vins. C'est la nature qui décide chaque année à quel point les raisins seront concentrés, et grâce à son expérience et à sa perspicacité, Foreau parvient généralement à identifier le bon moment pour vendanger. Avec de la chance, l'arrière-saison sera ensoleillée et la cueillette se fera par tries successives, permettant la production de vins demi-secs et moelleux.

Respecter la générosité de la nature Dans les caves également, la plus ou moins grande générosité de la nature est totalement respectée. La récolte est d'abord doucement écrasée dans un pressoir pneumatique – André Foreau a été le premier à acquérir cette technologie à Vouvray, en 1976, une de ses rares concessions à la modernité. Le moût est ensuite écoulé dans des fûts de 300 litres pour y fermenter, et Philippe Foreau n'a jamais recours au levurage ni à la chaptalisation, utilisant seulement un minimum de dioxyde de soufre. Dans la splendide cave en tuffeau du domaine, la température est basse, les fermentations lentes, et le bois vieux mais bien entretenu. Et quel que soit le style du vin, il est mis en bouteille avant l'été, car un séjour de plus de six mois dans du bois diminue la personnalité du chenin.

Vouvray moelleux L'harmonie est la qualité principale des vins de Foreau, comme on pouvait s'y attendre de la part de cet homme qui a horreur de l'extravagance. La complexité et la race de son moelleux sont quelque chose que chaque amateur de vin se doit de connaître. Au nez et en bouche, des nuances aromatiques admirablement pures de pêche, de reine-claude, d'orange sanguine, d'abricot et de miel se détachent du flot d'arômes qui envahissent les sens. Il n'y a pas deux millésimes semblables chez les Foreau, mais tous sont un régal à déguster, bien frais, seuls ou sur une tarte Tatin.

Vallée de la Loire
• *A.O.C. :*
Vouvray

• *Vin sélectionné :*
Vouvray moelleux
• *Cépage :*
chenin
• *Âge moyen des vignes :*
35 ans
• *Géologie :*
argilo-siliceux
• *Superficie du vignoble :*
12 hectares
• *Production moyenne :*
20 000 bouteilles

• *Autres vins produits :*
- Vins blancs :
✓ Vouvray sec
✓ Vouvray demi-sec
✓ Vouvray pétillant
✓ Vouvray Méthode Traditionnelle

• *Propriétaire :*
Philippe Foreau
• *Vinificateur :*
Philippe Foreau
• *Vignoble exploité :*
12 hectares
• *Production :*
55 000 bouteilles
• *Exportations :*
45 %
• *Vente sur place :*
8 h 30-12h, 14h-18h30
• *Visites :*
oui

1997
PRODUCE OF FRANCE
Domaine du Clos Naudin
Vouvray
APPELLATION VOUVRAY CONTRÔLÉE
MOELLEUX
FOREAU
Mis en bouteille à la propriéte par
Ph. FOREAU - Viticulteur au CLOS NAUDIN VOUVRAY - 37210, FRANCE

Gaston Huet est aujourd'hui retraité, après une longue carrière. Ce vigneron distingué fut membre de l'INAO et maire de Vouvray pendant de nombreuses années. Il s'est notamment opposé avec succès au projet gouvernemental de faire passer une ligne de TGV à travers les meilleures terres viticoles de Vouvray. Mais Huet a surtout produit des millésimes phares de vouvray, en 1945, 1947, 1959... qui sont encore extraordinairement frais, complexes et équilibrés. Son gendre Noël Pinguet veille maintenant à la réputation de ce beau domaine avec un grand talent.

L'adoption de la biodynamie dans les vignobles Huet a commencé à faire du vin en 1929, époque où sa famille possédait une parcelle, Le Haut-Lieu. Il acquit le clos du Bourg en 1953 et rajouta Le Mont à l'exploitation familiale cinq ans plus tard. Ces trois parcelles constituent la majeure partie du domaine, qui s'étend aujourd'hui sur 35 hectares.
Pinguet a pris la responsabilité des vinifications dès 1976. Comme de nombreux jeunes vignerons, il était préoccupé par l'état des sols des vignobles. En 1987, il décida d'essayer la méthode de la biodynamie sur une petite parcelle, et dès l'année suivante tous les insecticides et autres produits de synthèse furent bannis du domaine. Un environnement écologique équilibré fut recréé dans tout le vignoble et les prédateurs naturels de la vigne sont réapparus. Les traitements contre les maladies ont été limités au sulfate de cuivre, au soufre en poudre et aux préparations à base d'ortie, de prêle et d'achillée mille feuille ; l'enrichissement du sol a quant à lui été limité à une tonne par hectare d'un mélange de fumier de bovins et de paille composté au domaine, diffusé lors du labourage d'hiver. Les résultats n'ont pas tardé à se faire sentir et dès 1990, Pinguet plaça le domaine entier sous le régime de la biodynamie.
Les avantages de cette politique sont indiscutables : les vignobles bourdonnent de vie et sont visiblement sains, les ceps sont naturellement moins productifs, et le mûrissement du fruit est complet une bonne semaine plus tôt qu'aux autres domaines. Mais pour Pinguet la biodynamie est un outil et certainement pas une religion ; il l'a adoptée par conviction et non pour faire de la publicité au domaine, contrairement à certains de ses confrères...

Cuves, barriques ou muids en châtaignier La vendange est effectuée minutieusement par tries successives, de façon à récolter des raisins avec un même degré de maturité et de botrytisation. Les moûts ne sont ni levurés, ni chaptalisés, et ils sont fermentés dans des cuves, des barriques ou de vieux muids de châtaignier. La fermentation des vins de sucre résiduel est stoppée par soutirage, avec l'ajout d'un peu de dioxyde de soufre. Fidèle à la tradition de Vouvray, Pinguet évite la fermentation malolactique.

Vouvray Le Clos du Bourg demi-sec Le style demi-sec de Noël Pinguet est régulièrement un cas d'école de son genre : paré d'une robe or brillant aux reflets verts, le Clos du Bourg exhale un parfum floral très attirant, aux notes de coing et de poire dans sa jeunesse, puis il développe souvent un caractère ciré et mielleux au bout de quelques années. Il est ample, succulent et harmonieux au palais, avec un côté minéral qui ajoute un peu de sérieux à la frivolité de son charme séducteur. Ce demi-sec est un délice à tout moment du jour ou de la nuit. On peut le servir sur des ris de veau ou des œufs en meurette – comme on les prépare dans la région, avec du vouvray –, pour un vrai festin.

Vallée de la Loire
• *A.O.C.* :
Vouvray

• *Vin sélectionné* :
Vouvray Le Clos du Bourg demi-sec
• *Cépage* :
chenin
• *Âge moyen des vignes* :
30 ans
• *Géologie* :
calcaire
• *Superficie du vignoble* :
6 hectares
• *Production moyenne* :
26 000 bouteilles

• *Autres vins produits* :
- *Vins blancs* :
✓ Vouvray sec
✓ Vouvray moelleux
✓ Vouvray pétillant

• *Propriétaire* :
Gaston Huet
• *Vinificateur* :
Noël Pinguet
• *Œnologue* :
Noël Pinguet
• *Vignoble exploité* :
35 hectares
• *Production* :
150 000 bouteilles
• *Exportations* :
50 %
• *Vente sur place* :
9h-12h, 14h-18h
• *Visites* :
sur rendez-vous

LE HAUT-LIEU
DEMI-SEC
1992
VOUVRAY
APPELLATION VOUVRAY CONTRÔLÉE
MIS EN BOUTEILLE À LA PROPRIÉTÉ
S.A. HUET VITICULTEUR
LE HAUT-LIEU - VOUVRAY (I&L) FRANCE
12% VOL.
750 ML.
PRODUCT OF FRANCE

Dans une courte période de temps, trois vignerons de Montlouis ont atteint l'âge de la retraite sans successeur. Jacky Blot, le courtier en vins local, était naturellement au courant de cette situation, et il nourrissait depuis longtemps le désir de produire son propre vin plutôt que de faire le commerce de celui des autres. Blot a donc conclu des accords avec les vignerons en question, ce qui lui a permis de fonder, en 1988, son domaine de la Taille aux Loups. Et très vite, il a produit des vins remarquablement accomplis.

Le potentiel de quelques belles vignes vénérables Blot savait que ces vignobles étaient dépourvus de ceps clonés et contenaient des vignes très âgées, donc étaient potentiellement la source d'un très grand raisin. Dès le début, il les a cultivés par « lutte raisonnée », labourant le sol – ce qui est très rare dans la localité – au lieu d'utiliser des désherbants et autres produits chimiques, et limitant les engrais à un occasionnel apport de fumure organique. Il a enfin assujetti ses vignes à une taille sévère en gobelet, abandonnant la taille en guyot qui était jusqu'alors pratiquée car cette dernière, bien que plus courante, réduit moins la productivité et convient mieux aux vins rouges. En prenant de telles mesures, Blot a stabilisé au fil des ans les rendements à une moyenne très modeste de 35 hectolitres par hectare, et de ce fait ses vins expriment avec netteté le caractère de leur terroir.

Un tri drastique dans le vignoble Blot se plaît à dire à ses visiteurs que le vin est fait dans la vigne et non dans la cave. Il retarde la vendange autant que possible, et en général ne la commence que quand les autres vignerons sont déjà bien avancés, ou ont terminé... Plusieurs tries successives sont effectuées, afin de ne cueillir que les grappes ou même les parties de grappes parvenues à une maturité optimale. La récolte est alors placée dans des caisses peu profondes – pour éviter le tassement – et portée jusqu'aux tables de tri mobiles qui se déplacent dans le vignoble. La sélection qui s'ensuit permet de classer le raisin en trois catégories : abîmé ou pas assez mûr, donc rejeté ; parfaitement mûr ; et atteint par la « pourriture noble ». Si on veut trouver Jacky Blot, il suffit de repérer les tables – il ne les quitte pas pendant toute la vendange !

Des vins reflétant le climat du millésime Après cet examen, le raisin est doucement écrasé dans un pressoir Bücher pneumatique, puis débourbé pendant 24 heures et logé dans des barriques bordelaises rachetées au château d'Yquem ou des demi-muids traditionnels de 600 litres. La fermentation se poursuit alors lentement dans les fraîches caves de tuffeau, grâce aux levures indigènes des raisins. Blot n'a jamais recours à la chaptalisation – l'adjonction de sucre –, car il cherche à élaborer des vins qui reflètent le climat de l'année. Quelques soutirages et un léger collage précèdent l'assemblage des différentes barriques. Ensuite, les vins sont élevés longuement sur leur lie fine avec des bâtonnages, à la bourguignonne, et la mise en bouteille a lieu pendant l'automne de l'année suivante.

Montlouis sec Rémus Élevé pendant un an dans des proportions égales de chêne neuf et ayant déjà accueilli un vin, le sec mais très riche Rémus est un témoignage éloquent du talent de Blot, un mélange étonnant de fraîcheur, de charnure et d'arômes raffinés et racés. Sa grande concentration au palais le destine sans hésitation à la table, servi dans une carafe à 11-12°, sur un plat de ris de veau par exemple. Son acidité – bien enveloppée dans la chair – et sa persistance indiquent un long potentiel d'évolution en bouteille. Avec des vins comme celui-ci, le montlouis va devenir très à la mode !

Vallée de la Loire
• *A.O.C. :*
Montlouis

• *Vin sélectionné :*
Montlouis sec Rémus
• *Cépage :*
chenin blanc
• *Âge des vignes :*
70 à 80 ans
• *Géologie :*
argilo-siliceux sur calcaire
• *Superficie du vignoble :*
13 hectares
• *Production :*
7 000 à 15 000 bouteilles

• *Autres vins produits :*
- *Vins blancs :*
✓ Montlouis sec
✓ Montlouis demi-sec
✓ Montlouis moelleux
✓ Montlouis « Cuvée Spéciale »
✓ Montlouis moelleux « Cuvée des Loups »
✓ Montlouis liquoreux « Romulus »
✓ Montlouis Méthode Traditionnelle
✓ Montlouis pétillant
✓ Vouvray Clos de Venise

• *Propriétaire :*
Famille Blot
• *Vinificateur :*
Jacky Blot
• *Vignoble exploité :*
13 hectares
• *Production :*
55 000 bouteilles
• *Exportations :*
20 %
• *Vente sur place :*
oui
• *Visites :*
oui

DOMAINE
DE LA
TAILLE AUX LOUPS
1998
MONTLOUIS
Mis en bouteille à la propriété
JACKY BLOT
Viticulteur à Montlouis-sur-Loire
France
Rémus

Ce doit être très compliqué de vinifier et de mettre en bouteille séparément chaque parcelle intéressante que l'on possède, mais cela a toujours été la façon de travailler chez les Gitton. Pour l'amateur néophyte, une visite aux importantes installations de l'entreprise à Ménétréol est une révélation. Là, on lui démontrera que le sancerre n'est pas simplement le liquide fruité, vif et désaltérant que beaucoup imaginent, mais qu'il peut révéler un éventail très large de caractéristiques aromatiques reflétant son origine géographique. Et il repartira sans doute du domaine avec des bouteilles, car les vins Gitton sont de toute première qualité.

La constitution d'un beau domaine La propriété fut fondée en 1945 par Marcel Gitton avec un demi-hectare de terres. Elle s'est agrandie au fil des ans car Marcel puis son fils Pascal – qui dirige maintenant le domaine avec son épouse australienne Denise – ont acquis de nombreuses parcelles dans les meilleurs « climats » autour de Sancerre et de Ménétréol, choisies pour la diversité de leurs sols. Elles se composent d'une grande variété de sols calcaires aussi bien que siliceux. Aujourd'hui, les vignobles sancerrois des Gitton s'étendent sur 27 hectares, auxquels s'ajoutent 7,5 hectares de Pouilly et de Pouilly-sur-Loire et, depuis 1989, 13 hectares de Côtes-de-Duras, où ils possèdent le château Lafon, à une heure à l'est de Bordeaux en voiture.

Une gamme de vins stupéfiante Une viticulture organique couplée à de faibles rendements aident les Gitton à obtenir régulièrement des raisins bien mûrs, ce qui est très important pour eux. Ils apprécient les vieilles vignes, car elles portent naturellement moins de fruits et de plus belle qualité ; la parcelle Vigne du Larrey, par exemple, fut plantée entre 1947 et 1956, celle de Galinot en 1959. La récolte est cueillie au stade de la surmaturité, quand le jus est chargé de sucre, ou même après que les raisins ont été affectés par le fameux champignon *Botrytis cinerea*, donnant un degré élevé d'alcool potentiel.
La vinification est non interventionniste et lente. Non seulement chaque parcelle est vinifiée à part, mais aussi le fruit des vignes de différents âges et de différents porte-greffes. Puis les vins sont élevés, dans des demi-muids ou des cuves en inox, pendant une longue période avant leur mise en bouteille, afin de gagner en gras et en étoffe sur leurs lies fines. Le résultat de ces pratiques est une gamme de vins aromatiquement très originaux et variés, mais également faibles en acidité, riches, charnus et succulents – bref, susceptibles d'étonner le consommateur moyen de sancerre…

Sancerre Galinot Les 80 ares magnifiques de la vigne de Galinot, orientés à l'est et situés à 230 m d'altitude sur une pente de 25°, donnent un vin somptueux doté d'intéressantes possibilités d'évolution. La seule vue de sa robe jaune dorée, plus apparentée à celle d'un grand bourgogne que d'un sancerre, indique un nectar hors du commun. Et en effet ce vin surprend en bouche par sa richesse, sa chair et la profondeur de ses saveurs, alliant des arômes de miel, de cire, de poire et d'épices. Galinot mérite de passer plusieurs années en bouteille pour s'arrondir. Parvenu à maturité, il s'associe talentueusement à de nombreux mets, tels le homard grillé, le poulet en coque de sel ou le filet de saumon à l'étuvée de légumes…

Vallée de la Loire
• *A.O.C. :*
Sancerre

• *Vin sélectionné :*
Sancerre Galinot
• *Cépage :*
sauvignon jaune
• *Âge moyen des vignes :*
40 ans
• *Géologie :* silex
• *Superficie du vignoble :*
0,8 hectare
• *Production moyenne :*
7 000 bouteilles

• *Autres vins produits :*
- *Vins blancs :*
✓ Sancerre Domaine Gitton
✓ Sancerre Les Fredins
✓ Sancerre Les Montachins
✓ Sancerre L'Amiral
✓ Sancerre Les Belles Dames
✓ Sancerre Les Herses
✓ Sancerre Les Romains
✓ Sancerre La Vigne du Larrey
✓ Sancerre Les Belles Dames « Cuvée Marie Laurence »
✓ Sancerre Les Écheneaux
✓ Sancerre Les Beauregard
✓ Sancerre Les Implipeaux
✓ Sancerre La Mijonnette
✓ Pouilly Fumé Les Foltières
✓ Pouilly Fumé Clos Joanne d'Orion
✓ Pouilly-sur-Loire Les Chantalouettes
✓ Coteaux-du-Giennois Vigne du Taureau
- *Vins rouges :*
✓ Sancerre Les Romains
✓ Sancerre Les Herses
✓ Sancerre Les Vignes Blanches
✓ Sancerre Les Pommereaux
- *Vin rosé :*
✓ Sancerre Les Romains

• *Propriétaire :*
Famille Gitton
• *Directeur :*
Pascal Gitton
• *Vinificateur :*
Pascal Gitton
• *Maître de chai :*
Alain Guilleret
• *Vignoble exploité :*
(Loire) 37 hectares
• *Vente sur place :*
oui
• *Visites :*
sur rendez-vous

A PROPRIÉT
1998
Il a été tiré de cette cuvée 7100 bouteilles
numérotées de 1 à 7100
mise en bouteille exclusivement à la propriété.
Sancerre
Galinot
Appellation Sancerre Contrôlée
Gitton Père & Fils
N° 001869
Ménétréol-sous-Sancerre, Cher

Crochet est un nom bien connu des amateurs de sancerre. Presque tous les membres de cette famille tentaculaire de vignerons résident sur la commune de Bué, à quelques kilomètres au sud de Sancerre en empruntant la route de Bourges. Le domaine le plus important et sans doute le plus connu de la famille est celui de Lucien Crochet, qui produit des vins blancs d'une harmonie et d'une finesse remarquables, et des vins rouges d'une grande distinction.

Des méthodes raffinées qui respectent le vin Maintenant que Lucien est officiellement retraité – mais un vigneron lâche-t-il jamais vraiment les rênes? –, son fils Gilles, diplômé d'œnologie à Dijon, est responsable de l'exploitation. Ce dernier paraît faire montre d'un réel talent pour inciter ses vignes à produire des raisins de grande qualité, qu'il vinifie avec intelligence et sensibilité.

Les 36 hectares du domaine sont principalement situés autour de Bué, mais aussi à Sancerre, à Crézancy et à Vinon – des parcelles heureusement pas trop éloignées, car il est important de rentrer rapidement la récolte. Comme il se doit dans les domaines prestigieux, tout est vendangé à la main de façon à trier le raisin dans le vignoble. Une fois arrivées au domaine, les grappes entières de sauvignon sont doucement écrasées dans un pressoir pneumatique et leur jus refroidi est débourbé pendant 18 à 48 heures, en fonction du millésime et de ce que Crochet compte en faire. La fermentation a alors lieu dans des cuves inox pendant vingt à cinquante jours, les soutirages étant retardés pour permettre aux vins de s'enrichir sur leur lie et de gagner en gras et en complexité. La mise en bouteilles a lieu en juin ou septembre, précédée d'un léger collage et d'une filtration modérée.

Un vin rouge héritier d'une longue tradition Les sancerres rouges produits par les Crochet méritent une mention spéciale, car ils restaurent une ancienne tradition. C'est en effet le vin rouge qui a fait la réputation de la région et qui lui a apporté une prospérité durable jusqu'à la destruction des vignes par le phylloxéra à la fin du XIXe siècle, les vignerons ayant par la suite replanté le vignoble avec du sauvignon blanc.

La récolte de pinot noir est égrappée et fermente pendant quinze à vingt jours, avec des pigeages et des remontages quotidiens pour extraire un maximum de couleur, de tannins et d'arômes. Les vins sont alors élevés dans du chêne et de l'inox pendant douze à seize mois jusqu'à ce qu'ils soient prêts à être mis en bouteille. La cuvée classique, La Croix du Roy, est bien colorée, succulente et riche ; la cuvée Prestige LC, produite seulement les meilleures années, est encore plus foncée, dense et complexe, et sa structure lui confère un potentiel de développement d'une bonne dizaine d'années. Ces deux-là soutiennent sans rougir la comparaison avec leurs cousins de la côte d'Or.

Sancerre Vendange du 21 octobre 1997 Comme il le fait parfois les années exceptionnelles, dix jours après la fin des vendanges de 1997, Crochet a envoyé son équipe récolter les raisins de sauvignon dans quatre parcelles qui avaient été laissées tranquilles pour que leurs raisins soient davantage concentrés par le passerillage. Fermentée et élevée à 75 % dans de l'inox et le reste dans des fûts de chêne neufs, cette récolte déshydratée a produit un vin d'une très grande finesse avec un nez combinant des nuances florales et fruitées. Riche mais parfaitement sec au palais, il est ample et harmonieux grâce à son impeccable équilibre entre alcool et acidité, et doté d'une formidable et intense persistance. Voilà donc un compagnon parfait des crustacés aux épices, des viandes blanches à la crème et aux morilles, ou tout simplement du foie gras… mais on peut aussi le siroter seul, avec délices !

Vallée de la Loire
• *A.O.C. :*
Sancerre

• *Vin sélectionné :*
Sancerre Vendange du 21 octobre 1997
• *Cépage :*
sauvignon blanc
• *Âge moyen des vignes :*
20 ans
• *Géologie :*
argilo-calcaire
• *Superficie du vignoble :*
1,5 hectare
• *Production :*
5 000 à 7 000 bouteilles

• *Autres vins produits :*
- *Vins blancs :*
✓ Sancerre Le Chêne Marchand
✓ Sancerre « Prestige LC »
- *Vins rouges :*
✓ Sancerre La Croix du Roy
✓ Sancerre « Prestige LC »
- *Vin rosé :*
✓ Sancerre

• *Responsable :*
Gilles Crochet
• *Vinificateur :*
Gilles Crochet
• *Vignoble exploité :*
36 hectares
• *Production :*
250 000 bouteilles
• *Exportations :*
50 %
• *Vente sur place :*
oui
• *Visites :*
non

LUCIEN CROCHET
LUCIEN CROCHET
Vendange du 21 Octobre
1997
SANCERRE
APPELLATION SANCERRE CONTRÔLÉE
MIS EN BOUTEILLE A LA PROPRIÉTÉ
LUCIEN CROCHET - 18300 - BUÉ - FRANCE
14,5 % by Vol.
750 ml
PRODUCE OF FRANCE

Certains trouvent exagéré que l'on considère les vins de Sancerre comme des rivaux sérieux des appellations les plus prestigieuses de France. Pourtant, cela ne fait pas de doute quand on visite les caves d'Alphonse Mellot père et fils, où des vins blancs et rouges d'une qualité extraordinaire sont élaborés.

L'engagement moral du vigneron Alphonse Mellot est guidé par une croyance inébranlable, partagée par son fils Alphonse, dans le potentiel des magnifiques terres viticoles de Sancerre. Et pour lui, les vignerons ont l'obligation morale de produire le meilleur vin possible à partir du fruit de leurs terres. Son splendide domaine La Moussière est cultivé de manière écologique, le travail régulier des sols favorisant l'épanouissement de la vie micro-organique et obligeant les vignes à enfoncer leurs racines toujours plus profondément dans la terre. Par contraste avec les parcelles de Mellot, un tour dans le vignoble révèle la triste réalité du sol compacté de nombreux lieux-dits avoisinants, qui indique infailliblement un abus généralisé d'utilisation de désherbants.

Un défenseur farouche du sauvignon Depuis de nombreuses années, Mellot essaie de persuader ses confrères que l'établissement d'un système de crus conférerait à l'appellation une plus grande crédibilité sur la scène mondiale du vin. Cet homme cultivé, chaleureux et généreux entretient une rivalité amicale avec certains confrères bourguignons de la côte d'Or. Mais il est un farouche défenseur du sauvignon, qui est souvent perçu comme incapable de donner autre chose que des vins légers et fruités. Pour preuve des possibilités de ce cépage, il invite parfois ses amis qui visitent le labyrinthe de belles caves voûtées de la maison à déguster un ou deux « exercices de style », tels qu'un vin magnifiquement riche et liquoreux élaboré à partir de raisins botrytisés, ou un vin remarquable dans le style du vin jaune digne de rivaliser avec maintes bouteilles produites dans le Jura.

Exprimer le caractère climatique du millésime Les vins de La Moussière sont élaborés avec un soin extrême. Les faibles rendements favorisent un mûrissement précoce, ce qui évite à Mellot de chaptaliser les vins. Toute la récolte est vendangée à la main, des mesures drastiques sont prises pour protéger le fruit lors de l'acheminement jusqu'aux chais, et un second tri rigoureux des raisins est effectué avant la vinification.

Quatre vins sont produits, tous d'une qualité remarquable : la cuvée La Moussière, en rouge et en blanc, est aromatique, mûre et succulente, avec un équilibre irréprochable et une grande élégance. La cuvée rouge Génération XIX, inaugurée par Mellot fils en 1995, est un vin splendide : d'une robe profonde, il séduit par son beau bouquet et sa grande finesse, et révèle une structure tannique qui lui confère un potentiel de développement significatif en bouteille. Tous les vins reflètent le caractère climatique de leur millésime, ce qui donne lieu à des dégustations verticales fascinantes des cuvées de La Moussière.

Sancerre Cuvée Edmond Le fruit des ceps de sauvignon les plus vénérables compose la cuvée Edmond. Fermenté dans du chêne neuf, ce vin sensuel est parfaitement équilibré, sans gras excessif et doté d'une acidité parfaite. La maturité idéale du raisin donne au vin des arômes légèrement tropicaux dans la plupart des millésimes, et on peut détecter un léger côté épicé les années où le *Botrytis cinerea* a affecté une partie de la récolte, comme en 1997. La cuvée Edmond se bonifie pendant une bonne dizaine d'années. Elle se révèle un splendide compagnon de table pour un ris de veau braisé, ou même un suprême de turbot poché aux huîtres.

Vallée de la Loire
• *A.O.C. :*
Sancerre

• *Vin sélectionné :*
Sancerre Cuvée Edmond
• *Cépage :*
sauvignon blanc
• *Âge des vignes :*
60 à 80 ans
• *Géologie :*
marnes kimméridgiennes
• *Superficie du vignoble :*
10 hectares

• *Autres vins produits :*
- Vin blanc :
✓ Sancerre « La Moussière »
- Vins rouges :
✓ Sancerre « La Moussière »
✓ Sancerre « Génération XIX »

• *Propriétaire :*
Alphonse Mellot
• *Vinificateur :*
Alphonse Mellot
• *Œnologue :*
Alphonse Mellot
• *Vignoble exploité :*
50 hectares
• *Production :*
335 000 bouteilles
• *Exportations :*
50 %
• *Vente sur place :*
oui
• *Visites :*
sur rendez-vous

EDMOND
Prestige
PRODUCT OF FRANCE
Cuvée Edmond
Vieilles Vignes
1998
Sancerre
Domaine La Moussière
N° 001730
APPELLATION SANCERRE CONTROLÉE
13%vol.
750ml
S.C.E.A. Alphonse Mellot
Propriétaire-Récoltant - 18300 Sancerre - France

Domaine Didier Dagueneau

Pur Sang, Astéroïde, Silex, Buisson Renard, Chailloux... Les seuls noms des vins sur les étiquettes accrochent le regard et indiquent tout de suite au consommateur que ce ne sont pas des pouilly fumés ordinaires. Cette impression est amplement confirmée par la dégustation : les vins de Didier Dagueneau se font remarquer depuis le milieu des années quatre-vingt, témoignant avec brio de la grandeur à laquelle le sauvignon blanc peut aspirer. Aujourd'hui, Dagueneau est indiscutablement le principal vigneron de la région, et les 50 000 bouteilles qui quittent ses caves chaque année sont saisies avec avidité par les restaurateurs, les cavistes et les connaisseurs les plus exigeants.

Un jeune rebelle avec des convictions Dagueneau doit son succès à la force de ses convictions. Rejeton d'une famille de vignerons du pays, il fut mis à la porte par son père et dut s'installer à son compte en 1982. Il a commencé à utiliser des fûts de chêne pour ses vinifications quelques années plus tard, et des vins de grande qualité n'ont pas tardé à suivre. Mais certains traditionalistes disaient que ce n'était pas du vrai pouilly fumé...
Pourtant, le non-conformisme de Dagueneau a plutôt servi ses intérêts : ses longs cheveux en bataille, sa barbe broussailleuse et son regard intense, sans parler de sa passion des chiens et des traîneaux, lui ont valu le sobriquet d'« homme sauvage de Saint-Andelain » et ont fait de lui un personnage fort prisé des journalistes ..
Ses talents ayant fini par lui apporter reconnaissance et succès, il put se faire construire de nouveaux locaux vinicoles à Saint-Andelain en 1989, qui lui fournissent tout l'espace dont il a besoin et qui lui permettent de poursuivre ses idées et de perfectionner ses techniques.

L'authenticité et la perfection Qu'est-ce que Dagueneau a que les autres n'ont pas ? Une grande rigueur, et sans doute une rare intuition pour la vinification. L'authenticité et la perfection ont toujours été ses objectifs. Pour obtenir des raisins de la toute première qualité, ses ouvriers viticoles passent pas moins de trois mois à ébourgeonner consciencieusement les vignes, après une taille sévère en début d'année. Et quand les grappes sont parfaitement mûres, la vendange est effectuée à la main, ce qui permet de sélectionner uniquement les fruits impeccables, les autres étant rejetés ou laissés sur les ceps pour une cueillette ultérieure.
Les nouvelles installations vinicoles, adaptées aux méthodes de travail de Dagueneau, utilisent la gravité pour déplacer les liquides et lui permettent d'appliquer ses idées sans le moindre compromis. Après la fermentation, les vins sont élevés dans une belle cave contenant des demi-muids et des « cigares », ces derniers étant de petits fûts allongés. La cave est maintenue à une température fraîche afin de limiter l'interaction entre le vin et le chêne et donc d'éviter que les vins ne prennent trop l'arôme du bois.

Pouilly Fumé Silex Aucun autre vin né de terres à silex n'a l'autorité ferme et austère de celui de Dagueneau, un caractère intense et fumé d'une grande richesse, d'une harmonie parfaite et d'une persistance impressionnante. Bien que fort discipliné, il envoûte le palais par son charme inné, et la qualité de la matière première transparaît avec évidence. Le magnifique Silex est plus que probablement capable de se bonifier pendant une vingtaine d'années, et pourtant il est tout à fait irrésistible jeune. Il s'accorde harmonieusement au carpaccio de coquilles Saint-Jacques.

Vallée de la Loire
• *A.O.C. :*
Pouilly Fumé

• *Vin sélectionné :*
Pouilly Fumé Silex
• *Cépage :*
sauvignon
• *Âge moyen des vignes :*
50 ans
• *Géologie :*
argilo-siliceux
• *Superficie du vignoble :*
2,2 hectares
• *Production moyenne :*
10 000 bouteilles

• *Autres vins produits :*
- Vins blancs :
✓ Pouilly Fumé « Pur Sang »
✓ Pouilly Fumé « Astéroïde »
✓ Pouilly Fumé Buisson Renard
✓ Pouilly Fumé Chailloux

• *Propriétaire :*
Didier Dagueneau
• *Vinificateur :*
Didier Dagueneau
• *Vignoble exploité :*
11 hectares
• *Production :*
50 000 bouteilles
• *Exportations :*
80 %
• *Vente sur place :*
sur rendez-vous
• *Visites :*
sur rendez-vous

SiLEX
Par Didier Dagueneau

De Ladoucette est depuis longtemps le porte-drapeau de l'appellation Pouilly Fumé, exportant ses vins partout dans le monde et ayant initié des générations de buveurs de vin aux plaisirs du sauvignon tel qu'il est interprété dans le centre de la vallée de la Loire. La région doit beaucoup à cette société, qui a eu un impact indéniable sur la demande et les ventes et qui a été le catalyseur de beaucoup de progrès.

L'extraordinaire développement d'une affaire familiale Le succès de cette entreprise familiale peut être attribué à un jeune homme, le baron Patrick de Ladoucette, qui a hérité de la responsabilité des affaires en 1972 à l'âge tendre de 21 ans. Le domaine était dirigé par un régisseur depuis que le père de Patrick avait émigré en Argentine, au début des années cinquante, et il avait une bonne réputation. Cependant, Ladoucette n'envisageait pas de se contenter de cette honorable situation et avait les plus grandes ambitions pour son domaine.

Il a consacré des sommes folles à remplacer les installations et l'équipement de vinification. Des cuves de fermentation en inox dotées d'un système de contrôle des températures, des cuves de stockage vitrifiées et une ligne d'embouteillage ont été ses principales acquisitions. Elles lui ont permis de commencer à produire un pouilly fumé moderne suprêmement aromatique et désaltérant, dans des quantités importantes. Et puisqu'il fallait vendre les bouteilles, le jeune homme s'est mis à la tâche avec ardeur. Les résultats ne tardèrent pas à se faire sentir, et il devint nécessaire d'acheter du raisin pour compléter la production du domaine afin de satisfaire à la demande…

La naissance d'une cuvée de luxe Depuis cette époque, De Ladoucette a connu une prospérité croissante. L'entreprise produit maintenant également du sancerre, du vouvray, du chinon et du bourgueil, elle a racheté la maison de chablis Albert Pic, et elle a même investi dans la Napa Valley en Californie. L'équipement a été de nouveau modernisé et le vignoble est soigneusement entretenu, ainsi que le fabuleux château à tourelles du Nozet, construit en 1850 par l'architecte Viollet-le-Duc pour l'aïeul de Ladoucette, le comte Lafond, gouverneur de la banque de France.

Les vignes sont magnifiquement situées, et les ceps les plus anciens des deux meilleures parcelles, sises toutes deux sur le célèbre coteau de Saint-Andelain, sont la source du vin le plus fin de la maison, le pouilly fumé Baron de L. Cette cuvée, inaugurée en 1973, fut la première cuvée « de luxe » de sauvignon en France, un coup de génie novateur de la part du jeune Ladoucette, qui a montré aux vignerons ce qu'il était possible de faire avec un peu d'ambition et de non-conformisme.

Pouilly Fumé Baron de L. Une sélection sévère de la matière première ainsi que du jus qui en émane, l'utilisation de la seule force de gravité pour le transfert des liquides, une fermentation lente suivie d'un élevage sur lie, peu de soutirages, aucun collage et une très légère filtration… tels sont les soins qui donnent naissance au Baron de L., une alliance paradoxale et splendide de délicatesse et de concentration. Doté d'une palette aromatique extrêmement intense, ce vin rond et ample est un modèle d'harmonie, d'élégance et de race, qui laisse dans son sillage une traînée incroyablement longue et complexe d'arômes. Cet aristocrate accapare toute l'attention de ceux qui le dégustent… mais il tolère l'outrecuidance d'un tartare de saumon ou d'un carpaccio de coquilles Saint-Jacques.

Vallée de la Loire
• *A.O.C. :*
Pouilly Fumé

• *Vin sélectionné :*
Pouilly Fumé
Baron de L.
• *Cépage :*
sauvignon
• *Âge des vignes :*
40 à 50 ans
• *Géologie :*
marnes kimméridgiennes, argilo-siliceux
• *Production moyenne :*
120 000 bouteilles

• *Autres vins produits :*
- *Vins blancs :*
✓ Pouilly Fumé « De Ladoucette »
✓ Sancerre « Comte Lafond »
✓ Sancerre « La Poussie »
✓ Vouvray « Marc Bredif »
- *Vins rouges :*
✓ Sancerre « Comte Lafond »
✓ Sancerre « La Poussie »
✓ Chinon « Marc Bredif »
✓ Bourgueil « Baron Briare »
- *Vins rosés :*
✓ Sancerre « Comte Lafond »
✓ Sancerre « La Poussie »

• *Propriétaire :*
Patrick de Ladoucette
• *Vinificateur :*
Joël André
• *Œnologue :*
Joël André
• *Vignoble exploité :* 120 hectares
• *Exportations :*
60 %
• *Vente sur place :*
sur rendez-vous
• *Visites :*
sur rendez-vous

Baron de L
Appellation Pouilly Fumé Contrôlée
1996
750 ML
PRODUCT OF FRANCE

Les domaines de Tracy et du Nozet sont les seuls à bénéficier de la dénomination de « château » dans l'appellation Pouilly Fumé. Moins connu que celui du Nozet, le château de Tracy propose néanmoins des vins d'une pureté et d'une authenticité magnifiques. Dominant le village du même nom à la limite septentrionale de l'appellation, ce domaine est le plus ancien de Pouilly, ses vignes étant cultivées depuis six siècles.

Des Écossais au service d'un roi de France Le château de Tracy appartient à la comtesse d'Estutt d'Assay, dont la famille s'est établie dans la région au XVIe siècle. La famille était originaire d'Écosse : les Stutt de Lagan ont traversé la Manche au XVe siècle pour se mettre au service de Charles VII contre les occupants anglais, et ils en ont été récompensés par des terres à Assay dans le Berry, acquérant plus tard le château de Tracy par mariage.
La culture de la vigne est déjà mentionnée sur un parchemin de 1396, et on la retrouve aux XVIIIe et XIXe siècle, où 50 hectares étaient cultivés. Le vignoble, négligé après la crise de 1929, fut reconstitué dans les années cinquante par le comte Alain d'Assay, le mari aujourd'hui décédé de la comtesse. De nos jours, il s'étend sur 30 hectares sis sur les coteaux de Tracy et de Vilmoy, et l'exploitation est dirigée par leur fils Henry.

La réapparition des écosystèmes viticoles La qualité du raisin est le souci premier au domaine, et Henry d'Assay et son équipe cherchent en permanence à améliorer leur travail. Au milieu des années quatre-vingt-dix, un grand progrès a été réalisé avec la mise en place d'une démarche de « lutte raisonnée », dans le but d'utiliser les ressources naturelles et de favoriser les mécanismes de régulation de l'écosystème viticole. Depuis lors, les produits phytopharmaceutiques ne sont utilisés qu'en l'absence de toute autre solution, et cela à des doses minimales ; les insecticides ont été bannis et les traitements divisés par deux en quatre ans. En récompense, Assay a eu la joie de voir réapparaître les prédateurs naturels des acariens dans la vigne. Par ailleurs, le travail du sol et l'enrichissement par du compost organique préparé sur place a accru la vie micro-organique des sols et renforcé la résistance naturelle des vignes.

Une vinification moins interventionniste L'effeuillage pratiqué autour des grappes a augmenté la maturité et amélioré l'état sanitaire des raisins, ce qui a permis au comte de réduire, voire de cesser totalement de chaptaliser les moûts – de leur adjoindre du sucre. Les faibles rendements ont également joué un rôle important dans le cycle de mûrissement.
Les interventions œnologiques ont elles aussi été affinées et réduites. Le bâtonnage des vins pendant les six premiers mois d'élevage rend plus intenses leurs arômes et leur donne de la rondeur ; les collages et les filtrations ont été diminués, et la stabilisation à froid a été en grande partie supprimée. Enfin, la sélection des cuvées pour le Château de Tracy est devenue plus rigoureuse.

Pouilly Fumé Château de Tracy Toutes ces mesures se traduisent aujourd'hui par un vin intensément aromatique, mûr et pur. C'est une expression splendide du sauvignon de ce vignoble historique : son parfum exquis, mélange d'agrumes, de fruits exotiques et de silex avec une nuance fumée, est absolument fidèle à son terroir. L'harmonie du Château de Tracy est parfaite, la richesse et la maturité du fruit équilibrant parfaitement l'acidité naturelle du vin. Il est à son apogée plusieurs années après le millésime, et accompagne à ravir un plat d'huîtres ou un saumon frais en papillote.

Vallée de la Loire
• *A.O.C. :*
Pouilly Fumé

• *Vin sélectionné :*
Pouilly Fumé
Château de Tracy
• *Cépage :*
sauvignon
• *Âge moyen des vignes :*
25 ans
• *Géologie :*
calcaire kimméridgien, argilo-silicieux
• *Superficie du vignoble :*
30 hectares
• *Production moyenne :*
200 000 bouteilles

• *Propriétaire :*
Comtesse d'Assay
• *Directeur :*
Comte Henry d'Assay
• *Œnologue :*
Valérie Lavigne
• *Exportations :*
60 %
• *Vente sur place :*
sur rendez-vous
• *Visites :*
sur rendez-vous

Vendange
1998
CHÂTEAU DE TRACY
depuis
1396
POUILLY FUMÉ
Appellation Pouilly Fumé Contrôlée
Mis en bouteille au château - Product of France
Comtesse A. d'Estutt d'Assay S.A.R.L. - 58150 Tracy-sur-Loire - France

Le pittoresque village de Ribeauvillé, depuis longtemps une destination touristique privilégiée, est entouré de quelques-uns des meilleurs vignobles d'Alsace. Les coteaux marneux et gréseux de la région, exploités depuis le XVIIIe siècle, conviennent à merveille à ce cépage noble qu'est le riesling. Et dans les mains du vigneron André Kientzler, l'alliance du sol et du cépage donne des vins d'un raffinement, d'une précision et d'une élégance extraordinaires.

L'authenticité plutôt que la mode Les bijoux du domaine de Kientzler, qui s'étend sur 11 hectares, sont ses parcelles dans les trois magnifiques grands crus de la commune, le Geisberg, le Kirchberg et l'Osterberg. Kientzler s'appuie sur le savoir-faire des cinq générations qui l'ont précédé et utilise des méthodes viticoles permettant à ces terroirs d'affirmer leur personnalité dans les raisins. C'est pourquoi il produit des vins authentiques dans lesquels l'identité géographique prédomine. Contrairement à de nombreux confrères en Alsace, il accorde peu d'importance à la présence de sucre résiduel, et ses vins sont en conséquence un peu austères et moins flatteurs que d'autres dans leur jeunesse. C'est avec l'âge qu'ils deviennent vraiment irrésistibles.

La quête sans fin de la qualité Son père élaborait encore le vin dans la cave familiale au centre du village, mais la fréquentation touristique croissante des rues étroites de Ribeauvillé et l'impossibilité de trouver de cave supplémentaire dans le village ont conduit Kientzler à déménager en 1972. Depuis lors, il jouit d'une superbe cave très fonctionnelle et spacieuse avec quartiers d'habitation au milieu des vignes.

Dans les vignobles comme dans la cave, Kientzler ne se permet aucun compromis et n'a que la qualité en tête. Évitant autant que possible d'utiliser des produits chimiques, il maintient ses vignes totalement ou partiellement enherbées, selon leur pente, et travaille dur pour limiter les rendements à un niveau compatible avec la plus haute qualité. En règle générale il récolte relativement tôt, préférant un fruité pur et une bonne acidité à la richesse des jus plus gorgés de sucre. Toute la cueillette est effectuée à la main pour que le raisin soit trié de façon draconienne avant d'être acheminé à la cuverie.

Riesling Geisberg Grand Cru Vendange Tardive Les petites terrasses creusées dans le coteau argilo-calcaire de Geisberg, exposées au sud, conviennent particulièrement au riesling. De temps en temps, malgré des vendanges relativement précoces, les tris sévères révèlent une petite quantité de fruit surmûri avec lequel Kientzler peut élaborer un Vendange Tardive.

Habillé d'une belle robe or soutenu, ce vin a un nez magnifiquement pur qui rappelle les raisins confits et les agrumes, avec une nuance de fumé. Au palais l'attaque est riche, la densité et la concentration magnifiques, et l'harmonie entre le sucre et l'acidité remarquable – le Geisberg est un triomphe d'opulence athlétique. Ce superbe riesling plus sec que moelleux, un vrai régal à siroter seul, accompagne à ravir un foie poêlé et des plats sucrés-salés, suggère Kientzler. Il est capable de se bonifier pendant nombre d'années, et plus il est vieux, plus il mérite d'être servi en carafe afin de développer pleinement son bouquet.

Alsace
• *A.O.C.:*
Alsace Grand Cru

• *Vin sélectionné:*
Riesling Geisberg Grand Cru Vendange Tardive
• *Cépage:*
riesling
• *Âge moyen des vignes:*
40 ans
• *Géologie:* argilo-calcaire
• *Superficie du vignoble:*
1,5 hectare
• *Production moyenne:*
1 500 bouteilles
• *Hauteur réelle de la bouteille:*
33 cm

• *Autres vins produits:*
- *Vins blancs:*
✓ Sylvaner
✓ Chasselas
✓ Pinot Blanc
✓ Muscat
✓ Tokay Pinot Gris
✓ Gewurztraminer

• *Propriétaire:*
André Kientzler
• *Vinificateur:*
André Kientzler
• *Vignoble exploité:* 11 hectares
• *Production:*
80 000 bouteilles
• *Exportations:*
40 %
• *Vente sur place:*
sur rendez-vous
• *Visites:*
sur rendez-vous

KIENTZLER
VIN
WINE
ALSACE GRAND CRU
APPELLATION ALSACE GRAND CRU CONTROLEE
WHITE ALSACE WINE
RIESLING
GRAND CRU GEISBERG 1997
VENDANGE TARDIVE
RIBEAUVILLE
KIENTZLER
MIS EN BOUTEILLE A LA PROPRIETE
ANDRE KIENTZLER
PROPRIETAIRE-VITICULTEUR A 68150 RIBEAUVILLE - FRANCE

L'un des vignerons les plus doués d'Alsace, Jean-Michel Deiss, place la notion de terroir au cœur de son art. Il en résulte une gamme magnifique de vins de crus spécifiques. Cette conviction l'a également amené à produire un vin multicépages dans le prestigieux vignoble de l'Altenberg de Bergheim, qui, n'étant pas le produit d'un seul cépage, ne relève pas de l'appellation « grand cru » selon la législation vinicole des années soixante-dix. Mais la qualité du vin et le bien-fondé évident de l'idée de Deiss – qui n'est rien d'autre qu'un retour aux pratiques ancestrales – ont conduit les autorités à accepter officiellement de réévaluer la réglementation…

La défense du vin de cru Le domaine Deiss fut fondé par Marcel, le père de Jean-Michel, en 1949, et s'étend aujourd'hui sur 27 hectares, dont les bijoux sont des parcelles dans les grands crus de l'Altenberg de Bergheim, du Mambourg et du Schoenenbourg, ainsi que dans sept autres lieux-dits de qualité. La famille Deiss a commencé à produire et à vendre des vins individuels provenant de ses diverses parcelles bien avant que ce ne soit devenu la tendance, et l'expression du terroir dans le vin est l'élément clef de la philosophie de la famille.

Reproduire les nuances du terroir Les subtilités géologiques de chaque parcelle ne peuvent être traduites dans le raisin qu'en obligeant les vignes à enterrer profondément leurs racines dans le sous-sol. Si on les laisse paresser, comme c'est le cas dans les vignobles traités aux engrais chimiques, elles étendent leurs racines horizontalement et s'alimentent dans la couche supérieure du sol ; le vin reflète alors uniquement le caractère du cépage. Deiss et son équipe cultivent donc le vignoble de façon à ce que les ceps s'enracinent dans le sous-sol. À cette fin les vignes sont labourées, et on a même recours aux pioches pour casser les racines imprudentes qui flânent près de la surface. Les sols sont rarement enrichis de compost, et quand ils le sont, c'est par des substances recommandées par la biodynamie, que Deiss a progressivement adoptée à partir de 1997. Enfin les vignes sont plantées en grande densité, à 10 000 pieds par hectare – voire même 12 000 dans la parcelle du Mambourg –, ce qui crée une concurrence pour les aliments dans le sous-sol et freine naturellement la productivité des ceps. Les plantes subissent également une taille draconienne au début de l'année dans le but de limiter leurs rendements aux niveaux compatibles avec la plus haute qualité.

Grand Vin de l'Altenberg de Bergheim Depuis 1994, Deiss produit un « Grand Vin » à partir d'un assemblage de cépages cultivés ensemble dans le vignoble de l'Altenberg. Il est en effet convaincu qu'un terroir est mieux servi s'il n'est pas limité à un seul cépage… remettant ainsi à l'ordre du jour l'ancienne pratique de la complantation. Curieusement, lorsque des cépages différents sont cultivés ensemble, leurs cycles de mûrissement deviennent identiques, et à des rendements semblables ils atteignent le même degré d'alcool potentiel.

Le Grand Vin de l'Altenberg de Bergheim est un nectar raffiné et délicat, subtil même, aux arômes envoûtants de citron, d'épices et de pétale de rose, avec des nuances de caramel et de miel. En même temps il est riche, ample de corps, nerveux et parfaitement harmonieux. Il s'épanouit mieux si on le carafe avant de le servir, et c'est un très grand bonheur que de le siroter seul, ou sur un poulet de Bresse au miel.

Alsace
• *A.O.C. :*
Alsace Grand Cru

• *Vin sélectionné :*
Grand Vin de l'Altenberg de Bergheim
• *Cépages :*
riesling 70 %,
gewurztraminer / tokay pinot gris 30 %
(approximativement)
• *Âge moyen des vignes :*
15-20 ans
• *Géologie :*
argilo-calcaro-gréseux
• *Superficie du vignoble :*
1,5 hectare
• *Production moyenne :*
3 000 bouteilles
• *Hauteur réelle de la bouteille :* 36 cm

• *Autres vins produits :*
- *Vins blancs :*
✓ Riesling
✓ Gewurztraminer
✓ Tokay Pinot Gris
✓ Muscat
✓ Pinot Blanc
✓ Sylvaner
- *Vin rouge :*
✓ Pinot Noir

• *Propriétaire :*
Jean-Michel Deiss
• *Vinificateur :*
Jean-Michel Deiss
• *Vignoble exploité :*
27 hectares
• *Production :*
130 000 bouteilles
• *Exportations :*
65 %
• *Vente sur place :*
oui
• *Visites :*
8h-12h, 14h-17h
(du lundi au vendredi)

GRAND VIN 1997
BERGHEIM

Dans la véritable tradition alsacienne, la dynastie des Blanck produit du vin depuis un temps immémorial ; l'exploitation est encore une vraie affaire familiale aujourd'hui, et il paraît assuré qu'elle demeurera encore longtemps dans les mains des générations à venir. La famille produit une gamme étendue de vins d'une très grande qualité à partir de ses splendides parcelles autour du village de Kientzheim.

Une profusion de grands crus et de lieux-dits Les Blanck font remonter leur arbre généalogique jusqu'à Hans Planck, né en 1591, qui a acquis ses premières vignes en 1610. La famille possédait déjà une parcelle du cru Schlossberg dans la première moitié du XVIIIe siècle et est établie à Kientzheim depuis le début du XIXe. Depuis lors le domaine a été considérablement agrandi, s'étendant aujourd'hui sur la superficie impressionnante de 12 hectares. Il comprend des terres sur plus de huit communes, donnant une grande variété de matière première et préservant globalement la production en cas de gelée ou de grêle locales. Outre la parcelle de Schlossberg – une vigne magnifique exposée plein sud sur des terrasses au sol granitique –, les Blanck possèdent des terres dans quatre autres grands crus – Fürstentum, Mambourg, Sommerberg et Wineck-Schlossberg –, et dans quatre lieux-dits – Patergarten, Altenbourg, Grafreben et Rosenbourg.

La défense des vins de Schlossberg Après Paul Blanck, qui fit partie des vignerons qui formulèrent des recommandations pour la viticulture et la vinification du Schlossberg en 1927, Bernard et Marcel, ses fils, ont joué un rôle déterminant dans la création de l'appellation « Alsace Grand Cru » en 1975... Le premier bénéficiaire en fut d'ailleurs le Schlossberg, la même année. Et en 1985, ce sont les cousins Frédéric et Philippe Blanck, les fils de Bernard et de Marcel, qui ont hérité des responsabilités de la production et de la commercialisation.

Des vins pour chaque circonstance L'objectif des Blanck est de créer une gamme de vins parfaitement représentatifs de leurs cépages et de leurs terroirs, qui soient à l'aise dans un contexte gastronomique. Travaillant dans de grands chais garnis de cuves inox et de foudres, Frédéric, le vinificateur, produit trois niveaux de vin : les génériques, des vins de fruit aromatiques et gouleyants qui inciteront, il l'espère, le néophyte à un contact plus approfondi avec l'expérience alsacienne ; les « vins de pierre », dans lesquels les caractéristiques des différents lieux-dits et crus nommés sont mis en avant, donnant une autre dimension au fruit ; et les vins de vendanges surmûries, qui sont une démonstration des merveilles de la Nature, des vins rares, opulents et exubérants pour les grands événements.

Gewurztraminer Fürstentum Vendanges Tardives Ce fut Marcel Blanck qui œuvra pour la reconnaissance du Fürstentum, un coteau abrupt et chaud orienté plein sud, sur lequel prospère une flore de type méditerranéen. Dans ces sols de marnes, de grès et de calcaire, le gewurztraminer donne des vins très fins d'une grande puissance aromatique, atteignant la maturité des Vendanges Tardives avec régularité. Le 1997, relativement sec au palais, dégage un bouquet intense de pétale de rose et d'ananas, avec une formidable concentration d'arômes épicés au palais et suffisamment d'acidité pour équilibrer l'alcool et apporter de la fraîcheur au vin. Il finit sur une persistance d'une longueur magnifique, légèrement fumée ; c'est un vin qui plaira à l'*aficionado* des vins d'Alsace le plus exigeant. Les Blanck suggèrent de le servir dans une carafe, sur des foies d'oie naturels.

Alsace
• *A.O.C. :*
Alsace Grand Cru

• *Vin sélectionné :*
Gewurztraminer Fürstentum Vendanges Tardives
• *Cépage :*
gewurztraminer
• *Âge moyen des vignes :*
30 ans et plus
• *Géologie :*
caillouteux
• *Production moyenne :*
4600 bouteilles
• *Hauteur réelle de la bouteille :*
37 cm

• *Autres vins produits :*
- *Vins blancs :*
✓ Riesling
✓ Muscat
✓ Tokay Pinot Gris
✓ Sylvaner
✓ Pinot Blanc
✓ Pinot Auxerrois
- *Vin rouge :*
✓ Pinot Noir

• *Propriétaire :*
Domaine Paul Blanck
• *Vinificateur :*
Frédéric Blanck
• *Œnologue :*
Frédéric Blanck
• *Vignoble exploité :*
35 hectares
• *Production :*
220000 bouteilles
• *Exportations :*
65 %
• *Vente sur place :*
9h-11h45, 13h30-18h (17h le samedi), fermé le dimanche et les jours fériés
• *Visites :*
oui

DOMAINE
ALSACE GRAND CRU
1997
GEWURZTRAMINER
APPELLATION ALSACE GRAND CRU CONTROLÉE
VENDANGES TARDIVES
FURSTENTUM
BLANCK
DOMAINE PAUL BLANCK
Mise en Bouteilles au Domaine de Paul Blanck et ses fils,
Vignerons à Kientzheim Haut-Rhin France - Product of France

Le domaine René Muré à Rouffach, à 17 km au sud de Colmar, est le plus grand de la ville et l'un des plus prestigieux de tout le Haut-Rhin. Son nom est inséparable de celui du Clos Saint-Landelin, le splendide vignoble au-dessus de Rouffach que les Muré possèdent en totalité. Sur ses 15 hectares, ils cultivent tous les cépages d'Alsace, produisant des vins d'une élégance, d'une race et d'une profondeur magnifiques.

Un vignoble ancien et une vieille famille de vignerons Les vignes, très anciennes, appartenaient au VIe siècle à l'évêché de Strasbourg. Deux cents ans plus tard, quand l'évêque du moment l'offrit au couvent nouvellement établi de Saint-Landelin, elles furent décrites dans l'acte de donation comme « des vignes choisies parmi les meilleures d'Alsace ». Le vignoble demeura la propriété des religieux jusqu'à la Révolution.
Il fut acquis par les Muré en 1935. Cette famille, si elle ne peut revendiquer une telle ancienneté, est tout de même dans le pays depuis 1648, année où le Suisse Michel Muré décida de s'y installer. Le propriétaire actuel, René Muré, représente la onzième génération de la famille à produire du vin...

Un microclimat propice au mûrissement de raisins Le Clos Saint-Landelin constitue en fait le versant sud du grand cru Vorbourg. Le climat est favorable, car la région bénéficie de la protection du Grand Ballon – le plus haut sommet des Vosges – et du Petit Ballon contre les vents d'ouest porteurs de nuages de pluie. D'ailleurs, la région de Rouffach jouit d'un ensoleillement exceptionnellement régulier. Situées au pied des sommets les plus élevés des Vosges, les pentes abruptes d'exposition sud du Saint-Landelin imposent une culture en terrasses, et elles garantissent des conditions de mûrissement hors du commun pour le fruit.

Faire ressortir la caractère du terroir Son sol argilo-calcaire et son sous-sol calcaro-gréseux confèrent au clos une typicité que les Muré mettent en valeur du mieux possible, par une viticulture biologique, un travail manuel, une densité élevée de plantation et une maîtrise de la vigueur de la vigne afin que les rendements soient compatibles avec la plus haute qualité. Le fruit est cueilli, à la main bien entendu, lorsqu'il a suffisamment mûri, et il est acheminé au domaine en cagettes.
Des pressoirs pneumatiques extraient en douceur le jus sucré des raisins, qui est fermenté sous contrôle des températures. Le vin est alors élevé dans des fûts à 8° pendant au moins un an, avec bâtonnage des lies, puis il est mis en bouteilles avec le minimum de filtration.

Muscat Grand Cru Vorbourg Clos Saint-Landelin Vendanges Tardives Depuis 1989, tous les muscats Clos Saint-Landelin sont des vendanges tardives, ce qui montre bien à quel point le microclimat du vignoble est exceptionnel. Peut-être en raison du grès dans le sol, c'est un vin particulièrement frais et nerveux, fin et élégant pour le cépage. Des arômes intenses de raisin de muscat, de mangue et de litchi, avec une nuance enchanteuse de pétale de rose, sont suivis d'une concentration impressionnante au palais et d'une longue persistance qui rendent le muscat Clos Saint-Landelin complètement irrésistible. Il se sirote seul avec délice mais peut aussi accompagner un suprême d'asperges vertes.

Alsace
• *A.O.C.:*
Alsace Grand Cru

• *Vin sélectionné:*
Muscat Grand Cru Vorbourg Clos Saint-Landelin Vendanges Tardives
• *Cépage:*
muscat
• Âge moyen des vignes:
40 ans
• *Géologie:*
argilo-calcaire sur calcaro-gréseux
• *Superficie de la parcelle :*
0,45 hectare
• *Production moyenne:*
2 000 bouteilles
• Hauteur réelle de la bouteille:
37,5 cm

• *Autres vins produits:*
- *Vins blancs:*
✓ Gewurztraminer
✓ Tokay
✓ Riesling
✓ Sylvaner
- *Vin rouge:*
✓ Pinot Noir

• *Propriétaire:*
René Muré
• *Vignoble exploité:*
22 hectares
• *Production:*
105 000 bouteilles
• *Exportations:*
55 %
• *Vente sur place:*
8h-18h
• *Visites:*
sur rendez-vous

Muré
VENDANGES TARDIVES
ALSACE GRAND CRU
PRODUCT OF FRANCE
APPELLATION ALSACE GRAND CRU CONTRÔLÉE
Clos St Landelin
Muscat
Grand Cru Vorbourg
75 cl
1997
13% vol
Mis en bouteille par René Muré à Rouffach France

Domaine Zind-Humbrecht

Jusqu'où est-il possible d'aller dans l'expression des multiples nuances géologiques des meilleurs terroirs d'Alsace par l'intermédiaire des cépages nobles de la région ? Il est peut-être un domaine qui propose une réponse plus complète que les autres, fournissant chaque année une sélection éblouissante de vins nuancés par les particularités climatiques du dernier millésime. Pour de nombreux amateurs, Zind-Humbrecht est le plus sublime domaine viticole de l'Alsace.

La constitution d'un magnifique vignoble Les Humbrecht sont vignerons depuis 1620, mais le domaine actuel provient de la réunion de deux propriétés familiales, à l'occasion du mariage de Léonard Humbrecht à Geneviève Zind en 1959. Disposant aujourd'hui de plus de 40 hectares de vignes, Zind-Humbrecht est l'un des plus grands domaines d'Alsace. Rangen, Hengst, Goldert, Brand… ces terres d'appellation grand cru ont été savamment acquises au fil du temps par Léonard Humbrecht. Mais il possède également d'autres parcelles de qualité exceptionnelle, notamment le Herrenweg, le Rotenberg, le clos Jebsal, le clos Hauserer et le clos Windsbuhl.

Le champion des faibles rendements La culture disciplinée de ces vignobles est à l'origine du mythe Zind-Humbrecht. Les ceps sont plantés en forte densité et sont taillés impitoyablement pour limiter leur productivité. Les produits chimiques leur sont épargnés, et les propriétaires ont d'ailleurs adopté les préceptes de la biodynamie pour certaines parcelles. Léonard Humbrecht a toujours prêché la limitation des rendements ; selon lui, le maximum autorisé par la législation dans les grands crus ne devrait pas être de 70 hl/ha, mais de moitié moins…

Un coteau de vigne très particulier Le bijou du domaine pourrait bien être les 5,5 hectares qu'il possède dans le vignoble Rangen de Thann, le plus méridional d'Alsace. L'excellence de celui-ci est reconnue depuis le Moyen Âge. Unique dans la région pour son sol brun rougeâtre carbonifère de roches volcaniques et de sédiments gréseux, d'andésite et de tufs volcaniques, il est exposé plein sud, a une pente de 70° qui rend le terrassement nécessaire pour la viticulture, et se trouve au-dessus de la petite rivière Thur, ce qui épargne les gelées printanières aux vignes situées dans sa partie inférieure et fournit une humidité propice au développement du champignon *Botrytis cinerea*.

Riesling Rangen de Thann Clos Saint-Urbain Ayant favorisé la pleine expression du terroir par une viticulture naturelle, Olivier Humbrecht laisse les raisins fermenter sans intervention, refusant obstinément la préfiltration, la chaptalisation, l'ajout de levures ou encore le collage… Le résultat de ces pratiques est l'un des rieslings les plus puissants, les plus racés et les plus riches qui soient. Assez austère dans ses premières années, il s'arrondit et devient progressivement plus éloquent avec le temps. Quel que soit son style – en 1998, les raisins ont surmûri et ont été partiellement botrytisés, mais l'année suivante ils ont mûri normalement et tout le sucre a fermenté –, il récompense amplement une douzaine d'années de patience, voire davantage. Un foie de canard poêlé ou un homard à l'américaine seront des compagnons de table dignes du Rangen.

Alsace
• *A.O.C. :*
Alsace Grand Cru

• *Vin sélectionné :*
Riesling Rangen de Thann Clos Saint-Urbain
• *Cépage :* riesling
• *Âge des vignes :* 40 et 15 ans
• *Géologie :* volcano-sédimentaire
• *Superficie du vignoble :* 2 hectares
• *Production moyenne :* 6 000 bouteilles
• *Hauteur réelle de la bouteille :* 35,5 cm

• *Autres vins produits :*
- *Vins blancs :*
✓ Riesling Turckheim
✓ Riesling Gueberschwihr
✓ Riesling Herrenweg Turckheim
✓ Riesling Clos Hauserer
✓ Riesling Heimbourg
✓ Riesling Clos Windsbuhl
✓ Riesling Brand Grand Cru
✓ Pinot Gris Herrenweg Turckheim
✓ Pinot Gris Clos Windsbuhl
✓ Pinot Gris Clos Jebsal
✓ Pinot Gris Heimbourg
✓ Pinot Gris Rotenberg
✓ Pinot Gris Rangen de Thann Grand Cru
✓ Gewurztraminer Turckheim
✓ Gewurztraminer Wintzenheim
✓ Gewurztraminer Gueberschwihr
✓ Gewurztraminer Herrenweg Turckheim
✓ Gewurztraminer Clos Windsbuhl
✓ Gewurztraminer Heimbourg
✓ Gewurztraminer Hengst Grand Cru
✓ Gewurztraminer Goldert Grand Cru
✓ Gewurztraminer Rangen de Thann Grand Cru
✓ Muscat Herrenweg
✓ Muscat Goldert Grand Cru
✓ Pinot d'Alsace
- *Vin rouge :*
✓ Pinot Noir Heimbourg

• *Propriétaires :* Léonard & Olivier Humbrecht
• *Vinificateur :* Olivier Humbrecht
• *Vignoble exploité :* 40 hectares
• *Production :* 200 000 bouteilles
• *Exportations :* 80 %
• *Vente sur place :* 10h-12h, 14h30-18h (sur rendez-vous)
• *Visites :* sur rendez-vous

1296
Clos Saint Urbain
RANGEN DE THANN
RIESLING
1998
DOMAINE ZIND HUMBRECHT

Domaine F.E. Trimbach

Ce n'est pas pour rien que la maison familiale F.E. Trimbach, à Ribeauvillé, jouit d'une réputation mondiale, car elle produit quelques-uns des tous meilleurs nectars d'Alsace ; des vins de connaisseurs élancés et racés qui se bonifient admirablement avec le temps, des vins dépouillés de tout accessoire, dont la pureté et la noblesse brillent, contrairement à tant d'autres, sans être masquées par du sucre résiduel. Le riesling, ce grand seigneur des cépages alsaciens, est la spécialité des Trimbach.

Douze générations au service de l'Alsace La famille est installée en Alsace depuis 1626, année où Jean Trimbach arriva à Riquewihr. Les générations successives ont toutes consacré leurs vies au vin, en tant que vignerons, tonneliers ou autrement, mais c'est Frédéric-Émile qui a véritablement établi la réputation de Trimbach en dehors de la région à la fin du XIXe siècle. Son fils Théodore a déménagé l'affaire à Ribeauvillé, et ce sont Pierre et Jean, ses arrière-petits-fils, qui gèrent le domaine aujourd'hui, le premier s'occupant des vinifications, le second des relations publiques.

Assemblages et noms de marque Au cours des années, la famille a constitué un beau domaine qui s'étend aujourd'hui sur 27 hectares, répartis sur six villages. Mais il ne suffit pas aux besoins des Trimbach, qui achètent depuis longtemps des raisins supplémentaires. Ils travaillent en étroite collaboration avec une centaine de vignerons, n'acquérant que des fruits d'une qualité irréprochable. Le vignoble familial comprend des parcelles dans les trois grands crus Geisberg, Osterberg et Mandelberg, et les 1,3 hectare du remarquable Clos Sainte-Hune sis au cœur du grand cru Rosacker, en plus d'autres vignes en appellation communale.
Malgré ces possessions prestigieuses, les Trimbach n'ont jamais cherché à commercialiser des vins en tant que grand cru. Ils préfèrent faire des assemblages et leur donner des noms de marque. Leur superbe cuvée Frédéric-Émile, par exemple, provient du Geisberg et de l'Osterberg, et leur gewurztraminer supérieur s'appelle Cuvée des Seigneurs de Ribeaupierre.

Un grand cru qui ne peut se prévaloir de son titre Le fleuron de la production, le Clos Sainte-Hune, est par contre le vin d'un seul cru... mais les Trimbach ne peuvent revendiquer pour lui l'appellation grand cru, car un règlement absurde exclut l'utilisation de l'AOC si le cru est possédé en sa totalité par un seul propriétaire ! La maison pourrait bien indiquer Rosacker Grand Cru sur l'étiquette, mais vu la relative banalité de celui-ci comparé au clos se trouvant à l'intérieur, cela n'aurait aucun intérêt !

Riesling Clos Sainte-Hune De l'avis de nombreux connaisseurs, le Clos Sainte-Hune est tout simplement le meilleur riesling sec produit dans le monde. Il représente la quintessence du style de la maison qui favorise la pureté, la richesse et la réserve, et est généralement très austère dans sa jeunesse. C'est pourquoi les Trimbach ne le commercialisent qu'après au moins trois années passées en bouteille. Toujours très minéral, il réagit au passage du temps de diverses manières selon le millésime, prenant un caractère aromatique de cire, de résine, de pétrole, balsamique ou épicé, tandis qu'en même temps son fruité s'arrondit et devient plus riche, et sa persistance s'allonge et s'intensifie. Son extrême harmonie et sa grande distinction en font le partenaire privilégié des produits les plus nobles de la mer et de la rivière, comme le turbot, le sole, le bar ou le homard.

Alsace
• *A.O.C. :*
Alsace

• *Vin sélectionné :*
Riesling Clos Sainte-Hune
• *Cépage :*
riesling
• *Âge moyen des vignes :*
40-50 ans
• *Géologie :*
marno-calcaire
• *Superficie du vignoble :*
1,3 hectare
• *Production moyenne :*
6 000 bouteilles
• *Hauteur réelle de la bouteille :*
35,5 cm

• *Autres vins produits :*
- *Vins blancs :*
✓ Riesling « Cuvée Frederic Emile »
✓ Riesling « Réserve »
✓ Gewurztraminer « Cuvée des Seigneurs de Ribeaupierre »
✓ Gewurztraminer Vendanges Tardives
✓ Pinot Gris « Réserve Personnelle »
✓ Pinot-Gris « Réserve »

• *Propriétaire :*
Famille Trimbach
• *Vinificateur :*
Pierre Trimbach
• *Œnologue :*
Pierre Trimbach
• *Vignoble exploité :*
27 hectares
• *Production :*
1,2 million de bouteilles
• *Exportations :*
85 %
• *Vente sur place :*
9h-12h, 14h-17h
• *Visites :*
oui

ALSACE
APPELLATION ALSACE CONTROLÉE
Clos Ste Hune
RIESLING 1995
PROPRIETAIRE-VITICULTEUR A RIBEAUVILLE & HUNAWIHR
PRODUIT DE FRANCE

Depuis de nombreuses années, la maison familiale Hugel & Fils à Riquewihr est le porte-drapeau dévoué et fidèle de l'Alsace dans tous les pays où l'on consomme des vins fins. Mais les efforts promotionnels des Hugel à l'export n'expliquent pas à eux seuls la célébrité de l'étiquette jaune dans le monde entier ; en effet, les différentes cuvées Hugel & Fils sont toutes d'une qualité et d'une régularité qui forcent le respect.

De père en fils depuis 1639 Ses ancêtres étaient déjà établis en Alsace depuis deux siècles quand Hans Ulrich Hugel s'est mis à produire du vin, en 1639. Son fils construisit une belle maison dans la rue des Cordeliers, et les générations suivantes ont soigneusement entretenu leurs vignes, pressuré leurs raisins et élaboré leurs vins, acquérant progressivement une excellente réputation. En 1902, Frederic Emile Hugel a déménagé l'affaire dans les locaux qu'elle occupe encore aujourd'hui, au centre du beau village de Riquewihr.

Vignerons et hommes d'action Au début du XXe siècle cependant, l'industrie vinicole alsacienne souffrit des conséquences désastreuses des attaques successives de l'oïdium, du mildiou et du phylloxéra – d'autant plus que ses vignobles contenaient des hybrides inférieurs favorisés par ses propriétaires allemands. Frederic Emile faisait partie d'un petit groupe de vignerons déterminés qui décidèrent qu'il fallait agir, et lorsque l'Alsace redevint française après la Grande Guerre, il introduisit dans son domaine les cépages nobles que nous connaissons aujourd'hui. Son fils Jean continua à améliorer la qualité des vins, et Georges, Jean et André, ses petits-fils, furent parmi les premiers à produire les Vendanges Tardives et les Sélections de Grains Nobles. Ils se battirent pour formuler et faire voter les textes qui définissent et protègent ces vins depuis 1984. Aujourd'hui ce sont Jean-Philippe, Marc et Étienne, représentant la treizième génération de Hugel en Alsace, qui ont pris la relève et qui œuvrent à promouvoir leurs vins et leur région, face à une concurrence étrangère de plus en plus acharnée.

Des vinifications attentives sans intervention Les Hugel possèdent 26 hectares de vignes, qui comprennent un tiers du grand cru Sporen à Riquewihr ainsi qu'une grande partie du Schoenenbourg. Ils achètent également la production de 115 hectares appartenant à d'autres vignerons. Les éléments fondamentaux qui expliquent la qualité des vins sont les faibles rendements, la cueillette à la main, l'utilisation des seuls premiers jus et les vinifications attentives, sans intervention et sans recours à des additifs. Et quand le vin n'atteint pas la qualité espérée, la maison n'hésite pas à le revendre en vrac.

Gewurztraminer Sélection de Grains Nobles Le hasard fait bien les choses, car le 350e anniversaire de la maison Hugel a coïncidé avec un millésime exceptionnel, où des niveaux record de sucre ont été atteints par le développement sans précédent du *Botrytis*. Les derniers grains de gewurztraminer dans le Sporen ont été cueillis le 9 novembre, et le vin qui en émane – les Hugel ne mettent pas de noms de cru sur leurs étiquettes – a atteint son équilibre à 13,35° avec 153 g de sucre résiduel par litre. Après une décennie en bouteille, sa robe a pris une riche tonalité or ambré ; son bouquet intense, concentré et mielleux, avec la nuance épicée du cépage et la complexité du *Botrytis* qui ajoute du tonus aux arômes richement surmûris, est mémorable. Cette splendeur, suave et douce au palais, est parfaitement équilibrée par sa bonne acidité, et sa persistance est remarquablement longue et complexe. Il vaut mieux déguster ce nectar sans accompagnement, pour apprécier pleinement sa qualité exceptionnelle.

Alsace
• *A.O.C. :*
Alsace

• *Vin sélectionné :*
Gewurztraminer Sélection de Grains Nobles
• *Cépage :*
gewurztraminer
• *Âge moyen des vignes :*
30 ans
• *Géologie :*
argilo-calcaire
• *Superficie du vignoble :*
12 hectares
• *Production moyenne :*
2 000 à 8 000 bouteilles
• *Hauteur réelle de la bouteille :*
35,5 cm

• *Autres vins produits :*
- *Vins blancs :*
✓ « Gentil »
✓ Pinot Blanc
✓ Sylvaner
✓ Riesling
✓ Pinot Gris
✓ Gewurztraminer (jusqu'à 5 niveaux de qualité selon l'année)
- *Vin rouge :*
✓ Pinot Noir

• *Propriétaire :*
Famille Hugel
• *Vinificateur :*
Marc Hugel
• *Vignoble exploité :*
26 hectares (+ 115 ha sous contrat)
• *Production :*
185 000 bouteilles
• *Exportations :*
85 %
• *Vente sur place :*
oui
• *Visites :*
lundi à vendredi midi, sur rendez-vous

HUGEL HU
350e VENDANGE
1989
350th VINTAGE
SELECTION de GRAINS NOBLES
HUGEL & FILS
ALSACE
APPELLATION ALSACE CONTRÔLÉE
HVH
DEPUIS 1639
GEWURZTRAMINER
"HUGEL"®
750ml
EN BOUTEILLE PAR HUGEL ET FILS - RIQUEWIHR - FRANCE
OF FRANCE
BOTTLED IN FRAN

Le domaine Weinbach, qui se trouve à l'extrémité du village de Kaysersberg, est l'un des plus beaux de toute l'Alsace. Ses propriétaires, madame Colette Faller et ses filles Catherine et Laurence, produisent une gamme de vins très élégants, d'une finesse et d'une race peu communes. Leurs cuvées génériques sont aussi bonnes que les meilleurs vins de beaucoup de leurs confrères, et leurs bouteilles haut de gamme sont mémorables, avec un grand potentiel de bonification avec le temps. Derrière les étiquettes facilement reconnaissables de Weinbach – des chefs-d'œuvre compliqués de l'art calligraphique ! – se trouvent quelques-uns des vins les plus exquis d'Alsace.

Trois dames sauvegardent une réputation historique Avant la Révolution, le domaine Weinbach était un monastère où vivaient des « capucins » – une branche indépendante de l'ordre des franciscains –, des vignerons et des vinificateurs très actifs. Les bâtiments étaient situés à côté d'un vignoble entouré de murs, et l'ensemble a fini par s'appeler avec le temps le clos des Capucins, fait qui est rappelé par une étiquette spéciale sur le col des bouteilles de vin des Faller.
Après être sortie des biens de l'Église lors de la Révolution, la propriété fut acquise par les frères Théodore et Jean-Baptiste Faller en 1898. Théo Faller, de la génération suivante, feu le mari de Colette, est largement responsable de la renommée dont jouit aujourd'hui le domaine. Mais après sa mort en 1979, sa veuve prit résolument sa succession et accrut encore la notoriété de Weinbach, tout en agrandissant le vignoble.

Les magnifiques vignobles de Kaysersberg Le domaine, vaste pour la région, s'étend sur 26 hectares autour de Kaysersberg et de Kientzheim. Le clos des Capucins, grand de 5,2 hectares, est sans doute le bijou de Weinbach, mais la famille possède également 8 hectares du renommé vignoble Schlossberg, le premier à avoir été officiellement classé grand cru en 1975. Les Faller sont encore propriétaires de parcelles dans deux autres grands crus, mais quelle que soit la catégorie de vigne, la belle qualité générale de tous les raisins rentrés lors des vendanges est indicative du talent et du perfectionnisme des Faller.
Tous les cépages alsaciens sont cultivés, mais c'est le riesling qui occupe la majorité des sols – le Schlossberg lui convient tout particulièrement – ; le gewurztraminer a également une forte présence sur le domaine. Les méthodes viticoles peuvent être qualifiées de biologiques, et la densité élevée de plantation ainsi que la pratique d'une vendange verte contribuent à l'obtention de faibles rendements, chose rare en Alsace.

Tokay Pinot Gris Quintessence de Grains Nobles Le pinot gris est un cépage remarquablement sujet aux attentions du *Botrytis cinerea*. Les Faller peuvent donc parfois produire le glorieux Quintessence. Pour fêter ses cent ans d'existence, le domaine Weinbach a commercialisé la Cuvée du Centenaire, le résultat d'une trie de raisins entièrement atteints du *Botrytis* dans le lieu-dit Altenbourg. Fermenté dans du bois sous l'action de ses propres levures, ce vin est extraordinaire de par sa concentration, sa complexité aromatique et son excellente acidité. Chef-d'œuvre de richesse épicée et opulente, le Quintessence tiendra certainement pendant des décennies. Ses qualités mémorables sont sans doute le mieux appréciées sans accompagnement, en méditant humblement sur la générosité de la nature…

Alsace
• *A.O.C.:*
Alsace

• *Vin sélectionné:*
Tokay Pinot Gris Quintessence de Grains Nobles
• *Cépage:*
tokay pinot gris
• *Géologie:*
marne calcaire
• *Superficie du vignoble:*
1 hectare
• *Production moyenne:*
400 bouteilles
• *Hauteur réelle de la bouteille:*
35,5 cm

• *Autres vins produits:*
- *Vins blancs:*
✓ Riesling
✓ Gewurztraminer
✓ Muscat
✓ Pinot Blanc
✓ Sylvaner
- *Vin rouge:*
✓ Pinot Noir

• *Propriétaires:*
Colette, Catherine & Laurence Faller
• *Vinificateur:*
Laurence Faller
• *Œnologue:*
Laurence Faller
• *Vignoble exploité:*
26 hectares
• *Production:*
160 000 bouteilles
• *Exportations:*
45 %
• *Vente sur place:*
9h-12h, 14h-18h (sauf le dimanche)
• *Visites:*
non

DOMAINE WEINBACH
FALLER
KAYSERSBERG
1995
CUVÉE D'OR
Tokay Pinot Gris
DE GRAINS NOBLES
Vin d'Alsace
APPELLATION ALSACE CONTRÔLÉE
Domaine Weinbach
MIS EN BOUTEILLE A LA PROPRIÉTÉ
Colette Faller et ses filles
Propriétaires-Vignerons à Kaysersberg-68240 France
ALC. BY VOL. 9% VOL.
750 ml

La région du Jura, blottie entre la plaine de Bresse à l'est de la Bourgogne et les contreforts alpins, est un régal pour le promeneur et produit des vins dignes de ses paysages – forêts, falaises calcaires, rivières, pâturages verdoyants... Ces crus uniques sont élaborés à partir de cépages locaux qui n'ont guère essaimé hors de la région. Le domaine le plus prestigieux du Jura, et l'un de ses meilleurs producteurs de vin, est le château d'Arlay, un monument historique situé à 10 km au nord de Lons-le-Saunier.

Mille ans d'histoire turbulente Au IXe siècle, une forteresse fut construite sur la colline d'Arlay qui domine la campagne environnante, et au Moyen Âge un château fut érigé sur son site. Un domaine fut progressivement constitué autour de lui par les comtes de Chalon-Arlay, princes d'Orange. Détruit, reconstruit, il a été le témoin de mille ans d'histoire tourmentée au cours desquels il fut la propriété de la royauté anglaise, puis espagnole, puis française... sans jamais être vendu.
Le domaine fut hérité par le comte Renaud de Laguiche lors de son mariage avec une fille de la famille De Vogüé. Les vignes, comme toutes celles de la région, ne couvraient plus qu'une fraction de leur ancienne superficie suite aux ravages du phylloxéra. Alors en 1960, Laguiche entreprit de replanter le domaine et de créer une véritable entreprise de renom. Depuis 1995 c'est son fils, le comte Alain, qui a la responsabilité du château d'Arlay.

Une curieuse tradition vinicole La colline d'Arlay est un site fabuleux pour la viticulture. Son sous-sol se compose de calcaire et de marnes riches, et ses cépages – le pinot noir, le trousseau, le poulsard, le chardonnay et le savagnin –, plantés sur la pente sud à l'abri des vents du nord, bénéficient de longues heures d'ensoleillement.
Au château d'Arlay toute la gamme des spécialités de la région est produite, y compris naturellement un vin jaune. Celui-ci, la gloire du Jura, n'est produit que les meilleures années, celles où un été indien permet au savagnin d'atteindre 14 à 15° d'alcool potentiel. La particularité du vin est liée à son élevage : une fois les fermentations terminées, il est conservé dans de vieux fûts pendant au moins six ans, sans l'ouillage qui remplace d'habitude la proportion de vin évaporé. Une couche peu épaisse de levures apparaît sur sa surface – le voile, que les producteurs de xérès appellent le flor –, conférant au vin un arôme particulier et l'empêchant de se dégrader en vinaigre.

Côtes-du-Jura Vin Jaune C'est le seul vin blanc qui bénéficie d'être servi chambré, à 16-18°. D'une robe vieil or, le Château d'Arlay a un bouquet toujours complexe aux arômes multiples, rappelant toujours la noix mais également les épices, avec des nuances de raisins secs et d'autres fruits secs, de résine, de gingembre, et en vieillissant de café, de champignons, de truffe... Comme tous les vins jaunes il est sec et légèrement amer en bouche, mais le Château d'Arlay est à la fois très riche et extrêmement raffiné, avec une bonne acidité assurant son équilibre et une persistance remarquable.
C'est le vin de rêve du gourmet ! La poularde de Bresse à la crème, ou aux morilles et au vin jaune, sont les deux compagnons de table classiques de ce nectar. Mais il s'accommode fort bien de presque tout ce qui sort de la mer, tout comme des escargots à l'ail, du foie gras et des fromages de montagne. Le vin jaune du château d'Arlay est certainement l'un des plus grands vins de France.

Jura
• *A.O.C. :*
Côtes-du-Jura
Vin Jaune

• *Vin sélectionné :*
Côtes-du-Jura
Vin Jaune
• *Cépage :*
savagnin
• *Âge moyen des vignes :*
35 ans
• *Géologie :*
argilo-calcaire
• *Superficie du vignoble :*
6 hectares
• *Production moyenne :*
6 500 clavelins
(la bouteille traditionnelle du vin jaune, le clavelin, contient 62 cl.)

• *Autres vins produits :*
- *Vins blancs :*
✓ Côtes-du-Jura (chardonnay / savagnin)
✓ Vin de Paille
✓ Macvin
- *Vins rouges :*
✓ Côtes-du-Jura (pinot noir)
✓ Macvin
- *Vin rosé :*
✓ Côtes-du-Jura Corail

• *Propriétaire :*
Comte Alain de Laguiche
• *Vinificateur :*
Alexandre Crémone
• *Vignoble exploité :*
27 hectares
• *Production :*
1 000 hectolitres
• *Exportations :*
15 %
• *Vente sur place :*
8h-12h, 14h-18h
(sauf le dimanche)
• *Visites :*
oui

CE VIN DE L'AN 1989 A ÉTÉ MIS EN BOUTEILLE DANS NOS CAVES EN L'AN 1996
VIN JAUNE
CHATEAU D'ARLAY
COMTE R. de LAGUICHE, PROPRIÉTAIRE
Produit, élevé et mis en bouteille au Château par
S.E. des Domaines d'Arlay F-39140 Arlay
620ml
ALC. 13,5% vol.
PRODUCE OF FRANCE
COTES DU JURA
COTES DU JURA CONTROLEE
DOMAINE DES PATRICES DE HAUTE BOURGOGNE DEPUIS 560 ET DES COMTES DE CHALON-ARLAY DEPUIS 1237, DES PRINCES D'ORANGE DÈS LE XVe SIÈCLE. VIGNE ROYALE D'ESPAGNE ET D'ANGLETERRE AUX XVIe ET XVIIe SIÈCLES, DE FRANCE AU XVIIIe SIÈCLE. VIGNE DE S.A.S. LE PRINCE A. D'ARENBERG AU XIXe SIÈCLE. PUIS DU COMTE R.J. DE VOGÜÉ AU XXe SIÈCLE.

L'appellation la plus prestigieuse du Jura est le Château-Chalon, qui s'applique exclusivement au vin jaune produit autour des villages de Domblans, de Nevy, de Menétru-le-Vignoble, de Voiteur et de Château-Chalon lui-même, perché sur sa colline. Considéré comme l'un des cinq plus grands vins blancs de France par Curnonsky, le prince des gastronomes, il a la réputation d'être d'une finesse et d'une délicatesse exceptionnelles. Une dégustation dans la cave de Jean Macle à Château-Chalon prouve le bien-fondé de cette théorie.

La gloire historique d'un vieux vignoble La vigne est cultivée autour de Voiteur depuis un temps immémorial, et d'après Pline le Jeune et Martial, les vins étaient très appréciés des Romains. L'histoire du village de Château-Chalon est inextricablement liée à celle de son abbaye ; les abbesses ont en effet veillé à la réputation du vin local tout au long du Moyen Âge. Une légende raconte qu'elles se firent envoyer quelques ceps de Tokay par leurs sœurs en Hongrie, et que ceux-ci, prospérant dans la région, sont devenus avec le temps le savagnin. La Révolution dépouilla malheureusement les religieuses de leurs terres, qui furent alors dispersées.

Un sol et un microclimat particuliers Château-Chalon a obtenu sa propre appellation contrôlée en 1936 grâce à son sol spécifique, des marnes gris-bleu constellées du cailloutis provenant des falaises supérieures, qui contribuent au réchauffement de la terre et donc au mûrissement des raisins. Le microclimat de Château-Chalon a également une influence importante sur la qualité du vin : les falaises, très hautes pour la région, protègent le vignoble des vents du nord et de l'est, et les ceps, plantés sur des pentes inclinées jusqu'à 45°, bénéficient de longues heures d'ensoleillement. Leur raideur oblige les vignerons à travailler à la chenille pour remonter la terre emportée en bas par l'érosion, et dans beaucoup d'endroits les vignes sont cultivées en terrasses.

Un travail laborieux sur des pentes très raides La famille Macle produit deux vins sur son domaine de 12 hectares : un côtes-du-jura d'une qualité exceptionnelle et le château-chalon lui-même, qui n'est élaboré que les meilleures années. Leurs vignes sont situées sur les pentes les plus raides du secteur et sont globalement cultivées de manière biologique, avec labourage de la terre quatre ou cinq fois par an.
Les 4 hectares de savagnin en AOC Château-Chalon sont vendangés autour de la Toussaint, souvent après les premières gelées qui stabilisent le taux de sucre des grains. La récolte est éraflée en totalité avant le pressurage et fermente dans des cuves en inox ou émaillées. Le vin est alors transféré dans des pièces de 228 litres dans lesquelles il est élevé pendant sept ans, en s'évaporant lentement.

Château-Chalon D'une robe moins profonde que la plupart, le Château-Chalon de Jean Macle est également moins dominé par le goût du jaune, et offre au dégustateur une gamme aromatique d'une formidable complexité ainsi qu'une concentration et une harmonie superbes au palais. D'un raffinement et d'une finesse remarquables, ce vin est doté d'une grande persistance. Au cours des années, il devient plus rond et plus suave, tandis que ses arômes de noix, épicés ou empyreumatiques deviennent plus prononcés. C'est le compagnon idéal du foie gras frais ou poêlé, ou bien sûr de la spécialité locale, la poularde au vin jaune, suivis naturellement d'un bon comté.

Jura
• *A.O.C. :*
Château-Chalon

• *Vin sélectionné :*
Château-Chalon
• *Cépage :*
savagnin
• *Âge moyen des vignes :*
20 ans
• *Géologie :*
argilo-calcaire
• *Superficie du vignoble :*
4 hectares
• *Production moyenne :*
6 000 clavelins
(la bouteille traditionnelle du vin jaune, le clavelin, contient 62 cl.)

• *Autres vins produits :*
- *Vin blanc :*
✓ Côtes-du-Jura
(chardonnay / savagnin)

• *Propriétaire :*
Domaine Jean Macle
• *Vinificateur :*
Jean Macle
• *Œnologue :*
Jean Macle
• *Vignoble exploité :*
12 hectares
• *Production :*
50 000 bouteilles
• *Exportations :*
5 %
• *Vente sur place :*
9h-12h, 14h30-19h
(sur rendez-vous le dimanche)
• *Visites :*
oui

1993
Château Chalon
APPELLATION CONTROLÉE
Vin de Garde
Jean MACLE
VIGNERON
CHATEAU-CHALON - Jura - France
Mis en bouteille à la propriété

Deux domaines viticoles seulement bénéficient de l'appellation provençale Palette, aux portes d'Aix-en-Provence. Le château Simone, qui produit des vins des trois couleurs, est le mieux connu. Ce sont des vins très particuliers, car ils doivent peu aux modes et aux technologies modernes de vinification et sont élaborés à partir de proportions peu communes de divers cépages de la France méridionale. Exceptionnellement pour un domaine du Sud, c'est le vin blanc qui est peut-être le plus distingué des trois, et à notre époque où sont produits tant de vins de cépage standardisés, c'est l'un des vins les plus intéressants que propose la France.

Un vignoble peu commun La vigne y est cultivée depuis l'époque romaine. Celui qui, le premier, a pressenti que cet endroit convenait à la viticulture connaissait bien son affaire : les vignes sont situées sur les coteaux du Montaiguet, orientées au nord en face de la montagne Sainte-Victoire, entourées de forêts et bordées par la rivière de l'Arc. Les températures modérées qui en résultent, la protection contre les vents forts de la région, l'humidité provenant des arbres et de l'eau, ainsi que le sol très pierreux de calcaire de Langesse, tout contribue à en faire un vignoble d'une qualité remarquable au milieu de la campagne provençale aride.

Vignes vénérables et cépages rares La famille Rougier possède le château Simone depuis plus de deux siècles, époque où elle acheta le domaine à une certaine madame De Simon. La conservation des vieux ceps – d'ailleurs des cépages locaux peu connus –, une culture respectueuse de l'environnement et des vinifications traditionnelles, voilà les méthodes chères aux Rougier et qui expliquent la qualité et l'originalité de leurs vins. Après les ravages du phylloxéra, les parcelles ont été replantées en 1891, et quelques-unes contiennent encore des ceps datant de cette replantation, qui continuent de donner des raisins ! L'âge moyen des autres vignes, de 60 ans, est également impressionnant et limite naturellement les rendements.
Les vins sont produits à partir de toute une panoplie de cépages. Outre des variétés méridionales telles que le grenache noir, le mourvèdre, la syrah, le cinsault et le carignan pour les vins rouge et rosé, on trouve également du muscat de Hambourg et du cabernet-sauvignon, et des variétés provençales quasiment disparues comme le manosquin, le théoulier et le castet. La clairette est le cépage principal du vin blanc, accompagnée de l'ugni blanc, du grenache blanc, du muscat blanc et d'un peu de picpoul, de sémillon et de bourboulenc.

Palette blanc Les raisins sont cueillis à la main et triés dans la vigne et à la cave. Le vin blanc est fermenté dans des petits foudres sous l'action des levures indigènes du raisin à une température relativement élevée de 20°. Il est alors élevé pendant un an en foudre puis pendant une autre année en barrique – il est conçu pour se développer en bouteille, et les Rougier ne souhaitent pas obtenir de fruité primaire. Enfin le vin est mis en bouteilles sans filtration.
Jeune, il dégage des arômes à la fois floraux et fruités avec un léger boisé, et est très élégant. Au fil des années il acquiert souvent des nuances de cèdre, d'herbes et de noix, et devient plus riche, plus rond et plus complexe. Sa robe prend une couleur or soutenue, mais l'une des grandes qualités du Palette est sa remarquable fraîcheur, son équilibre et sa bonne acidité... témoins de la qualité du site viticole. Ce vin splendide et original s'accommode fort bien avec la plupart des plats de poisson, servis avec des sauces légèrement parfumées aux herbes provençales.

Provence
• *A.O.C. :*
Palette

• *Vin sélectionné :*
Palette blanc
• *Cépages :*
clairette 80 %,
grenache blanc 8 %,
ugni blanc 8 %,
muscat blanc 4 %
• *Âge moyen des vignes :*
60 ans
• *Géologie :*
éboulis calcaires
• *Superficie du vignoble :*
7,5 hectares
• *Production moyenne :*
35 000 bouteilles

• *Autres vins produits :*
- *Vin rouge :*
✓ Palette
- *Vin rosé :*
✓ Palette

• *Propriétaire :*
Famille Rougier
• *Vinificateurs :*
René & Jean-François Rougier
• *Vignoble exploité :*
20 hectares
• *Production :*
105 000 bouteilles
• *Exportations :*
20 %
• *Vente sur place :*
9h-12h, 14h-18h
• *Visites :*
non

Château Simone
1998
PALETTE
APPELLATION PALETTE CONTRÔLÉE
PRODUCE
OF FRANCE
Château Simone
N° 19476
12,5%vol.
75 cl
Mis en bouteille au château
ROUGIER, PROPRIÉTAIRE-MEYREUIL (B.-du-R.) - FRANCE

Les grands progrès accomplis ces dernières années par beaucoup d'appellations du Languedoc-Roussillon peuvent être mesurés en dégustant les excellentes bouteilles maintenant disponibles sur le marché. Limoux, au sud de Carcassonne, a toujours eu une certaine réputation pour ses vins effervescents et « tranquilles » traditionnellement élaborés à partir du cépage mauzac. Aujourd'hui cependant, des vins de chardonnay sont en train d'émerger de cette AOC à vins blancs, démentant totalement l'idée selon laquelle le Midi n'est bon que pour le rouge. Le domaine de l'Aigle, tout particulièrement, produit des vins capables de convaincre les plus sceptiques.

Une vie sans stress dans des vignes en montagne Jean-Louis Denois créa son domaine en 1989. Il est situé autour du pittoresque village de Roquetaillade au pied des Pyrénées, à l'extrémité sud-ouest du Languedoc. Là, le climat est de type atlantique et les parcelles sont en altitude – jusqu'à 450 m –, ce qui donne des conditions fraîches dans lesquelles les vignes vivent sans stress et les raisins développent l'acidité nécessaire pour donner des vins d'équilibre et de finesse. La région de la Haute Vallée a des sols argilo-calcaires où le chardonnay, le pinot noir et le merlot prospèrent, et à l'Aigle la terre, froide, est faite d'une argile particulièrement pure très appréciée du chardonnay.

À la recherche de richesse et d'authenticité Au domaine de l'Aigle, les méthodes viticoles sont respectueuses de l'environnement et des vignes. On ne fait appel aux traitements industriels que lorsque c'est indispensable, et sans jamais utiliser de désherbant, de pesticide fort ni d'engrais chimique. Les parcelles sont laissées partiellement ou totalement enherbées afin de réduire la vigueur et la productivité des vignes, et ne sont fertilisées qu'occasionnellement, avec du compost organique. Les ceps sont taillés haut pour limiter l'effet des gelées printanières et sont plantés à 5 000 pieds par hectare. L'herbe et la densité de plantation créent une situation de concurrence où les vignes sont obligées d'enterrer leurs racines profondément à la recherche d'aliments ; en conséquence, elles expriment avec d'autant plus de force le caractère du terroir dans les raisins.

Limoux Les Aigles La parcelle « La Cabane de l'Aigle » est vendangée par tries successives de la fin septembre à la mi-octobre, au fur et à mesure que les raisins atteignent la surmaturité. Les jus du pressurage sont sélectionnés en trois fractions, et seul le premier, le plus pur, donnera Les Aigles. Il subit une longue fermentation dans des demi-muids de 500 litres, sans chaptalisation ni acidification pour l'améliorer, qui est suivie d'un élevage d'un an sur ses lies avec bâtonnages fréquents avant la mise en bouteilles.
La fraîcheur et la race du Limoux Les Aigles sont à des années-lumière des blancs lourds généralement produits dans le Midi. Doté d'une robe scintillante or-jaune pâle, il dégage un nez exquis, parfumé et floral, et étonne par son attaque riche en bouche. Richement opulent, mais sans excès grâce à son acidité remarquable, c'est un vin savoureux, intense et très moderne, une synthèse des meilleurs chardonnays du Nouveau Monde et de l'Ancien, avec une persistance longue et concentrée. Ce vin remarquable mérite les attentions d'un homard, à l'américaine ou tout simplement rôti à la broche.

Languedoc-Roussillon
• *A.O.C. :*
Limoux

• *Vin sélectionné :*
Limoux Les Aigles
• *Cépage :*
chardonnay
• *Âge moyen des vignes :*
20 ans
• *Géologie :*
argilo-calcaire
• *Superficie du vignoble :*
2,5 hectares
• *Production moyenne :*
25 000 bouteilles

• *Autres vins produits :*
- *Vins blancs :*
✓ « Cuvée Tradition Brut »
✓ Crémant de Limoux
- *Vins rouges :*
✓ « Terres Rouges »
✓ Vin de Pays d'Oc (pinot noir)

• *Propriétaire :*
Jean-Louis Denois
• *Vinificateur :*
Jean-Louis Denois
• *Vignoble exploité :*
25 hectares
• *Production :*
130 000 bouteilles
• *Exportations :*
60 %
• *Vente sur place :*
sur rendez-vous
• *Visites :*
sur rendez-vous

DOMAINE DE L'AIGLE
MIS EN BOUTEILLE AU DOMAINE
1999
DOMAINE DE L'AIGLE
LES AIGLES
Appellation Limoux Contrôlée
Jean-Louis Denois
PROPRIÉTAIRE
ROQUETAILLADE 11300 FRANCE - PRODUIT DE FRANCE
CHARDONNAY

Étant donné que la demande mondiale de bon vin, déjà forte, ne fait que croître, on aurait pu imaginer que toutes les bonnes terres viticoles de France seraient déjà identifiées et en production. Il semble en effet peu probable qu'un domaine viticole capable d'élaborer des grands vins puisse encore être créé à partir de rien. C'est pourtant le cas de l'extraordinaire mas de Daumas Gassac, dans l'Hérault. La majeure partie de sa production est rouge, mais un grand vin blanc, très original, est également conçu dans ses chais.

Une découverte remarquable Le créateur du mas de Daumas Gassac est le charismatique Aimé Guibert. Dans les années soixante-dix ce dernier, qui s'y connaissait peu en vin, acquit le mas pour sa famille. Il se trouve qu'il fréquentait Henri Enjalbert, titulaire de la chaire de géographie à l'académie de Bordeaux. Lors d'une visite au mas, Enjalbert remarqua le sol du domaine, d'un type remarquable et rare, déclara-t-il à son hôte, capable de produire des vins d'une qualité exceptionnelle. Encouragé par son ami, Guibert – qui n'est pas homme à refuser un défi – a commencé à se renseigner sur le vin et la vinification, a planté des parcelles et a persuadé le célèbre œnologue bordelais Émile Peynaud de le conseiller sur les vinifications. En quelques années, ses vins étonnèrent tous ceux qui les dégustaient.

Un terroir exceptionnel et rare L'intuition d'Enjalbert était bien fondée. Le terroir, fait de grèzes glaciaires accumulées par les vents, est remarquable par sa profondeur, son drainage, sa pauvreté en matière végétale et sa richesse en oxydes minéraux. Le microclimat est également hors du commun : la haute vallée du Gassac est exceptionnellement fraîche dans cette région écrasée par le soleil. Cela permet aux vignes de se reposer la nuit et de produire un raisin bien équilibré. De plus, le chai est situé au-dessus de deux sources d'eau glacée, ce qui crée une climatisation naturelle ralentissant les fermentations et contribuant à la finesse et à la délicatesse aromatique des vins.

Les parcelles de vigne sont exposées au nord. Guibert s'est donné de la peine pour protéger la garrigue environnante, créant de petites parcelles de vigne de sorte que les senteurs des arbustes enrichissent les arômes du vin. Les rendements modérés, la culture organique et l'utilisation de vignes non clonées faisaient tous partie de son projet.

Blanc de Blancs Il planta ses parcelles de beaucoup de cépages, y compris certains étrangers à la région. Le cocktail qui compose le blanc de Daumas Gassac en fait un vin fort aromatique, dont la complexité et la richesse sont soulignées par une macération pelliculaire à 5° durant huit jours, avant une fermentation lente dans des cuves inox et un passage en chêne neuf de quatre à huit semaines. Des nuances d'abricot, de poire et de violette indiquent la présence du petit manseng et du viognier, puis le caractère riche du chardonnay se fait reconnaître, avec un léger accent de garrigue. Quel vin intrigant ! Il forme un apéritif original, mais s'attable volontiers en compagnie de plats d'asperges ou d'aubergines, ou de plats de poisson ou de viande blanche aux légumes méditerranéens.

Délicieux dans le fruité parfumé de sa jeunesse, il se développe de façon très intéressante au cours des années. Après dix ans en bouteille, le millésime 1990 avait revêtu une belle robe or jaune et des arômes de miel et de compote de pommes, avec une nuance subtile et raffinée de noisette colorant sa longue persistance. Est-il meilleur jeune ou vieux ? C'est une question de goût individuel !

Languedoc-Roussillon • Vin de pays de l'Hérault

- *Vin sélectionné :* **Blanc de Blancs**
- *Cépages :* petit manseng 30 %, viognier 30 %, chardonnay 30 %, chenin, sercial et dix autres cépages 10 %
- *Âge des vignes :* 10 ans minimum
- *Géologie :* calcaire
- *Superficie du vignoble :* 13 hectares
- *Production moyenne :* 50 000 bouteilles

- *Autres vins produits :*
  - *Vin rouge :*
  ✓ Vin de pays de l'Hérault Rouge

- *Propriétaire :* Véronique Guibert de la Vaissière
- *Vinificateur :* Aimé Guibert
- *Œnologue :* Émile Peynaud
- *Vignoble exploité :* 35 hectares
- *Production :* 185 000 bouteilles
- *Exportations :* 40 %
- *Vente sur place :* oui
- *Visites :* 10h-12h, 14h-18h

MAS
DE
DAUMAS GASSAC
2000
VIN DE PAYS DE L'HERAULT
HAUTE VALLÉE DU GASSAC
V. Guibert de la Vaissière
Propriétaire-éleveur à Aniane - France
MIS EN BOUTEILLE AU DOMAINE

En Alsace, le muscat fait partie des quatre cépages dits nobles, et il est le plus souvent vinifié à sec. Dans le Midi il est habituellement muté par l'ajout d'alcool de raisin pendant la fermentation pour en faire un vin doux naturel, comme à Frontignan, à Rivesaltes, à Mireval, à Saint-Jean-de-Minervois et à Lunel. Rares cependant sont les vins de muscat vraiment liquoreux élaborés sans mutage, à l'ancienne. C'est dommage car ils peuvent être excellents, comme en témoigne une visite au mas de Bellevue à Lunel, propriété de Francis Lacoste.

Le pari risqué de se mettre à son compte Lacoste est bien connu et très respecté dans la région, car sa production – principalement de vins de muscat mutés – est bien meilleure que celle de la plupart des autres domaines de Lunel. Une clientèle importante et fidèle de particuliers lui passe commande avec avidité, sans parler des cavistes et des restaurants éclairés. Ce qui le motive, c'est de faire des grands vins, et c'est ce qu'il avait en tête lorsqu'il a quitté la cave coopérative locale au milieu des années quatre-vingt pour commencer à produire des bouteilles habillées de sa propre étiquette.
Les premières années furent très dures, car les investissements nécessaires en équipements de vinification étaient lourds et il n'avait ni réputation, ni clients. Peu à peu cependant le bouche à oreille a fonctionné, et quelques critiques élogieuses dans la presse spécialisée ont augmenté la demande. Aujourd'hui heureusement, cette époque difficile n'est plus qu'un lointain souvenir.

Fraîcheur, fruité et délicatesse Le mas de Bellevue est admirablement situé au point le plus élevé de la région, avec une vue sur la plaine de Lunel. Ses vignes sont plantées sur des coteaux d'argile rouge contenant de nombreux galets roulés. Le cépage retenu par Lacoste est le muscat blanc à petits grains, la variété de muscat la plus ancienne et la plus noble et la seule autorisée pour l'AOC.
Lacoste produit deux cuvées de vin doux naturel, appelées Tradition et Vieilles Vignes. Puisqu'on espère que ces vins éblouiront par des arômes frais et fruités et par une délicatesse rafraîchissante, les équipements et les techniques de vinification doivent être modernes et l'hygiène irréprochable… Un pressoir pneumatique, des cuves inox avec thermorégulation et la climatisation de la cave sont indispensables, ce qui explique les difficultés rencontrées par les jeunes vignerons pour démarrer leur propre exploitation.

Muscat Cuvée Passerillée Certaines années, quand les conditions climatiques provoquent la « pourriture noble » ou permettent le passerillage – ou les deux –, Lacoste se livre à son passe-temps préféré, la production de vin naturellement liquoreux. Tel était le cas en 1998 quand, le 10 novembre, il a vendangé une petite quantité de fruit superbement riche et qu'il a pu en tirer une Cuvée Passerillée. Fermenté et élevé dans du chêne – dont la moitié neuf et la moitié âgé d'un an – avec bâtonnage des lies, ce vin a trouvé son équilibre à 15° d'alcool avec environ 80 g par litre de sucre résiduel. Voluptueux, riche et épicé, chargé d'arômes exotiques, il a une persistance remarquablement longue et, preuve du talent de Lacoste, une bonne acidité et une fraîcheur parfaite. Délicieuse jeune, cette cuvée exquise offre des possibilités intéressantes de bonification en bouteille. Elle est un partenaire de choix du foie gras frais, des fromages bleus et de la crème brûlée.

Languedoc-Roussillon Vin de Table

• *Vin sélectionné :*
Muscat Cuvée Passerillée
• *Cépage :*
muscat blanc à petits grains
• *Âge moyen des vignes :*
45 ans
• *Géologie :*
argile rouge aux galets roulés
• *Superficie du vignoble :*
1,5 hectare
• *Production moyenne :*
1 200 bouteilles

• *Autres vins produits :*
- *Vins blancs :*
✓ Muscat de Lunel « Cuvée Tradition »
✓ Muscat de Lunel « Cuvée Vieilles Vignes »

• *Propriétaire :*
Francis Lacoste
• *Vinificateur :*
Francis Lacoste
• *Œnologue :*
Éric Feneuil (ICV)
• *Vignoble exploité :*
12 hectares
• *Production :*
46 000 bouteilles
• *Exportations :*
20 %
• *Vente sur place :*
9h-18h
• *Visites :*
oui

Récolte 1998
Elevée en Fûts de chêne
MUSCAT
Passerillé
PRODUIT ET MIS EN BOUTEILLE
AU DOMAINE DE BELLEVUE PAR
S.C.E.A. MUSCAT DE LUNEL LACOSTE
34400 LUNEL - PRODUCE OF FRANCE
750 ml
Alc 15 %
by vol

S'il est un nom auquel le Roussillon est associé plus que tout autre, c'est probablement celui de la famille Cazes. Au cours de son siècle d'existence, le domaine familial a atteint la superficie énorme de 160 hectares, est devenu la source d'un large éventail de vins qu'il expédie dans le monde entier, et a reçu une pluie de médailles en reconnaissance de leur qualité. Mais malgré ce succès commercial enviable, la famille ne se repose pas sur ses lauriers et continue de réévaluer, de raffiner et d'innover régulièrement.

Agrandissements et modernisation Le domaine, fondé au début du XXe siècle, a connu un grands essor entre les années trente et les années cinquante sous la direction d'Aimé Cazes. Cet homme remarquable et respecté transmit la responsabilité de l'exploitation à ses fils en 1976 et disparut en décembre 2000, quelques mois avant son centenaire. André et Bernard ont maintenu le dynamisme initié par leur père, agrandissant le domaine et le modernisant afin d'assurer la perpétuation de la qualité. Ils ont investi dans de nouvelles technologies vinicoles, ont raffiné la culture des vignes et se sont entourés d'une équipe fort compétente.

Un large éventail de sols et de cépages Les Cazes n'ont jamais un moment tranquille sur le domaine. Situés autour de Rivesaltes et de Salses-le-Château à environ 30 km de la frontière espagnole, les vignobles ont des sols très divers, ce qui permet la culture de nombreux cépages et de ce fait la production d'une large gamme de vins. Les méthodes viticoles sont constamment remises en cause. Les frères Cazes – surnommés « les frères dynamite » par *Le Point* – furent les premiers à utiliser des désherbants, par exemple, et ensuite les premiers à les abandonner pour revenir au travail traditionnel du sol. Depuis 1996, ils exploitent leurs vignes selon les préceptes de la biodynamie.
Comme on pouvait s'y attendre en présence d'une douzaine de cépages, les vendanges commencent tôt, à la mi-août, quand certains raisins blancs tels que le chardonnay, le macabeu et le muscat à petit grain ont atteint leur parfaite maturité, et continue jusqu'à la mi-octobre quand enfin le grenache, qui doit atteindre 14° pour les vins de Rivesaltes, peut être cueilli. Il s'ensuit de nombreux types de vinification en fonction du style de vin.

Rivesaltes Cuvée Aimé Cazes Le domaine est surtout connu pour son muscat de Rivesaltes, un vin d'une qualité impeccable et d'un grand caractère qui a sûrement initié de nombreux néophytes aux mystères des vins doux naturels. Mais le point culminant de ce style de vin chez les Cazes est le Rivesaltes Cuvée Aimé Cazes, un magnifique nectar consacré à la mémoire de leur père. Il fut inauguré avec le millésime 1963, lancé sur le marché en 1983, et a été suivi par le 1975, commercialisé en 1995. L'année 1976 a de nouveau permis d'élaborer cette cuvée, qui fut mise en bouteilles après vingt-deux ans d'élevage dans des foudres de chêne… et la perte des deux tiers de son volume – la « part des anges » –, par évaporation !
Ce vin sublime, suave, ample et chaleureux, est fait de grenache blanc. Son long affinage lui a conféré une complexité aromatique magnifique : oranges amères, figues, abricots secs, noisettes grillées, cannelle, noix de muscade… arômes qui terminent sur une persistance extraordinairement longue. Servi idéalement à 15° dans un grand verre, il s'épanouira sur un foie gras, sur des desserts aux épices orientales, ou avec un havane de choix.

Languedoc-Roussillon
• *A.O.C. :*
Rivesaltes

• *Vin sélectionné :*
Rivesaltes Cuvée Aimé Cazes
• *Cépage :*
grenache blanc
• *Âge moyen des vignes :*
50 ans
• *Géologie :*
argilo-caillouteux
• *Superficie du vignoble :*
4 hectares
• *Production moyenne :*
12 000 bouteilles

• *Autres vins produits :*
- *Vins blancs :*
✓ Côtes-du-Roussillon
✓ Vin de Pays des Côtes Catalanes (chardonnay)
✓ Vin de Pays des Côtes Catalanes « Le Canon du Maréchal » (muscat)
✓ Muscat de Rivesaltes
✓ Rivesaltes Ambré
✓ Rivesaltes Tuilé
- *Vins rouges :*
✓ Côtes-du-Roussillon
✓ Côtes-du-Roussillon Villages (boisé et non boisé)
✓ Vin de Pays des Côtes Catalanes « Le Gredo »
✓ Vin de Pays des Côtes Catalanes « Le Canon du Maréchal »
- *Vins rosés :*
✓ Côtes-du-Roussillon
✓ Vin de Pays des Côtes Catalanes « Le Canon du Maréchal »

• *Propriétaires :*
André & Bernard Cazes
• *Régisseur :*
Hervé Picard
• *Vinificateur :*
Emmanuel Cazes
• *Œnologue :*
Henri Parayre
• *Vignoble exploité :* 160 hectares
• *Production :*
865 000 bouteilles
• *Exportations :*
35 %
• *Vente sur place :*
oui
• *Visites :*
sur rendez-vous

Rivesaltes Cuvée Aimé Cazes 1976
DOMAINE CAZES
RIVESALTES
APPELLATION RIVESALTES CONTROLÉE
VIN DOUX NATUREL
QUAND LE TEMPS ACCOMPLIT SON OEUVRE ...
CE VIN D'EXCEPTION EST DÉDIÉ À NOTRE PÈRE AIMÉ QUI NOUS A APPRIS L'ART DE FAÇONNER NOS VINS DOUX NATURELS.
VINGT DEUX ANS D'UN ÉLEVAGE ATTENTIONNÉ DANS DES VIEUX FOUDRES DE CHÊNE OÙ LE VIN S'EST ENRICHI DE MULTIPLES ARÔMES : NOIX VERTE, ORANGE AMÈRE, FIGUE, ABRICOT SEC, CANNELLE, MUSCADE, CARDAMOME ...
SAVEURS QUI SE PROLONGENT DANS UNE ATMOSPHÈRE DE GRAS ET DE SUAVITÉ.
DÉLICAT, IL S'ÉPANOUIRA DANS UN GRAND VERRE, À UNE TEMPÉRATURE DE 15°, DE PRÉFERENCE EN COMPAGNIE D'UN FOIE GRAS, DE DESSERTS AUX ÉPICES ORIENTALES OU D'UN HAVANE DE CHOIX.
André et Bernard Cazes
L29M
VIN . WINE
e 750 ML
15% ALC./VOL.
F66602 RIVESALTES (FRANCE)
MIS EN BOUTEILLE AU DOMAINE
PRODUIT DE FRANCE

Des progrès remarquables ont été accomplis quant à la production de vins blancs dans certaines des régions les plus méridionales de France, des environnements chauds et arides qui étaient jusqu'à récemment le berceau de rouges et de rosés grossiers et alcoolisés. Le domaine des Chênes en apporte la preuve en élaborant des vins d'une richesse, d'une pureté et d'un équilibre étonnants, qui ont du caractère à revendre.

Une vieille tradition ressuscitée en triomphe Le domaine des Chênes est situé à l'entrée du village de Vingrau, au nord du Roussillon, dans une sorte d'amphithéâtre de vignes surplombé par les falaises imposantes qui enferment la vallée. Après avoir apporté ses raisins au vendangeoir Byrrh de Tautavel pendant des décennies, le domaine a retrouvé son identité à la fin des années quatre-vingt. Ses propriétaires, Gilbert et Simone Razungles, ont en effet décidé de faire leur propre vin, renouant avec la tradition familiale du début du XXe siècle. Encouragés par leur fils Alain, professeur d'œnologie à l'université de Montpellier, ils ont dépoussiéré l'égrappoir et le pressoir en bois et élaboré leurs premières cuvées. Leurs vins ont immédiatement connu un grand succès et ont rapidement obtenu médailles et distinctions régulières.

Un environnement rocheux et aride propice à la qualité La roche est partout dans la région, y compris dans les vignes: le sol argilo-calcaire est truffé de cailloux, résidus des éclats de roche qui, au cours des millénaires, se sont détachés des murailles rocheuses dominant la vallée; un cauchemar pour des générations de laboureurs du sol, qui se sont écorché les mains en construisant les nombreux murets en pierre qui font partie du paysage aujourd'hui. Mais de nos jours les vignerons la regardent d'un autre œil, car ces falaises contribuent grandement à la qualité des vins en reflétant les rayons solaires sur les raisins.
Les faibles rendements sont naturels dans ces terres de pluies rares et de sols pauvres. Qui plus est, les vignes des Chênes sont plantées en grande densité, à 4500-5000 ceps par hectare. Les Razungles pratiquent pourtant un éclaircissage si nécessaire, pour permettre à la vigne de mieux résister aux conditions arides et de donner un fruit d'un meilleur équilibre. Le climat méditerranéen sec et l'isolement des vignes de Vingrau dans un océan de garrigue rendent également possible une viticulture saine avec peu de traitements contre les parasites ou la pourriture. Les vendanges sont faites à la main, afin de trier les raisins avant qu'ils ne rentrent dans les chais pour être vinifiés.

Côtes-du-Roussillon Les Magdaléniens La roche fournit à la famille Razungles de belles caves fraîches dans lesquelles une vinification lente donne des vins purs, aux arômes magnifiques et parfaitement équilibrés. La cuvée Les Magdaléniens fermente en barrique, puis les Razungles l'empêchent de subir sa fermentation malolactique et l'élèvent pendant sept mois avec bâtonnage des lies. Amplement constitué mais nerveux et frais, avec une fragrance et un succulence irrésistibles, ce vin témoigne avec éloquence du potentiel du Roussillon et de son travail pionnier en ce domaine. Les Razungles suggèrent de le servir sur des currys ou des mets contenant de la menthe, des gambas ou des langoustes grillées, ainsi que sur des poissons à la sauce hollandaise ou à l'aneth.

Languedoc-Roussillon
• *A.O.C.:*
Côtes-du-Roussillon

• *Vin sélectionné:*
Côtes-du-Roussillon Les Magdaléniens
• *Cépages:*
grenache blanc 50 %, roussanne 50 %
• *Âge moyen des vignes:*
30 ans
• *Géologie:*
argilo-calcaire, marnes
• *Superficie du vignoble:*
3 hectares
• *Production moyenne:*
9000 bouteilles

• *Autres vins produits:*
- *Vins blancs:*
✓ Vin de Pays d'Agly « Les Sorbiers »
✓ Muscat de Rivesaltes
✓ Rivesaltes Ambré
✓ Rivesaltes Tuilé
- *Vins rouges:*
✓ Côtes-du-Roussillon Villages « Les Grands-Mères »
✓ Côtes-du-Roussillon Villages « Les Algines »
✓ Côtes-du-Roussillon Villages « Tautavel »
- *Vin rosé:*
✓ Côtes-du-Roussillon Villages « Festa Major »

• *Propriétaires:*
Razungles & Fils
• *Régisseur:*
Gilles Coulom
• *Vinificateur:*
Alain Razungles
• *Œnologie:*
Laboratoire Rière, Perpignan
• *Vignoble exploité:*
40 hectares
• *Production:*
135000 bouteilles
• *Exportations:*
50 %
• *Vente sur place:*
9h-12h, 14h-18h
• *Visites:*
sur rendez-vous

DOMAINE DES CHÊNES
LES MAGDALENIENS
1999
CÔTES DU ROUSSILLON
APPELLATION CÔTES DU ROUSSILLON CONTRÔLÉE
MIS EN BOUTEILLE AU DOMAINE
SCEA DOMAINE DES CHÊNES RAZUNGLES & FILS - VINGRAU 66600
Produit de France

L'ancienne région viticole de Gaillac, à quelque 50 km au nord-est de Toulouse, aurait facilement pu oublier son passé et se contenter de produire des vins doux et fruités sans caractère mais assurés de se vendre aisément. Mais les Gaillacois sont tenaces et fiers de leurs traditions, et parmi eux personne ne l'est davantage que Robert Plageoles et sa famille. Leur attachement à l'authenticité gaillacoise est confirmé par une gamme de vins d'une grande originalité.

Deux beaux domaines viticoles La famille Plageoles produit du vin depuis 1820 sur son domaine des Très Cantous à Cahuzac-sur-Vère, et elle acquit une seconde propriété, le Roucou Cantemerle à Castelnau de Montmiral, en 1963. Le premier s'étend sur 8 hectares dans les vignobles argilo-calcaires des coteaux de Salettes, tandis que le deuxième, d'une superficie de 7 hectares, est situé sur un terrain argilo-silicieux des plateaux du Montmiralais. Ces deux vignobles excellents et différents, cultivés à la main par leurs propriétaires, sont les sites de ce que les Plageoles décrivent comme la « sauvegarde ampélographique des variétés autochtones ».

Les gardiens de cépages historiques Le cépage mauzac, largement répandu à Gaillac, est majoritaire dans leurs vignobles. Ceux-ci contiennent en fait quatre sous-variétés du mauzac blanc – le vert, le roux, le rosé et le gris – qui donnent des vins remarquablement différents. Le mauzac n'a jamais été en danger de disparition, contrairement à l'ondenc. Les Plageoles ont ressuscité ce cépage qui leur est cher – célèbre il y a fort longtemps mais presque relégué aux oubliettes de l'histoire depuis deux siècles – pour produire le fameux « vin d'autan » liquoreux. Et ils ont planté leurs vignobles de toutes sortes de cépages méconnus : duras – probablement la variété gaillacoise la plus ancienne avec le mauzac –, lenc de l'El, prunelart – une variété de côt fort appréciée au Moyen Âge –, mauzac noir et braucol, ainsi que des plus usuels muscadelle, syrah et gamay.

Refléter le climat du millésime S'adaptant aux conditions météo de chaque année et en tirant le meilleur parti, Plageoles et son fils Bernard produisent tous les styles de vin blanc, du sec en passant par le doux jusqu'au franchement liquoreux. Ce dernier est habituellement fait à partir de grains passerillés, c'est-à-dire que les Plageoles ont laissés se dessécher sur souche, quoique le champignon *Botrytis cinerea*, générateur de la pourriture noble, fait son apparition de temps en temps dans la vigne. Des vins rouges pleins de caractère ainsi qu'un vin mousseux complètent la gamme.

Le Vin de Voile Une autre ancienne coutume locale que Plageoles perpétue est la production d'un vin oxydatif. Quand le millésime le permet – les raisins doivent avoir une acidité suffisante et n'être pas trop mûrs, mais aussi avoir un bon degré d'alcool –, il produit de petites quantités de ce qu'il a appelé le Vin de Voile. Ce vin sec est élevé pendant sept ans en fût sans ouillage, ce qui est possible parce qu'une voile – une couche de levures – se forme sur la surface du vin, le protégeant des attaques bactériennes. Le Vin de Voile, cousin du vin jaune et du xérès sec, partage leurs arômes d'oxydo-réduction, balsamiques et de noix. Nerveux et très fin, il a un potentiel de longévité formidable, allant facilement de vingt à cinquante ans. Ce vin apprécie la compagnie d'une truite nappée d'une sauce aux morilles… ou, suggèrent les Plageoles, des délices du XVIIe siècle tels que le coq en croûte comme on le cuisine à Gaillac, la cigalade de poulpes, la lapinade de presbytère ou la Vauréenne…

Sud-Ouest
• *A.O.C. :*
Gaillac

• *Vin sélectionné :*
Le Vin de Voile
• *Cépage :*
mauzac roux
• *Âge moyen des vignes :*
45 ans
• *Géologie :*
argilo-calcaire
• *Superficie du vignoble :*
2 hectares

• *Autres vins produits :*
- *Vins blancs :*
✓ Mauzac Vert (sec)
✓ Ondenc Sec
✓ Mauzac Roux (doux)
✓ Muscadelle (doux)
✓ Ondenc (doux)
✓ « Vin d'Autan » (liquoreux)
✓ « Grain d'Autan » (liquoreux)
✓ Mauzac Nature (effervescent)
- *Vins rouges :*
✓ Duras
✓ Syrah
✓ Prunelart

• *Propriétaires :*
Robert & Bernard Plageoles
• *Vinificateurs :*
Robert & Bernard Plageoles
• *Vignoble exploité :*
20 hectares
• *Production :*
80 000 bouteilles
• *Exportations :*
20 %
• *Vente sur place :*
8h-12h, 14h-18h (le dimanche sur rendez-vous)
• *Visites :*
sur rendez-vous

1992
VIN DE VOILE
DE ROBERT
PLAGEOLES
APPELLATION GAILLAC CONTROLÉE
DOMAINE DES TRES CANTOUS
MIS EN BOUTEILLE
PAR EARL ROBERT PLAGEOLES & FILS
VIGNERONS
DOMAINE DES TRES CANTOUS
81140 CAHUZAC/VERE FRANCE
PRODUIT EN FRANCE
750 ml
en bouteilles par le récoltant

Qui avait entendu parler du Pacherenc-du-Vic-Bilh il y a vingt ans ? Très peu de gens en dehors de la région où on le produit, le Béarn. Aujourd'hui cependant, certaines cuvées de ce vin sont en train de devenir très impressionnantes, et elles sont de plus en plus recherchées par ceux qui souhaitent boire autre chose que les omniprésents sauvignon, sémillon et chardonnay. Alain Brumont est loin d'être étranger à cette situation. C'est le vigneron qui a le mieux réussi et qui est probablement le plus connu du sud-ouest de la France.

Un jeune homme visionnaire Brumont est un exemple de réussite : par son courage, sa conviction et sa persévérance, il a fait entrer la vieille région viticole de Madiran dans le XXIe siècle, transformant une tradition viticole moribonde en une activité prospère et rentable pour beaucoup. Né dans une famille qui avait cultivé le maïs et la vigne pendant des générations, il a commencé à travailler tout jeune dans les champs et les vignes du domaine familial, Bouscassé. À la fin des années soixante-dix, il découvrit ce qu'est un grand vin lors d'une visite au Médoc, et il rentra à la maison avec le désir brûlant d'en faire lui-même et, qui plus est, à partir du cépage traditionnel du Madirannais, le tannat, que tout le monde arrachait à l'époque...

La lutte récompensée Il est parvenu à trouver des fonds pour acquérir une propriété avoisinante en friche du nom de Montus. Tout seul, il a planté le vignoble, construit une cave et commencé à produire son vin – de la manière qu'il pensait être la bonne, avec des vignes à faible rendement, des raisins cueillis à la main et des moûts élevés en fûts de chêne... ce qui lui a valu les ricanements méprisants des gens du coin. La qualité du vin a néanmoins été rapidement remarquée par ceux qui l'ont dégusté, et quand sa cuvée a battu les premiers crus bordelais dans une dégustation à l'aveugle, l'intérêt pour sa production et la demande ont explosé. Montus fut élu vin de la décennie par Gault & Millau, et Brumont put regarder l'avenir plus sereinement.

Des blancs dignes des rouges N'étant pas du genre à se reposer sur ses lauriers, Brumont a également commencé à produire du pacherenc-du-Vic-Bilh – l'appellation du vin blanc de Madiran. Suite au perfectionnement de ses méthodes, il élabore aujourd'hui un somptueux pacherenc sec à Montus à partir du petit courbu, cépage qui va sans doute devenir très recherché, et des pacherencs doux à partir du petit manseng à Bouscassé.

Pacherenc-du-Vic-Bilh Brumaire Désormais il produit trois vins doux de raisins déshydratés sur souche par le passerillage, et cueillis progressivement en octobre, novembre et décembre à 18°, 19° et 20° respectivement d'alcool potentiel, auxquels il a donné des noms de mois du calendrier révolutionnaire. La fermentation du Brumaire est conduite à 12° dans des fûts de chêne neufs et dure trois mois ; il est alors élevé pendant 18 mois avec bâtonnage des lies. C'est un vin absolument remarquable par son élégance et sa complexité, son harmonie et sa grande persistance. Il n'est pas trop sucré, et ses arômes splendides d'abricot, de pêche jaune et de miel sont intenses au nez, et riches et suaves au palais. Le Brumaire se déguste pour lui-même avec un grand plaisir, et s'accorde à ravir avec le foie gras. Il est également, et c'est chose rare, l'ami de l'ananas frais et juteux.

Sud-Ouest
• *A.O.C. :*
Pacherenc-du-Vic-Bilh

• *Vin sélectionné :*
Pacherenc-du-Vic-Bilh Brumaire
(bouteille de 50 cl.)
• *Cépage :*
petit manseng
• *Âge moyen des vignes :*
20 ans
• *Géologie :*
argilo-calcaire
• *Superficie du vignoble :*
20 hectares
• *Production moyenne :*
6000 bouteilles

• *Autres vins produits :*
- Vins blancs :
✓ Pacherenc-du-Vic-Bilh « Vendémiaire »
✓ Pacherenc-du-Vic-Bilh « Frimaire »
✓ Pacherenc-du-Vic-Bilh (sec)
✓ Vin de Pays des Côtes de Gascogne
- Vins rouges :
✓ Madiran Montus
✓ Madiran Montus « Cuvée Prestige »
✓ Madiran Montus « XL »
✓ Madiran Bouscassé
✓ Madiran Bouscassé « Vieilles Vignes »
✓ Madiran Meinjarre
✓ Madiran « La Tyre »
✓ Vin de Pays des Côtes de Gascogne

• *Propriétaire :*
Alain Brumont
• *Vinificateur :*
Alain Brumont
• *Chef de culture :*
Jacques Busipelli
• *Vignoble exploité :*
182 hectares
• *Production :*
1 million de bouteilles
• *Exportations :*
60 %
• *Vente sur place :*
oui
• *Visites :*
oui

BOUSCASSÉ
Brumaire
Novembre 1998
par
Alain Brumont
500ml e

Domaine Cauhapé

Fort estimés autrefois, les vins de Jurançon ont connu un sérieux déclin suite aux ravages du phylloxéra et aux bouleversements économiques et sociaux de la première moitié du XXe siècle. Même dans la région, leur réputation ne se maintint guère. Ils avaient besoin d'un champion, d'un pionnier capable de les ressusciter sous une forme susceptible d'attirer l'attention et d'être appréciée des amateurs de vin modernes. Le mérite de leur renaissance revient tout particulièrement à un homme, Henri Ramonteu, du domaine Cauhapé.

Un climat qui contribue à l'excellence des vins Les contreforts des Pyrénées situés au sud de la ville de Pau bénéficient d'un climat qui favorise la production de vins blancs secs et moelleux d'une excellente qualité. L'influence atlantique modératrice et un ensoleillement régulier créent des conditions dans lesquelles les raisins peuvent mûrir correctement, et l'altitude relative des vignes, les étés indiens fréquents et le vent chaud qui souffle de l'Espagne permettent aux raisins de se ratatiner sur souche. Leur jus est concentré par ce passerillage et ils sont capables de donner de magnifiques vins liquoreux. Aujourd'hui, on comprend pourquoi autrefois ils étaient tout autant prisés que les sauternes et les meilleurs vins de la Loire, et ils jouissaient du patronage d'Henri IV, fils de Pau – qui, tout le monde le sait, fut baptisé avec du jurançon et de l'ail –, ainsi que de Charles II d'Angleterre.

Une période d'expérimentation intense La famille Ramonteu acquit le domaine Cauhapé en 1957. À cette époque, il n'y avait que 4 hectares de vigne, plantés principalement de gros manseng, cépage plus propice à la production de vins secs. Henri commença à faire du vin au début des années quatre-vingt, et sa fréquentation d'éminents vignerons tels que Denis Dubourdieu ont stimulé ses ambitions et l'ont conduit à mener des expériences : l'inox, la macération préfermentaire, le contrôle des températures, l'élevage sur lie, ainsi que beaucoup d'autres techniques ont été essayées... Bientôt, il produisit des vins secs étonnamment aromatiques et complexes, parfaitement modernes, originaux, racés et absolument irrésistibles.

Des vins secs aux liquoreux Il était dans la logique des choses que Ramonteu plante du petit manseng, cépage plus fin, et s'essaye à la production de vins liquoreux. À partir de 1983, il a commencé à utiliser des fûts pour les élever, et par la suite pour les faire fermenter, et il s'est passionné pour les vendanges tardives par tries successives. Aujourd'hui à Cauhapé, les deux mansengs s'expriment de manière nuancée dans trois vins secs et quatre vins moelleux ou liquoreux d'une qualité qui a grandement impressionné à la fois les œnophiles et les confrères vignerons de Ramonteu.

Jurançon Noblesse du Temps Moins célèbre que le Quintessence, primé et loué de tous côtés, son Noblesse du Temps est le fruit des deuxième et troisième tries de petit manseng vers le début du mois de décembre. Fermenté et élevé pendant 18 mois dans du chêne neuf, ce vin glorieusement riche et mielleux est d'autant plus complexe que les arômes conférés par le bois sont multiples. Incroyablement suave, faisant preuve d'une finesse hors du commun, il caresse le palais par sa concentration soyeuse et est doté d'une délicieuse nervosité qui empêche le sucre de faire trop sentir. C'est un vin de grande garde, à savourer sur un foie gras poêlé.

Sud-Ouest
• *A.O.C. :*
Jurançon

• *Vin sélectionné :*
Jurançon Noblesse du Temps
• *Cépage :*
petit manseng
• *Âge moyen des vignes :*
25 ans
• *Géologie :*
argilo-siliceux
• *Superficie du vignoble :*
7 hectares
• *Production moyenne :*
18 000 bouteilles

• *Autres vins produits :*
- *Vins blancs :*
✓ Jurançon « Chant des Vignes » (sec)
✓ Jurançon « Sève d'Automne » (sec)
✓ Jurançon « Noblesse » (sec)
✓ Jurançon « Ballet d'Octobre » (moelleux)
✓ Jurançon « Symphonie de Novembre » (liquoreux)
✓ Jurançon « Quintessence du Petit Manseng » (liquoreux)

• *Propriétaire :*
Henri Ramonteu
• *Vinificateur :*
Henri Ramonteu
• *Vignoble exploité :*
34 hectares
• *Production :*
185 000 bouteilles
• *Exportations :*
30 %
• *Vente sur place :*
8h-12h, 14h-18h
• *Visites :*
oui

HENRI RAMONTEU
DOMAINE CAUHAPÉ
JURANÇON
Appellation Jurançon Contrôlée
1998
S.C.E.A. du Domaine Cauhapé,
Vigneron à 64360 Monein - France
NOBLESSE DU TEMPS
14% vol.
MIS EN BOUTEILLE AU DOMAINE
75 cl
Produit de France

Charles Hours ne produit que deux vins sur son domaine du clos Uroulat, mais quelles splendeurs ! L'un est un blanc sec, l'autre un liquoreux, et tous les deux sont élaborés dans un style moderne qui favorise l'élégance, la pureté et l'harmonie ; des vins riches en arômes mais sans flamboyance. Ce sont des jurançons d'école, comme le savent les clients du domaine, et peu de visiteurs repartent du clos sans un petit achat dans le coffre de leur voiture. Car Hours, venu relativement tardivement à la production du vin, maîtrise parfaitement son métier.

Un revirement de carrière Le domaine, situé à l'extérieur de la ville de Monein à l'ouest de l'appellation Jurançon, fut acquis par son propriétaire en 1983. Hours n'avait aucune expérience de la vinification mais sa famille s'y connaissait en vigne, puisque ses grands-parents avaient eu une pépinière viticole et que d'autres membres de la famille possédaient des parcelles à Jurançon. C'est à côté de deux domaines détenus par la famille qu'Hours a acheté des vignobles. Quand il les a acquis, les 7 hectares n'étaient plantés qu'à moitié de vignes. Cette situation n'a pas duré longtemps, et les parcelles contiennent aujourd'hui les cépages classiques de la région : le petit et le gros manseng ainsi qu'un peu de courbu.

Des vignes palissées Ils sont bien situés, sur des coteaux argilo-marneux orientés au sud-est dans lesquels se trouvent de grandes quantités de poudingues calcaires. Ces derniers régulent parfaitement l'alimentation en eau de la vigne au cours de son cycle végétatif. Les plantes sont palissées à trois mètres de hauteur selon la méthode béarnaise dite « hautain », ce qui réduit les risques associés aux gelées printanières si fréquentes dans la région. Hours exploite ses vignes de la manière la plus organique possible, selon les principes de la « culture raisonnée ».

Le passerillage par le foehn Les vendanges sont effectuées à la main à partir de la mi-octobre, époque où le courbu et le gros manseng sont récoltés et vinifiés pour produire la Cuvée Marie en sec. La cueillette du petit manseng se prolonge quant à elle jusqu'en novembre, à mesure que les tries successives apportent des raisins devenus suffisamment déshydratés pour produire un vin liquoreux. Ce passerillage est l'œuvre du foehn, un vent chaud en provenance des Pyrénées, qui provoque l'évaporation de l'eau dans le jus et qui concentre le sucre et l'acidité du raisin.

Jurançon Uroulat Une fois rentrée dans les chais, la récolte est pressée sans tarder avec douceur dans un pressoir pneumatique, et le jus est débourbé sous l'effet de la gravité. Après la fermentation, l'élevage a lieu dans des barriques de chêne pendant environ 11 mois.
Le vin blanc sec Cuvée Marie est magnifiquement riche et concentré avec une bonne acidité qui assure son équilibre. C'est vraiment un vin à servir à table, d'un excellent rapport qualité / prix car il ne coûte qu'une fraction du prix d'un meursault ou d'un pessac-léognan. Mais Charles Hours est mieux connu pour son Uroulat liquoreux, un délicieux vin charnu mais frais de dimensions impressionnantes et d'une belle persistance. Son excellente acidité lui permet de se bonifier en bouteille. Ses arômes floraux exquis et son subtil caractère exotique sont absolument irrésistibles… Uroulat est un régal à déguster tout seul, mais il est également un digne partenaire des plats orientaux légèrement épicés.

Sud-Ouest
• *A.O.C. :*
Jurançon

• *Vin sélectionné :*
Jurançon Uroulat
• *Cépage :*
petit manseng
• *Âge moyen des vignes :*
20 ans
• *Géologie :*
poudingues calcaires, argile à galets
• *Superficie du vignoble :*
4 hectares
• *Production moyenne :*
15 000 bouteilles

• *Autres vins produits :*
- *Vin blanc :*
✓ Jurançon « Cuvée Marie »

• *Propriétaires :*
Charles & Marie Hours
• *Vinificateur :*
Charles Hours
• *Vignoble exploité :*
7 hectares
• *Production :*
35 000 bouteilles
• *Exportations :*
20 %
• *Vente sur place :*
sur rendez-vous
• *Visites :*
sur rendez-vous

Charles Hours
Uroulat
JURANÇON
APPELLATION JURANÇON CONTRÔLÉE
1999
MIS EN BOUTEILLE PAR
S.A.R.L. CHARLES HOURS
64360 MONEIN - FRANCE
13% vol.
750 ml
PRODUCE OF FRANCE
L 9901
© CREATION GIP LIBOURNE

S'il est un nom qui évoque le meilleur de ce qui se fait en Champagne, un nom synonyme de perfectionnisme et d'excellence, c'est sans doute celui de Krug. La petite maison de la rue Coquebert produit des vins d'une fantastique complexité, d'une richesse et d'une grande longévité, qui sont réclamés et savourés de façon hédoniste par les connaisseurs du monde entier.

Une vinification qui demeure familiale En 1841, un jeune émigré allemand nommé Johann Josef Krug épousa une Anglaise à Paris. Son beau-frère, qui dirigeait Jacquesson, lui donna un travail au sein de cette maison; mais dès 1843, Krug grilla d'envie de s'installer à son compte. Il loua donc une cave au centre de Reims et se fit rapidement une excellente réputation pour son talent d'assembleur. En 1846, il prit la nationalité française et changea son prénom en Jean-Joseph.
À la fin des années soixante, Paul Krug fit alliance avec Rémy Martin pour consolider sa structure financière et lui donner les moyens de se développer. Cela lui permit de commencer à acquérir des vignobles, en particulier le clos du Mesnil. En 1999, LVMH fit l'acquisition de Krug. Rémy Martin puis LVMH ont eu le bon sens de laisser la famille faire ses vinifications en toute liberté, et ont approuvé la transmission progressive du savoir-faire à la jeune génération actuelle. Ce rapprochement entre une société familiale et une multinationale s'est révélé bénéfique pour tous les intéressés.

La remarquable régularité des champagnes Krug Les générations successives de Krug ont toujours respecté les règles établies par le fondateur, ce qui explique l'admirable constance de la qualité des vins. De plus, la famille est depuis toujours entièrement impliquée dans l'élaboration de ses champagnes. L'assemblage est aujourd'hui effectué par les deux frères Henri et Rémi ainsi que par leurs enfants, qui participent tous activement.

Une fermentation en barriques Aujourd'hui, Krug est probablement la seule maison à fermenter la totalité de ses vins dans des petits fûts de chêne, ce qui leur confère un caractère dense et crémeux typique de la marque. Quand la famille se met aux assemblages, elle emploie une quantité significative de vins mûrs de réserve, s'appuyant sur les ressources impressionnantes qu'elle a accumulées; c'est alors que tout le savoir-faire des Krug rentre en jeu. Puis, lorsque la prise de mousse est terminée, les vins sont affinés sur lie pendant au moins six ans avant dégorgement et mise en vente.

La « Grande Cuvée » Krug Grande Cuvée, un « multimillésime », représente les quatre cinquièmes de la production de la maison et est un véritable chef-d'œuvre d'assemblage. Corsé, avec des notes boisées un peu austères qui demandent quelques années pour se fondre, il a un caractère suave, riche et crémeux, une bulle discrète et une grande complexité aromatique. Sa persistance longue et intense n'est pas la moindre de ses qualités.
Si, grâce à son équilibre et à sa complexité, le Krug Grande Cuvée peut être dégusté par et pour lui-même, il mérite aussi de l'être sur des mets, au même titre qu'un grand vin. Les meilleurs cuisiniers du monde entier se bousculent pour concevoir des plats autour de la Grande Cuvée. Pour ne citer qu'un exemple, la poularde de Bresse truffée sous la peau réussit avec ce champagne une alliance somptueuse.

Champagne
• A.O.C.:
Champagne

• *Cuvée sélectionnée:*
La « Grande Cuvée »
(cuvée multimillésimée)
• *Cépages:*
pinot noir 45-50 %,
chardonnay 30-35 %,
pinot meunier 15-20 %
• *Vins de réserve:*
40 %
• *Conservation sur lie:*
6 ans
• *Dosage:*
6 g par litre

• *Autres vins produits:*
✓ Brut Millésimé
✓ Clos du Mesnil Blanc de Blancs Brut Millésimé
✓ Rosé Brut
✓ Krug Collection (millésimes plus anciens)

• *Propriétaire:*
Groupe LVMH
• *Président-Directeur général:*
Henri Krug
• *Vinificateur:*
Henri Krug
• *Statut:*
N.M.
• *Superficie du vignoble:*
21 hectares, 4 crus, classification moyenne, 99 %
• *Achat de raisins:*
55 %, 25 crus, classification moyenne, 98 %
• *Années de stock:* 6
• *Ventes annuelles:*
500 000 bouteilles
• *Exportations:*
85 %
• *Vente sur place:*
non
• *Visites:*
sur rendez-vous

K
KRUG
GRANDE CUVÉE
BRUT
CHAMPAGNE
GRANDE CUVÉE
KRUG
REIMS
BRUT 12%vol
PRODUCT OF FRANCE
75cle

Louis Roederer

La célèbre maison Louis Roederer a une très belle histoire, et elle jouit depuis longtemps de la réputation de produire des champagnes exemplaires. Aujourd'hui, elle peut se targuer du rare privilège d'être encore aux mains de la famille et d'être relativement indépendante en ce qui concerne les approvisionnements de raisin, grâce à ses propres vignobles qui sont magnifiques.

L'héritage d'un jeune homme très doué La maison fut fondée en 1776 par un monsieur Dubois et son fils. Après la tenure du fils Dubois, elle fut transmise à Nicolas Schreider. Cet homme, dépourvu de progéniture, se fit aider par son neveu Louis Roederer, âgé de dix-huit ans, et fut tellement impressionné par les qualités du jeune homme qu'il lui légua la maison à sa mort en 1833.
Roederer était en effet très doué, et il se mit à développer les marchés d'exportation, principalement la Russie, l'Amérique et l'Angleterre. Grâce à son représentant allemand Herr Krafft, son champagne fut bientôt savouré par le gratin de la société russe : le tsar Nicolas Ier lui-même ne tarissait pas d'éloges à son propos. À l'époque où Roederer avait repris la maison, elle vendait environ 100 000 bouteilles par an, mais au moment de sa mort en 1870, plus de 2 millions de bouteilles étaient commercialisés dans le monde entier…

Le champagne des tsars Le fils de Roederer, également appelé Louis, continua le travail de son père. Ce fut lui qui satisfit la demande du tsar Alexandre II en 1876, lequel voulait que son champagne soit visiblement différent de celui acheté par ses sujets. Le jeune homme conçut promptement une bouteille spéciale en cristal, qui habilla toutes les expéditions ultérieures de champagne destinées au monarque. Le jeune Roederer mourut précocement en 1880, et la maison passa par la suite à sa sœur, puis à son fils Léon Olry-Roederer. Aujourd'hui, elle est dirigée par Jean-Claude Rouzaud, petit-fils de Léon.

Une grande cave de vins de réserve La qualité des champagnes Roederer est en grande partie imputable aux merveilleux vignobles de la maison. Grâce à la prévoyance et à la bonne gestion financière des dirigeants successifs de la maison, Roederer possède aujourd'hui 200 hectares de vignes dans des vignobles classés grands crus et premiers crus contenant les trois principaux cépages du champagne. La maison a également accumulé une belle cave de vins de réserve, qui passent en moyenne cinq ans en foudres avant d'être utilisés pour constituer 8 à 10 % de l'assemblage.

La cuvée « Cristal » La légendaire bouteille de Cristal, qui avait disparu au moment de la révolution russe, fut réintroduite dans les années trente par Camille Olry-Roederer, veuve de Léon. À travers le verre, on peut admirer sa robe dorée brillante, et, une fois versé, son abondance de bulles minuscules. Au nez, le Cristal est complexe, avec une gamme d'arômes comprenant la noisette, la poire, la brioche, le pain frais… Il est très raffiné au palais, réunissant l'élégance et la richesse, avec une grande fraîcheur et une persistance remarquable.
Cristal est un champagne merveilleux, qui peut être dégusté sur de nombreux mets. Jacques Puisais, dans *Le Goût juste*, suggère de le servir avec une salade de crabe à l'huile de noix accompagnée de quelques moules ; le caviar accompagne également le Cristal à ravir.

Champagne
A.O.C. :
Champagne

• *Cuvée sélectionnée :*
Cristal
(cuvée millésimée)
• *Cépages :*
pinot noir 55 %-60 %,
chardonnay 40 %-45 %
• *Conservation sur lie :*
6 ans
• *Dosage :*
11 g par litre

• *Autres vins produits :*
✓ Brut Premier S.A.
✓ Brut Millésimé
✓ Blanc de Blancs Brut Millésimé
✓ Rosé Brut Millésimé
✓ Grand Vin Sec S.A.

• *Propriétaire :*
M. Claude Rouzaud
• *Directeur général :* Jean-Claude Rouzaud
• *Chef de cave :*
Jean-Baptiste Lecaillon
• *Œnologues :*
Jean-Claude Rouzaud,
Michel Pansu,
Jean-Baptiste Lecaillon,
Dominique Morizet,
Brigitte Letissier,
Jérôme Trudon,
Christophe Coppolani
• *Statut :*
N.M.
• *Superficie du vignoble :*
200 hectares, 19 crus,
classification moyenne :
98 %
• *Achat de raisins :*
20 %
• *Années de stock :* 5
• *Ventes annuelles :*
2,6 millions de bouteilles
• *Exportations :*
70 %
• *Vente sur place :*
non
• *Visites :*
10h-12h et 14h-16h,
exclusivement
sur rendez-vous
et recommandation

CRISTAL
CHAMPAGNE
CRISTAL
LOUIS ROEDERER
MARQUE DÉPOSÉE
LOUIS ROEDERER
CRISTAL®
CHAMPAGNE
1990
BRUT
750 ml e 12% Vol
A REIMS
CRISTAL®
L2958A

La maison Taittinger n'existe que depuis 1931, mais grâce à ses vignobles situés dans des crus prestigieux, à sa vinification perfectionniste et à un style innovateur devant beaucoup au cépage chardonnay, elle s'est fait une renommée mondiale. Les caractéristiques du champagne Taittinger sont la finesse, le raffinement, la complexité aromatique et une fraîcheur exquise.

Un Lorrain investit en Champagne Peu après la Grande Guerre, Pierre Taittinger, rejeton d'une famille de banquiers et de politiciens de Lorraine, acheta le beau château de la Marquetterie et ses vignobles, sis juste au sud d'Épernay. Bien qu'il n'ait aucune expérience vinicole, il croyait en l'avenir du champagne et acheta d'autres parcelles de vigne, qui se vendaient à très bas prix à cette époque douloureuse. En 1931, Forest-Fourneaux, une petite maison rémoise fondée en 1734 et installée dans le château des comtes de Champagne, fut mise en vente. Taittinger saisit l'occasion et acquit d'un coup des vignobles supplémentaires, une autre adresse renommée et un certain prestige historique.

Des investissements continus François Taittinger prit la suite de Pierre en 1942. Il continua la politique d'investissement dans de nouvelles vignes, et acquit la maison Irroy dans les années cinquante. Quand Claude Taittinger prit la direction en 1960, la maison disposait d'un gigantesque vignoble étendu sur 250 hectares.
La famille décida au milieu des années soixante-dix de limiter la production à quatre millions de bouteilles et d'investir son capital ailleurs. Ils acquirent les maisons ligueriennes de vin mousseux Bouvet-Ladubay et Monmousseau, et fondèrent un domaine vinicole en Californie ; ils ont également investi dans des hôtels de luxe et d'autres secteurs qui ne touchent pas le vin.

Le génie novateur de Taittinger Jusqu'à la période d'entre-deux-guerres, on élaborait presque toujours le champagne avec un pourcentage important de pinot dans l'assemblage, et il était en conséquence plus lourd et plus puissant qu'il ne l'est aujourd'hui. Cependant le chardonnay jouait un rôle important dans les ambitions de Pierre Taittinger, et dès le début il lui donna la priorité, créant des assemblages d'une subtilité et d'une finesse infiniment supérieures à celles des champagnes de l'époque. Ces qualités finirent par devenir la caractéristique du style de la maison.
L'art joue un rôle dans la production de Taittinger depuis 1983, année où la cuvée Taittinger Collection fut lancée. La maison a commissionné des artistes tels qu'Arman, Vasarely, Masson et Lichtenstein pour décorer ces cuvées millésimées exceptionnelles. Et comme elles sont produites en quantités minuscules, leurs bouteilles sont devenues des articles de collection éminemment recherchés.

La cuvée « Comtes de Champagne » La luxueuse cuvée Comtes de Champagne fut créée en 1957. Elle est entièrement élaborée à partir de chardonnay provenant de grands crus de la Côte des Blancs. Avec cette cuvée, les Taittinger respectent l'antique tradition champenoise : ils l'élèvent dans du bois et la dégorgent à la volée.
Son nez élégant et frais est suivi d'une consistance soyeuse et ample en bouche, puis d'une très longue persistance. Ce vin magnifique gagne à être oublié en cave pendant dix à vingt ans, et s'exprime avec éloquence en compagnie de fruits de mer ou de poissons en sauce comme le saumon braisé à l'oseille.

Champagne
A.O.C. :
Champagne

• *Cuvée sélectionnée :*
Comtes de Champagne
(cuvée millésimée)
• *Cépage :*
chardonnay 100 %
• *Conservation sur lie :*
8 ans
• *Dosage :*
10 g par litre

• *Autres vins produits :*
✓ « Réserve » S.A.
✓ Brut Millésimé
✓ « Prestige » Rosé S.A.
✓ « Comtes de Champagne » Rosé Millésimé
✓ Taittinger Collection Millésimé

• *Propriétaire :*
Taittinger
• *Président-Directeur général :*
Claude Taittinger
• *Chef de cave :*
Maurice Morlot
• *Statut :*
N.M.
• *Superficie du vignoble :*
270 hectares
• *Achat de raisins :*
50 %
• *Ventes annuelles :*
4 millions de bouteilles
• *Exportations :*
58 %
• *Vente sur place :*
oui
• *Visites :*
sur rendez-vous

1989
SCEAU DE THIBAUD IV COMTE DE CHAMPAGNE
TAITTINGER
Comtes de Champagne
MILLÉSIME
1989
REIMS
CHAMPAGNE
BLANC de BLANCS
PRODUIT DE FRANCE
NM-162-004
PRODUCE OF FRANCE
ÉLABORÉ PAR TAITTINGER, REIMS FRANCE

L'histoire de la maison Veuve Clicquot-Ponsardin est parsemée d'exploits courageux, de défis inspirés et de personnalités déterminées, au premier rang desquelles la veuve Clicquot elle-même, qui contribua largement au développement mondial du goût pour le champagne. Les standards de qualité de la maison ont toujours été du niveau le plus élevé.

Une jeune veuve s'affirme Quand François Clicquot, le dirigeant de la maison champenoise Clicquot, mourut en 1805 à l'âge de vingt-sept ans, sa veuve Nicole-Barbe Ponsardin résolut de continuer son travail. Sa famille la désapprouva car à l'époque les femmes ne se mêlaient pas des affaires, mais la fermeture de la maison était impensable et elle avait une certaine connaissance du métier. Elle prit pour associé leur talentueux vendeur Louis Bohne, embaucha un certain monsieur Fourneaux pour élaborer le champagne, emprunta de l'argent et se mit à poursuivre la prospection de pays étrangers qu'avait commencée François. Ce fut une décision très courageuse pour une jeune dame à cette époque.

La conquête du marché russe Madame Clicquot décida dès le début de concentrer les énergies de sa maison sur la Russie. En dépit des risques encourus – le blocus maritime anglais de la France, les guerres napoléoniennes et l'embargo russe sur les marchandises françaises –, elle parvint à livrer de grandes quantités de champagne au marché russe assoiffé par des manœuvres de stratège, des communications codées et des paris inspirés. Cette prise de risque porta ses fruits car son champagne devint la coqueluche de la société russe. Par la suite, les exportations furent plus ou moins limitées à cette unique destination, et le « Klikofskoë » fut tellement demandé qu'en 1825 les ventes totalisèrent 250 000 bouteilles.

Une renommée mondiale Bohne mourut en 1821, mais madame Clicquot eut la chance de trouver un autre jeune Allemand talentueux, Édouard Werlé, qui allait servir fidèlement la maison pendant un demi-siècle. Édouard Werlé se méfiait de la dépendance de la maison envers le marché russe. Peu à peu, il en développa donc d'autres – l'Angleterre, l'Allemagne, l'Amérique et même la France, jusqu'ici ignorée –, et la renommée mondiale dont jouit la maison depuis lors est largement imputable à son travail réfléchi.
Madame Clicquot mourut en 1866 à l'âge vénérable de 89 ans, laissant à Édouard Werlé la maison et une partie des vignes. Les descendants de ce dernier poursuivirent son œuvre et réinvestirent leurs bénéfices dans des vignes, accumulant un gigantesque patrimoine de vignobles. En 1978, la maison s'offrit Canard-Duchêne, mais en 1986 elle fut elle-même achetée par le groupe Louis Vuitton-Moët-Hennessy, qui en est propriétaire aujourd'hui.

La cuvée « La Grande Dame » Le style de la maison est personnifié par son excellente Carte Jaune, un champagne riche et aromatique. Néanmoins, sa plus grande cuvée est assurément La Grande Dame. Ce champagne magnifique n'est fait qu'avec du fruit classé grand cru. Le millésime 1995 a un nez très raffiné et fruité, aux nuances de citron et d'amandes fraîches. Au palais il est ample, crémeux et concentré, harmonieusement équilibré et frais, avec une grande persistance. À table, il exige les mets les plus raffiné tels que le caviar, le filet de loup ou le poulet de Bresse truffé. Ce ne sont que quelques possibilités, mais quel que soit le choix retenu, un repas en compagnie de La Grande Dame est une expérience inoubliable.

Champagne
• *A.O.C. :*
Champagne

• *Cuvée sélectionnée :*
« La Grande Dame »
(cuvée millésimée)
• *Cépages :*
pinot noir 62,5 %,
chardonnay 37,5 %
• *Conservation sur lie :*
7 ans
• *Dosage :*
8 g par litre

• *Autres vins produits :*
✓ Brut Carte Jaune S.A.
✓ Demi-Sec S.A.
✓ Rich Reserve Millésimé
✓ Vintage Reserve Brut
✓ Rosé Réserve Millésimé

• *Propriétaire :*
Groupe LVMH
• *Président-Directeur général :*
Cécile Bonnefond
• *Chef de cave :*
Jacques Péters
• *Œnologue :*
Philippe Thieffry
• *Statut :*
N.M.
• *Superficie du vignoble :*
286 hectares, 26 crus, classification moyenne : 96 %
• *Achat de raisins :*
75 %
• *Vente sur place :*
oui
• *Visites :*
sur rendez-vous

1990
Veuve Clicquot Ponsardin
REIMS
FRANCE
1990
LA GRANDE DAME
Champagne
BRUT
à REIMS FRANCE
ÉLABORÉ PAR VEUVE CLICQUOT PONSARDIN REIMS FRANCE
PRODUIT DE FRANCE
PRODUCE OF FRANCE

Alfred Gratien est l'une des maisons champenoises les plus traditionnelles et les plus perfectionnistes. Elle est encore aux mains de la famille et résolument indépendante et elle élabore ses champagnes sans doute à peu près de la même manière qu'au XIXe siècle : sans raccourcis, sans astuces, mais simplement avec beaucoup de dévotion et de fierté.

Alfred Gratien crée deux entreprises Né à Richelieu au sud de Chinon en 1864, Gratien, âgé de vingt-trois ans, fonda une maison de production de vins mousseux à Saumur. Comme si cela ne l'occupait pas assez, la même année il créa une maison de champagne à Épernay. Il prit un Alsacien nommé Jean Meyer pour partenaire, et ce fut Meyer qui assuma la gestion des deux sociétés à la mort prématurée de Gratien, à l'âge de quarante-quatre ans. Son fils Albert lui succéda et dirigea la société pendant une quarantaine d'années, jusqu'à sa mort en 1965. Ce fut alors son beau-fils, Éric Seydoux, qui prit sa relève. Aujourd'hui, leur père ayant pris la retraite, Alain et Gérard Seydoux gèrent la maison. Mais ce n'est pas la seule famille qui sert la maison avec dévouement : dans la cave, le poste de chef de cave est occupé depuis trois générations par la famille Jaeger, et déjà le fils de Jean-Pierre Jaeger attend son tour…

Une maison des plus traditionnelles Le style Gratien n'est pas très éloigné de celui de Krug, ce qui n'est pas étonnant vu que les deux familles sont alliées. La maison ne possède pas de vignoble et peut donc être aussi sélective qu'elle le souhaite au moment des vendanges. Elle achète ses raisins dans les meilleurs crus des trois cépages. Tout comme Krug, Gratien utilise une quantité significative de pinot meunier dans ses assemblages, allant à l'encontre de l'opinion générale selon laquelle c'est un cépage commun et d'évolution rapide ; il participe activement au style du champagne de Gratien, contribuant à son corps et à sa charpente, bien qu'un peu de pinot noir soit également nécessaire pour son apport de finesse.
Comme les crus sont très dispersés, les raisins sont foulés rapidement dans des vendangeoirs dans les vignes afin d'éviter la moindre coloration du jus clair par la pellicule, avant d'être transportés chez Gratien dans des camions-citernes. Suite à la clarification à froid, tous les vins sont fermentés dans des barriques de chêne champenoises de 205 litres, mais ne subissent pas de fermentation malolactique afin de maintenir le caractère du fruit et des terroirs. Ces vins de base riches et acides subissent alors leur deuxième fermentation, puis sont mis en cave pour s'enrichir sur leur lie pendant de longues périodes avant d'être dégorgés et vendus.

La « Cuvée Paradis » La Cuvée Paradis est très complète et personnifie le style de la maison, qui favorise la plénitude du corps et l'élégance du fruit. Ces qualités ont été acquises par cette cuvée avec un assemblage de 65 % de chardonnay, de 20 % de pinot meunier et de 15 % de pinot noir. Sa robe est dorée avec des reflets verts, sa mousse fine et délicate. L'attaque est riche, et en bouche le vin est gras, concentré et complexe, avec des arômes de brioche, de vanille et de petits fruits rouges. Enfin, la persistance est longue et raffinée, avec toute la complexité aromatique perçue en bouche. La Cuvée Paradis est sans aucun doute un champagne pour la table, à déguster par exemple sur un crustacé noble, ou sur un sandre braisé au champagne.

Champagne
• *A.O.C. :*
Champagne

• *Cuvée sélectionnée :*
« Cuvée Paradis »
(cuvée millésimée bien qu'aucun millésime ne soit imprimé sur l'étiquette)
• *Cépages :*
chardonnay 65 %, pinot meunier 20 %, pinot noir 15 %
• *Conservation sur lie :*
6 ans
• *Dosage :*
12 g par litre

• *Autres vins produits :*
✓ Brut S.A.
✓ Brut Millésimé
✓ Brut Cuvée Paradis Rosé

• *Propriétaire :*
Gratien, Meyer, Seydoux Holding
• *Responsable :*
Alain Seydoux
• *Chef de cave :*
Jean-Pierre Jaeger
• *Œnologue :*
Jean-Pierre Jaeger
• *Statut :*
N.M.
• *Achat de raisins :*
100 %, 25 crus, classification moyenne : 90 %
• *Ventes annuelles :*
120 000 bouteilles
• *Exportations :*
85 %
• *Vente sur place :*
oui
• *Visites :*
sur rendez-vous

ALFRED GRATIEN
CUVÉE
PARADIS
CHAMPAGNE
ALFRED GRATIEN
EPERNAY
BRUT

La maison Billecart-Salmon, située dans le village de Mareuil-sur-Aÿ, a une longue tradition de vinification perfectionniste. Cette maison familiale est toujours parvenue à rester indépendante, et la famille Billecart est aussi fière de cette prouesse que de la qualité de ses champagnes.

Deux familles s'associent Les familles Billecart et Salmon étaient toutes les deux propriétaires de vignobles et vendaient toutes les deux leur production aux grandes maisons de champagne à l'époque où Nicolas-François Billecart épousa Élisabeth Salmon, en 1818. Élisabeth lui amena quatorze hectares de vignes en dot, ce qui incita son mari à commencer à élaborer son propre vin, en association avec son beau-frère Louis Salmon. C'était le bon moment car les marchés étrangers étaient mûrs pour le champagne, et en peu de temps les vins Billecart-Salmon se vendirent très bien aux États-Unis, en Europe de l'Est et en Russie. En 1858, quand Nicolas-François mourut et que son fils Charles prit sa relève, la maison jouissait depuis longtemps d'une grande prospérité.

La maison résiste à tous les coups du sort Mais tout d'un coup survint une catastrophe : l'agent américain de Billecart-Salmon fit faillite, et on découvrit par la suite qu'il avait régulièrement détourné des sommes d'argent importantes. Les Billecart-Salmon firent face à ce coup du sort tant bien que mal, mais ils eurent bien du mal à s'en remettre. La dépression économique des années trente, suivant de près la Grande Guerre, leur porta un nouveau coup dur et la maison se trouva dans l'obligation de vendre ses vignobles. Mais petit à petit, en restant immuablement fidèle à la tradition familiale de qualité, elle finit par prospérer à nouveau.

Pureté aromatique et fraîcheur Même lorsqu'elle disposait de tous ses vignobles, la maison Billecart-Salmon achetait des raisins. Aujourd'hui, elle effectue la grande majorité de ses approvisionnements avec des viticulteurs sous contrat à long terme, dont beaucoup livrent la maison depuis plus de trente ans.
Seule la cuvée, la première pressée des raisins, est utilisée. La famille prend des mesures importantes pour éviter tout risque d'oxydation pendant le processus de vinification, car elle recherche avant tout la pureté aromatique et la fraîcheur. À cette fin, elle effectue un double débourbage : tous les moûts sont clarifiés pendant une longue période à une basse température avant la fermentation ; puis ils sont fermentés individuellement et surtout lentement à basse température ; enfin, le vin est à nouveau refroidi après fermentation pour accentuer encore la clarification. Ce procédé donne des vins clairs d'une superbe pureté et d'une grande précision, qui peuvent par la suite être transformés en champagne de longue garde. Ils sont relativement légers et délicats, mais également complexes et intenses grâce à la fermentation prolongée.

La cuvée « Blanc de Blancs » L'une des spécialités de la maison est le blanc de blancs. En effet, un papier daté de 1850, décrivant la procédure de base pour élaborer ce style de vin, a été trouvé dans les archives familiales. Du chardonnay provenant de Cramant, du Mesnil et d'Avize est utilisé pour créer cette cuvée nerveuse, florale et élégante, qui mérite un crustacé noble pour sa dégustation – le homard fricassé au champagne est un excellent choix.

Champagne
• *A.O.C. :*
Champagne

• *Cuvée sélectionnée :*
Blanc de Blancs
(cuvée millésimée)
• *Cépage :*
chardonnay 100 %
• *Conservation sur lie :*
7 ans
• *Dosage :*
7 g par litre

• *Autres vins produits :*
✓ « Réserve » Brut S.A.
✓ « Cuvée Nicolas-François Billecart » Brut Millésimé
✓ « Grande Cuvée » Brut Millésimé
✓ Rosé Brut S.A.
✓ « Cuvée Élisabeth Salmon » Rosé Brut Millésimé

• *Propriétaire :*
Famille Billecart
• *Directeur :*
François Roland-Billecart
• *Chef de cave :*
François Domi
• *Statut :*
N.M.
• *Superficie du vignoble :*
10 hectares, 4 crus, classification moyenne : 100 %
• *Achat de raisins :*
85 %, 27 crus, classification moyenne : 95 %
• *Années de stock :* 3,5
• *Ventes annuelles :*
690 000 bouteilles
• *Exportations :*
60 %
• *Vente sur place :*
oui
• *Visites :*
sur rendez-vous

BLANC DE BLANCS
VINTAGE
1989
CHAMPAGNE
BILLECART-SALMON
MAREUIL-SUR-AY.
BLANC DE BLANCS
12% Vol.
Élaboré par Champagne BILLECART-SALMON S.A. - 51160 MAREUIL-SUR-AY - FRANCE
750ml
NM-116-001
PRODUCE OF FRANCE

L'un des grands noms du champagne, une référence en matière de style, d'authenticité et de qualité, est celui de Bollinger. Cet établissement est une maison familiale, une espèce en voie de disparition, et ses vins, élaborés lentement selon les méthodes traditionnelles, ne manquent jamais de séduction. Ils sont recherchés par les consommateurs éclairés du monde entier car Bollinger est synonyme d'excellence.

L'amiral et le vendeur En 1829, l'amiral-comte Emmanuel de Villermont engagea un jeune vendeur allemand de champagne, Joseph Bollinger, pour exploiter ses vignes autour d'Aÿ et de Cuis et commercialiser le champagne qu'il élaborait. Bollinger fut utilisé dès le départ comme nom de marque pour le vin, connaissant de beaux succès qui donnèrent à la maison une très bonne réputation. En 1837, il épousa la fille de l'amiral, puis trois ans plus tard il hérita de la maison à la mort de son beau-père.
Après son propre décès au bel âge de 85 ans, ses fils Joseph et Georges prirent sa relève. Ils s'avérèrent doués pour le développement de marchés étrangers, notamment les États-Unis et l'Angleterre, où ils obtinrent un brevet de fournisseur de champagne à la cour royale britannique. Dès lors, la maison fut dirigée par les générations successives des descendants de Bollinger, et aujourd'hui tous les postes principaux sont tenus par des cousins.

Pinot noir et barriques de chêne Les champagnes Bollinger, intégrant principalement du pinot noir, sont élaborés exclusivement à partir de la cuvée. Les moûts destinés au Spécial Cuvée sont généralement fermentés dans des petites cuves en inox, tandis que ceux des vins millésimés fermentent dans des barriques de chêne de 205 litres. Les vins de réserve sont ensuite prélevés des barriques et conservés pendant au moins cinq ans en magnum sous bouchon de liège, les cépages, crus et millésimes restant séparés pour permettre la plus grande précision lors des assemblages.

Deux spécialités maison La gamme Bollinger comprend deux spécialités caractéristiques de la maison : les champagnes millésimés R.D. (récemment dégorgés) et le Vieilles Vignes Françaises. Les premiers, conservés longtemps sur lie avant d'être dégorgés, ont une richesse et une complexité aromatique extraordinaires alliées à une fraîcheur parfaite quand ils parviennent au consommateur. Le Vieilles Vignes Françaises provient quant à lui de deux petites parcelles de vignes de pinot noir à Aÿ et à Bouzy qui n'ont jamais été atteintes par le phylloxéra. Les vignes sont cultivées selon l'ancienne méthode, en foule, et dans les grandes années plusieurs milliers de bouteilles de ce vin sont produites, sans assemblage ; c'est un champagne unique, riche et puissant.

Le « Spécial Cuvée » Les gens de Bollinger sont contents d'être jugés sur leur cuvée de base, le Spécial Cuvée non millésimé, dont ils sont légitimement fiers. C'est un champagne riche et corsé produit à partir des trois cépages champenois, provenant de crus presque tous classés grands crus ou premiers crus. Le Spécial Cuvée, qui est supérieur en qualité à de nombreuses cuvées de luxe, est essentiellement un champagne d'apéritif ; cependant, sa vinosité lui permet de s'accorder avec brio au foie gras, ou à des gigolettes de volaille aux morilles.

Champagne
• *A.O.C. :*
Champagne

• *Cuvée sélectionnée :*
Spécial Cuvée
(cuvée non millésimée)
• *Cépages :*
pinot noir 60 %,
chardonnay 25 %,
pinot meunier 15 %
• *Vins de réserve :*
10 %
• *Conservation sur lie :*
3 ans
• *Dosage :*
8 g par litre

• *Autres vins produits :*
✓ « Grande Année Brut Millésimé »
✓ « Grande Année Rosé Brut Millésimé »
✓ Coteaux Champenois Rouge « La Côte aux Enfants »

• *Président-Directeur général :*
Ghislain de Montgolfier
• *Directeur des caves :*
Gérard Liot
• *Statut :*
N.M.
• *Superficie du vignoble :*
145 hectares, 16 crus, classification moyenne : 97 %
• *Achat de raisins :*
30 %, 30 crus, classification moyenne : 98 %
• *Années de stock :* 6
• *Ventes annuelles :*
1 million de bouteilles
• *Exportations :*
75 %
• *Vente sur place :*
9h-12h et 14h-17h30
• *Visites :*
sur rendez-vous

BOLLINGER
EXTRA
By Appointment to H. M. Queen Elizabeth II
Purveyors of Champagne Champagne Bollinger S.A.
Champagne
BOLLINGER
Special Cuvée
BRUT

L'un des plus grands champagnes contemporains provient d'une maison située à Aÿ fondée il y a plus de quatre siècles, à une époque où les vins d'Aÿ et de Beaune étaient considérés comme les meilleurs du royaume et étaient systématiquement invités à la table des monarques français et étrangers. Nous ignorons si Pierre Gosset avait des clients royaux mais après tout ce temps, les champagnes Gosset continuent à perpétuer la tradition locale de qualité, et sont présents dans les restaurants les plus prestigieux du monde, ainsi que dans ceux des palais de l'Élysée et du Sénat.

La plus ancienne maison de vins de la Champagne Pierre Gosset élaborait des vins rouges nature car il vivait un siècle avant l'invention du champagne, et il fonda une société pour les commercialiser en 1584. Ses descendants adaptèrent leur expérience vinicole à la production du champagne, et la maison crût au fil des années grâce à leur gestion soigneuse et à leur talent de vinificateurs.
Albert Gosset, de la treizième génération, mourut en 1991 et fut remplacé par ses fils. Toutefois, un problème de succession se présenta et se révéla insurmontable, et les fils Gosset vendirent la maison en 1993 à Renaud Cointreau, dont la famille est propriétaire des cognacs Domaine Pierre Frapin. Heureusement pour les inconditionnels des champagnes Gosset, les deux familles ont la même philosophie, et bien que les noms sur l'en-tête de la maison aient changé, les vins continuent à être élaborés de la même façon traditionnelle.

Un rôle déterminant des vins clairs La qualité des champagnes Gosset émane de celle des vins clairs qui les composent, auxquels on attribue ici la plus grande importance. Ces derniers doivent leur grande qualité aux méthodes traditionnelles de la maison et à sa sélectivité dans le choix de la matière première.
La fermentation a lieu dans des cuves et dans des barriques en bois. Les vins ne subissent pas de fermentation malolactique car ils sont destinés à une longue vie et ont besoin de la nervosité et du fruité conférés par l'acide malique. Absolument aucune concession n'est faite aux impératifs économiques modernes en matière d'affinage des vins, car tous sont conservés sur lie pendant bien plus longtemps qu'il n'est d'usage dans les autres maisons. Et quand ils sont enfin prêts à être commercialisés, le remuage et le dégorgement sont tous deux effectués à la main.

La cuvée « Grand Millésime » Les raisins qui ont servi pour l'élaboration du Grand Millésime 1996 provenaient de seize crus presque tous classés grands crus. Après la vinification et la prise de mousse à la manière traditionnelle de la maison, il a passé sept ans sur lattes à s'enrichir sur sa lie – à titre de comparaison, le minimum légal est de trois ans et la période usuelle pour un champagne millésimé de qualité est de cinq ans… –, avant d'être préparé pour la vente.
Et cela se sent dans le verre : grande finesse, intensité, concentration aromatique, raffinement absolu…, toutes ces qualités contribuent à en faire une bouteille mémorable pour les grandes occasions. Le Gosset 1996 appelle un plat savoureux comme des suprêmes de pintades fermières au champagne. C'est également l'un des rares vins qui s'accorde bien avec les œufs – les œufs brouillés au caviar se montrent à la hauteur de l'événement.

Champagne
• *A.O.C. :*
Champagne

• *Cuvée sélectionnée :*
« Grand Millésime »
(cuvée millésimée)
• *Cépages :*
chardonnay 62 %,
pinot noir 38 %
• *Conservation sur lie :*
7 ans
• *Dosage :*
11 g par litre

• *Autres vins produits :*
✓ « Excellence » Brut S.A.
✓ « Grande Réserve » Brut S.A.
✓ « Cuvée Celebris » Brut Millésimé
✓ « Grand Rosé Brut » S.A.

• *Propriétaire :*
Domaines et Cuvées de Prestige
• *Président-Directeur général :*
Béatrice Cointreau
• *Chef de cave :*
Jean-Pierre Mareigner
• *Œnologue :*
Philippe Merlot
• *Statut :*
N.M.
• *Achat de raisins :*
100 %, 45 crus, classification moyenne : 96 %
• *Années de stock :* 4
• *Ventes annuelles :*
1 000 000 de bouteilles
• *Exportations :*
60 %
• *Vente sur place :*
8h-12h et 14h-18h (17h le vendredi)
• *Visites :*
sur rendez-vous uniquement

Grand Millésime
1996
GOSSET
PRODUCT OF FRANCE
CHAMPAGNE

Il y a les champagnes de fête, légers, fruités... Et, diamétralement opposés, les Jacquesson : les champagnes du connaisseur, élaborés par des artisans aux standards exigeants au moyen de méthodes traditionnelles, qui deviennent progressivement plus éloquents avec l'âge. Jacquesson est une maison de champagne incontournable.

Le champagne du mariage de Napoléon La maison fut fondée en 1798 par Claude Jacquesson et son fils Memmie. Elle se fit une réputation très rapidement, et le champagne devint l'un des préférés de Napoléon Ier, qui le fit servir à son mariage avec l'archiduchesse Marie-Louise d'Autriche et qui en emmena avec lui lors de ses campagnes militaires. Douze années seulement après la fondation de la maison, l'Empereur l'honora d'une visite afin de présenter aux Jacquesson une médaille d'or, la récompense la plus élevée de l'époque pour récompenser la réussite commerciale.

L'invention du muselet en fil de fer Adolphe, le fils de Memmie, intégra la maison aux côtés de son père. Ingénieux, Adolphe inventa bon nombre d'outils pour améliorer l'efficacité et la sécurité dans les caves ; mais sa plus grande contribution à l'industrie champenoise fut le muselet en fil de fer, qui remplaça la ficelle comme dispositif pour empêcher les bouchons de sauter des bouteilles, ainsi que la capsule en métal qui empêche le muselet de s'enfoncer dans le bouchon. Les ventes avaient atteint le seuil du million de bouteilles en 1867, mais après la mort d'Adolphe elles régressèrent de manière significative. En 1920, la maison fut acquise par Léon de Tassigny, qui parvint à arrêter son déclin, puis en 1974 elle passa dans les mains de Jean Chiquet. Aujourd'hui, ce sont ses fils Jean-Hervé et Laurent qui dirigent Jacquesson, avec amour et talent, perpétuant l'approche traditionnelle « fait main et en faibles quantités » qui garantit le maintien de la grande qualité des champagnes.

« La perfection sinon rien » L'art des Chiquet commence dans la vigne. Les raisins qu'ils cultivent et achètent proviennent de crus prestigieux ; ils sont cueillis à parfaite maturité et sont pressurés doucement avec beaucoup d'expertise. Seul le jus des premières pressées est utilisé, et les 50 à 75 premiers litres des cuvées sont rejetés afin de garantir la propreté et la pureté des jus.

Après clarification, 40 % de chaque récolte est fermenté dans des barriques de chêne afin qu'ait lieu l'oxydation contrôlée qui seule donne les arômes riches et vineux recherchés par les Chiquet. Puis tous les vins sont vieillis pendant de très longues périodes pour augmenter leur riche complexité et leur rondeur. Après dégorgement, ils n'ont donc pratiquement pas besoin de liqueur de dosage.

Grand Vin Signature La maison Jacquesson n'a pas de cuvée de prestige particulière et chaque vin, à son niveau, est un chef-d'œuvre. Le superbe Grand Vin Signature est un champagne que beaucoup de producteurs aimeraient avoir pour cuvée prestige. Le millésime 1990, produit à partir d'un fruit d'un classement moyen de 99,2 % sur l'échelle des crus, a été vinifié et élevé dans des foudres de chêne pendant neuf à dix mois avant l'assemblage et un très léger collage préalable à la mise en bouteille et à la prise de mousse. C'est un vin d'une richesse et d'une complexité impressionnantes et d'une remarquable fraîcheur. Son bouquet de miel, de fruits secs et de pain grillé est somptueux ; au palais il se révèle suave et séducteur, et sa persistance est longue et intense. C'est une bouteille élégante, qui s'accorde parfaitement à une gigolette de volaille aux morilles.

Champagne
• *A.O.C. :*
Champagne

• *Cuvée sélectionnée :*
Grand Vin Signature
(cuvée millésimée)
• *Cépages :*
chardonnay 50 %,
pinot noir 50 % ;
• *Conservation sur lie :*
9 ans
• *Dosage :*
4,5 g par litre

• *Autres vins produits :*
✓ Brut « Perfection » S.A.
✓ Brut « Perfection » Rosé S.A.
✓ Brut « Avize » Blanc de Blancs Millésimé
✓ Brut « Grand Vin Signature » Rosé Millésimé
✓ « Dégorgement Tardif » Millésimé

• *Propriétaire :*
Famille Chiquet
• *Directeurs :*
Jean-Hervé Chiquet
et Laurent Chiquet
• *Chef de cave :*
Laurent Chiquet
• *Statut :*
N.M.
• *Superficie du vignoble :*
28 hectares, 7 crus,
classification moyenne :
96 %
• *Achat de raisins :*
40 %, 22 crus,
classification moyenne :
92 %
• *Années de stock :* 4
• *Ventes annuelles :*
320 000 bouteilles
• *Exportations :*
60 %
• *Vente sur place :*
non
• *Visites :*
8h-12h et 13 h 30-17 h 30
(16 h 30 le vendredi)

Grand Vin
Signature
CHAMPAGNE
1990
BRUT
Tirage n° 677 du 8 juillet 1991
de 24261 bouteilles et 850 magnums.
Vinification en foudres de chêne.
JACQUESSON & FILS
ALC.12%/VOL.
MAISON FONDÉE EN 1798
750 ML
NM 168-001
ÉLABORÉ PAR JACQUESSON & FILS 51530 DIZY - FRANCE

La cinquième plus grande maison de champagne est implantée non pas à Reims, ni à Épernay, mais dans le calme village de Tours-sur-Marne. C'est là que l'équipe œnologique de Laurent-Perrier pratique avec une grande habileté l'art délicat de l'assemblage, et fait des vins qui inspirent une grande dévotion à leurs admirateurs.

Une veuve fait décoller les ventes Laurent-Perrier est une vieille maison de champagne, mais l'histoire de sa réussite est récente. La maison fut fondée en 1812 par un tonnelier appelé Laurent. Après sa mort, son fils Eugène, marié à Mathilde-Émilie Perrier, prit sa suite. Quand Eugène Laurent mourut en 1887, sa veuve décida de poursuivre le travail de son mari, et se mit à placer son vin sur les marchés étrangers. Madame Veuve Laurent-Perrier rencontra un grand succès, en particulier en Grande-Bretagne, et en 1914 la maison vendait 600 000 bouteilles par an. Cependant, la Grande Guerre porta un grand coup aux affaires.

La quasi disparition de la maison Madame Laurent-Perrier mourut en 1925, et l'entreprise connut une période de déclin lent mais inexorable, à tel point qu'en 1938, la maison devait être mise en liquidation. Soudain, une autre veuve prit en main les destinées de Laurent-Perrier: Marie-Louise de Nonancourt, née Lanson, connaissait bien le monde du champagne et se montra déterminée à sauver la maison.
Les choses commençaient à s'améliorer quand le monde fut de nouveau plongé dans la guerre. La paix revenue, il ne restait que 12 000 bouteilles dans la cave. Madame de Nonancourt était décédée, et son fils Maurice, qui avait hérité de la société, était mort en captivité. Le sort de la maison paraissait compromis... Seul Bernard, le frère de Maurice, pouvait encore la sauver.

Le triomphe de Bernard de Nonancourt Le rétablissement de la maison, conçu et exécuté par celui que l'on surnomme affectueusement dans le milieu du champagne « le Grand Bernard », fut remarquable. En vingt ans, les ventes atteignirent un million de bouteilles par an, et les trente années suivantes virent ces résultats multipliés par sept! Cet homme énergique et déterminé créa un holding qui possède Salon, Delamotte, Joseph Perrier et De Castellane, et les ventes combinées du groupe excèdent aujourd'hui les dix millions de bouteilles par an.

La cuvée « Grand Siècle » Le vin haut de gamme de la maison, le Grand Siècle, est une invention de Bernard de Nonancourt. Cette cuvée exquise est, comme le proclamait son étiquette, un « mariage de millésimes », bien que la maison ait violé cette règle en commercialisant une version millésimée en 1988 et puis en 1990. Le fruit utilisé pour ce vin provient exclusivement de grands crus et d'excellents millésimes, ce qui explique le raffinement, la race et la finesse de ce champagne. La vinification perfectionniste et l'assemblage inspiré par Alain Terrier, ainsi que le long affinage qui développe les qualités aromatiques du vin dans la cave, donnent un liquide sublime, aux arômes grillés de chèvrefeuille et de vanille. Le Grand Siècle est exquis dégusté seul, mais il se plaît aussi en compagnie d'un turbot ou d'huîtres pochés sauce champagne, ou simplement d'une poêlée de moules et mousserons.

Champagne
• *A.O.C.:*
Champagne

• *Cuvée sélectionnée:*
« Grand Siècle »
(cuvée non millésimée)
• *Cépages:*
chardonnay 55 %,
pinot noir 45 %
• *Conservation sur lie:*
8 ans
• *Dosage:*
12 g par litre

• *Autres vins produits:*
✓ Brut S.A.
✓ Brut Millésimé
✓ Ultra Brut S.A.
✓ Rosé Brut S.A.
✓ « Grand Siècle Alexandra » Rosé Brut Millésimé
✓ Demi-Sec S.A.
✓ Coteaux Champenois Bouzy Rouge
✓ Coteaux Champenois Blanc de Blancs

• *Autres marques:*
Lemoine
• *Propriétaires:*
Famille Nonancourt
• *Président du Conseil de Surveillance:*
Bernard de Nonancourt
• *Président du Directoire:*
Yves Dumont
• *Membres du Directoire:*
Alexandra Pereyre et Stéphanie Meneux
• *Chef de cave et membre du Directoire:*
Alain Terrier
• *Œnologue:*
Alain Terrier
• *Statut:*
N.M.
• *Superficie du vignoble:*
80 hectares
Classification moyenne: 95 %
• *Achat de raisins:*
88 %, classification moyenne: 97 %
• *Années de stock:* 4
• *Ventes annuelles:*
7 millions de bouteilles
• *Exportations:*
62 %
• *Vente sur place:*
oui
• *Visites:*
sur rendez-vous (pas de groupes)

CHAMPAGNE
GRAND SIÈCLE
"La Cuvée"
par
Laurent-Perrier
BRUT
12%vol.
750ml

Il paraît qu'une bouteille de Moët & Chandon est débouchée dans le monde toutes les deux secondes... Étant donné son omniprésence dans tous les rayons de vin de la planète et ses campagnes de publicité internationales, Moët & Chandon est sans doute la marque de champagne la plus connue dans le monde. Mais paradoxalement, malgré sa vaste production, la maison parvient à maintenir un niveau qualitatif très élevé.

L'amitié de Napoléon Ier Le phénomène Moët a commencé avec un viticulteur nommé Claude Moët, qui commença à faire du vin et à le vendre au milieu du XVIIIe siècle. Son fils Claude-Louis-Nicolas le rejoignit dans son entreprise et ils connurent une grande réussite : la clientèle de la maison inclut bientôt beaucoup de noms célèbres de l'époque. Claude-Louis-Nicolas légua par la suite la maison à son fils Jean-Rémy, ami de Napoléon, dont il reçut de fréquentes visites.
Cette amitié ne tarda pas à bénéficier à la maison. À partir de 1804, quand Napoléon fut proclamé empereur des Français, les champagnes Moët vécurent une période de succès commercial fantastique, et beaucoup de têtes couronnées et d'hommes d'État européens lui rendirent visite. En 1816, la fille de Jean-Rémy Moët épousa Pierre-Gabriel Chandon de Briailles. Sous sa houlette, la maison connut encore seize années d'expansion et de renommée extraordinaires. Puis il prit une retraite bien méritée et passa les rênes à son fils Victor et à son gendre Pierre-Gabriel Chandon. La marque Moët & Chandon était née.

De la maison familiale à la multinationale Au début des années soixante, Moët devint une des sociétés familiales les plus importantes de France. En 1962, elle fut introduite à la Bourse de Paris. Un grand nombre d'opérations eurent lieu par la suite, comme l'acquisition des maisons de champagne Ruinart et Mercier et des parfums Christian Dior, une alliance avec le groupe de cognac Hennessy et de nombreux investissements viticoles dans le monde. Puis, en 1987, la maison s'associa à la société Louis Vuitton pour constituer le plus grand groupe de luxe international.

Quantité et qualité vont de pair Grâce à sa fabuleuse prospérité, la maison accumula un patrimoine de vignobles prodigieux, s'étendant aujourd'hui sur 772 hectares... Pourtant, les ventes de Moët & Chandon sont tellement importantes que les vignes n'assurent qu'un quart des besoins de la maison. En dépit de son énorme production annuelle, elle arrive encore à maintenir un niveau de qualité élevé, comme le confirme le Brut Impérial non millésimé – dont le nom fait référence à Napoléon –, qui est toujours bien noté dans les dégustations en aveugle grâce à sa pureté, sa fraîcheur, son élégance et son équilibre.

« Dom Pérignon » La marque prestigieuse de la maison, portant le nom du célèbre moine, est traitée comme une entité indépendante. Le Dom Pérignon blanc est une combinaison scintillante d'élégance, de race, de fraîcheur et d'équilibre, avec, dans sa jeunesse, des arômes floraux complexes et intenses qui se transforment graduellement en notes de fruits confits, de noisette et de brioche. Il rend un hommage approprié au génie de Dom Pérignon pour la vinification.
Cette cuvée évolue bien en bouteille à travers les années, et c'est son âge qui détermine s'il vaut mieux la déguster en apéritif ou marier sa personnalité avec un mets. Un millésime parvenu à une bonne maturité sera magnifié par une salade de langoustines ou par un turbot sauce hollandaise.

Champagne
• *A.O.C. :*
Champagne

• *Cuvée sélectionnée :*
« Dom Pérignon »
(cuvée millésimée)
• *Cépages :*
chardonnay 58 %,
pinot noir 42 %
• *Conservation sur lie :*
6 ans
• *Dosage :*
10 g par litre

• *Autres vins produits :*
- Dom Pérignon :
✓ « Dom Pérignon » Rosé Millésimé
✓ « Dom Pérignon œnothèque » (millésimes anciens)
- Moët & Chandon :
✓ Brut « Impérial » S.A.
✓ Brut « Impérial » Premier Cru S.A.
✓ Brut « Impérial » Rosé S.A.
✓ Dry « Impérial » S.A.
✓ Brut Millésimé
✓ Brut Rosé Millésimé

• *Propriétaire :*
Groupe LVMH
• *Président-Directeur général :*
Jean-Marie Laborde
• *Chef de cave Dom Pérignon :*
Richard Geoffroy
• *Chef de cave Moët & Chandon :*
Georges Blanck
• *Statut :*
N.M.
• *Superficie du vignoble :*
772 hectares
• *Achat de raisins :*
75 %
• *Années de stock :* 3
• *Ventes annuelles :*
28 millions de bouteilles
• *Exportations :*
80 %
• *Vente sur place :*
oui
• *Visites :*
oui

MOËT et CHANDON à Epernay
Fondée en 1743
Champagne
Cuvée Dom Pérignon
Vintage 1993
12,5% VOL.
750ml
Brut

Jacques Selosse

Parfois surgit un jeune vigneron qui commence sa carrière avec des idées allant à l'encontre de traditions locales. Si son approche est le fruit d'une réflexion mûrie et d'une forte conviction, il produira un vin complètement novateur, ou simplement intéressant, mais dans tous les cas il pourra se targuer d'avoir fait évoluer l'art vinicole champenois. Ce sont de tels hommes, entêtés, qui repoussent les frontières de la créativité et qui construisent de nouvelles traditions. Anselme Selosse en est un.

Un jeune œnologue hérite d'un domaine Jacques Selosse fonda l'exploitation familiale, sise à Avize, peu après la Seconde Guerre mondiale, et il se fit une belle réputation pour ses blancs de blancs. Son fils Anselme lui succéda en 1980. Le jeune Selosse avait étudié l'œnologie non pas en Champagne, mais à Beaune, et les pratiques bourguignonnes de vinification du vin blanc influencèrent profondément sa conception de l'élaboration du champagne blanc de blancs. Écologique dans l'âme, Selosse taille court, maîtrise les rendements, et décide du moment de la vendange en observant la couleur des pépins, qui indique la maturité physiologique, et en dégustant les pellicules pour évaluer le développement aromatique du fruit.

Une approche résolument bourguignonne Une fois qu'il a pressuré les raisins, les moûts sont transférés dans des barriques de 228 litres, dont 10 % sont neuves, pour la fermentation. Il ne fait appel à aucune régulation de température, et il laisse la fermentation s'opérer à son propre rythme. La lie est remise en suspension par « bâtonnage » chaque semaine pendant l'hiver et chaque mois pendant l'été, comme à Meursault, afin d'acquérir le maximum de richesse et de gras. La fermentation malolactique est contenue grâce à l'acidité naturelle élevée des vins, qui est obtenue en évitant les engrais contenant de la potasse minérale. Enfin Selosse est presque le seul en Champagne à utiliser le système du « solera », mieux connu dans la production du xérès, pour l'élaboration de sa cuvée non millésimée « Substance ».
Après tirage et prise de mousse, les vins s'enrichissent sur lie pendant de longues périodes, les bouteilles étant secouées de temps en temps pour garder la lie en suspension, et quand ils sont prêts, ils sont dégorgés à la main. Le dosage est toujours minimal, et pour cela Selosse utilise une liqueur produite à partir de fructose, le sucre du raisin, et non de saccharose. Cette pratique fait l'objet d'une polémique, car le fructose peut provenir de raisins cultivés n'importe où dans le monde.

La cuvée « Blanc de Blancs Grand Cru » Les champagnes millésimés de Selosse proviennent généralement de deux parcelles à Avize, plantées de vignes cinquantenaires. Mis en bouteille sans collage ni filtration, ces vins reposent sur lie pendant environ huit ans après prise de mousse, et ne sont commercialisés que lorsqu'ils sont estimés prêts à boire.
En bouche, ils sont riches et complexes, avec une structure bien fondue. Des arômes exquis de fruits secs sont discrètement soutenus par des notes de vanille, et le vin est crémeux, gras et très persistant. C'est un champagne inspiré, mémorable, qui demande la compagnie de mets. Anselme Selosse suggère des coquilles Saint-Jacques à l'huile d'olive, mais les possibilités d'associations sont innombrables.

Champagne A.O.C. : Champagne

• *Cuvée sélectionnée :*
Blanc de Blancs Grand Cru
(cuvée millésimée)
• *Cépage :*
chardonnay 100 %
• *Conservation sur lie :*
8 ans
• *Dosage :*
4 g par litre

• *Autres vins produits :*
✓ « Tradition » Brut S.A.
✓ Extra Brut S.A.
✓ « Exquise » Sec S.A.
✓ « Substance » Brut S.A.
✓ « Contraste » Brut S.A.
✓ Rosé Brut S.A.

• *Propriétaires :*
Corinne et Anselme Selosse
• *Vinificateur :*
Anselme Selosse
• *Statut :*
R.M.
• *Superficie du vignoble :*
6,3 hectares, 3 crus, classification moyenne : 100 %
• *Achat de raisins :*
4 %, 1 crus, classification : 100 %
• *Années de stock :* 5
• *Ventes annuelles :*
45 000 bouteilles
• *Exportations :*
65 %
• *Vente sur place :*
oui
• *Visites :*
sur rendez-vous

J. SELOSSE
VINIFIÉ EN TONNEAUX DE CHÊNE
CHAMPAGNE
APPELLATION D'ORIGINE CONTROLÉE
Grand Cru Blanc de Blancs
BRUT
1988
JACQUES SELOSSE
12% Vol.
Elaboré par Anselme Selosse à Avize, France - RM-24718-01
PRODUCE OF FRANCE

La maison Pierre Gimonnet a une politique qu'on ne voit chez aucun autre producteur champenois, celle de produire des vins millésimés chaque année sauf celles qui sont vraiment mauvaises. À la manière des vins de Bordeaux, les champagnes Gimonnet reflètent les qualités de chaque millésime. Ce sont des blancs de blancs exemplaires.

Des vignes anciennes très bien situées Les vignes de la famille sont localisées à Cuis, classé premier cru à 95 %, ainsi qu'à Cramant et à Chouilly, classés grands crus, et s'étendent sur une superficie impressionnante de vingt-six hectares. Elles ont un âge moyen élevé, de quarante ans, et donnent de ce fait un jus d'une qualité exceptionnelle ; la famille dispose même d'une parcelle sise à Cramant, les Terres des Buissons, qui n'a pas été replantée depuis quatre-vingts ans…

Un éventail de champagnes millésimés La gamme Pierre Gimonnet comprend plusieurs types de cuvées millésimées, qui ont des noms différents selon leur vocation. L'une d'entre elles, le Gastronome Brut, est faite pour être consommée jeune, et la maison en produit donc beaucoup dans les années moyennes ; c'est un assemblage de premiers et de grands crus. Le Fleuron Brut correspond davantage à la notion traditionnelle du champagne millésimé, n'étant produit que les grandes années.
Le Spécial Club Brut est élaboré principalement à partir de raisin de Cramant de plus de quarante ans d'âge. Il est commercialisé dans la bouteille du Club des viticulteurs champenois – une reproduction d'une bouteille du XVIIIe siècle –, ayant passé au moins cinq ans à s'affiner sur lie. Le dernier champagne de la maison, mais non le moindre, est la cuvée Œnophile Maxi Brut, qui n'est pas millésimée et produite en quantités limitées. Elle est affinée pendant au moins sept ans sur lie et commercialisée sans dosage. C'est un vin superbe qui rappelle davantage un chardonnay de la Côte d'Or avec des bulles qu'un champagne.

La quête de l'excellence Les Gimonnet ont toujours recherché la perfection. Les jus des vignes de différents crus, parcelles et âges sont vinifiés séparément dans de petites cuves, et si possible ne sont pas chaptalisés – ce qui est ambitieux dans une région aussi nordique que la Champagne. Les fermentations malolactiques sont systématiques. Les vins sont clarifiés par le froid, avec seulement une filtration légère avant tirage, et le dosage est minimal – entre 6 et 8 g de sucre par litre pour un brut.

La cuvée « Fleuron » Le Fleuron est affiné pendant plus de quatre ans avant d'être dégorgé. C'est toujours un assemblage de premiers et de grands crus, car les vignes de Cuis ont l'acidité la plus élevée de la Côte des Blancs et sont essentielles pour assurer l'équilibre du vin les années très mûres. Le Fleuron 1990 a des arômes riches et intenses de miel et de minéraux, et il est corsé, avec beaucoup de fraîcheur et de pureté. C'est un vin magnifique qui est délectable tout seul, mais que l'on peut également servir sur un plat de caractère, comme une cassolette de ris de veau aux crevettes.

Champagne
A.O.C. :
Champagne

• *Cuvée sélectionnée :*
« Fleuron »
(cuvée millésimée)
• *Cépage :*
chardonnay 100 %
• *Conservation sur lie :*
5 ans
• *Dosage :*
6 g par litre

• *Autres vins produits :*
✓ Premier Cru Brut S.A.
✓ « Gastronome »
Brut Millésimé
✓ « Spécial Club »
Brut Millésimé
✓ « Œnophile Maxi »
Brut S.A.

• *Propriétaire :*
Famille Pierre Gimonnet
• *Directeurs :*
Olivier et Didier Gimonnet
• *Chefs de cave :*
Olivier et Didier Gimonnet
• *Statut :*
R.M.
• *Superficie du vignoble :*
26 hectares, 3 crus, classification moyenne : 98 %
• *Années de stock :* 4
• *Ventes annuelles :*
200 000 bouteilles
• *Exportations :*
60 %
• *Vente sur place :*
oui
• *Visites :*
non

BLANC DE BLANCS - CEPAGE
Blanc de Blancs
CHAMPAGNE
BRUT - 1er CRU
Pierre Gimonnet
& Fils
Fleuron 1995

Considéré par beaucoup de connaisseurs comme la crème des crèmes des grands champagnes, le Salon est rarement vu et plus rarement encore dégusté, car la production est très faible et le vin très coûteux. Il est plus apparenté aux grands bourgognes qu'au champagne, étant toujours le produit d'un cépage, d'un cru et d'une année ; et ceux qui le produisent ne le décrivent pas comme un champagne mais comme « simplement un grand vin, avec des bulles... ».

Le rêve d'Eugène-Aimé Salon À l'origine de l'histoire de Salon, il y a celle d'un homme, Eugène-Aimé Salon, fils d'un charron champenois. Jeune garçon, il partit à Paris, trouva du travail dans un commerce de fourrure et se fit rapidement un grand nom, ainsi qu'une honnête fortune.
Mécontent de la qualité des champagnes existants, cet esthète rêvait de produire le sien, un champagne sans assemblage, de chardonnay pur – ce qui était un concept totalement novateur à l'époque. Il acheta une vigne au Mesnil-sur-Oger, située en bas de la pente à côté de l'église, là où l'équilibre entre le sucre et l'acidité est le meilleur...

Un monocru qui devient mythique Le premier vin connu de Salon fut le 1911, et les millésimes successifs enchantèrent tellement les nombreux amis de Salon qu'ils l'exhortèrent à le commercialiser. Il fonda donc la maison Salon en 1921. C'était la belle époque, et bientôt le vin se trouva dans les lieux les plus courus ; il devint même le champagne maison de *Maxim's*, qui était au zénith de sa popularité.
Eugène-Aimé Salon mourut en 1943 et la maison fut héritée par son petit-neveu, qui la vendit plus tard au groupe Dubonnet-Cinzano, lui-même absorbé par Pernod-Ricard en 1978. Dix ans plus tard, le champagne Salon fut racheté par le groupe Laurent-Perrier, tout comme son voisin immédiat, Delamotte.
Depuis les premiers millésimes, les règles d'or du fondateur ont toujours été respectées : le Salon n'est élaboré que les années exceptionnelles, à partir de la cuvée. La fermentation malolactique est en général évitée car le vin a besoin d'une acidité importante pour maintenir sa nervosité sur de nombreuses années. Il est affiné sur lie pendant huit à douze ans, le remuage est effectué à la main pendant environ neuf semaines, et le dégorgement, manuel et sur commande, a lieu juste avant l'expédition. Enfin, le dosage est toujours extrêmement restreint.

La cuvée « Salon » Une dégustation de différents millésimes démontre à quel point ces vins se bonifient avec l'âge. Goûté en octobre 1997, le Salon 1990, encore sur lattes et donc non dosé, avait une robe or pâle aux reflets verts, une mousse fine, et réunissait au palais un fruit mûr, de la richesse, un grand raffinement et une structure importante. À cette même dégustation, le Salon 1988 avait une attaque crémeuse de grande classe et était très riche, mais il présentait encore des arômes boisés plutôt austères. Il offre un potentiel de bonification énorme et gagne à être oublié dans la cave pendant de nombreuses années. Enfin le Salon 1976, avec sa mousse de bulles minuscules et sa robe jaune or, avait des arômes torréfiés magnifiquement complexes qui cachèrent pendant quelques minutes les arômes tertiaires d'un grand vin de chardonnay parvenu à maturité.
Ainsi fait, ce grand vin doit être servi à 10-12° et aéré. Selon le caractère du millésime et son âge, on peut l'accompagner d'huîtres, de caviar, de coquilles Saint-Jacques ou de foie gras...

Champagne
A.O.C. :
Champagne

• *Cuvée sélectionnée :*
« Salon »
(cuvée millésimée)
• *Cépage :*
chardonnay 100 %
• *Conservation sur lie :*
12 ans
• *Dosage :*
3 g par litre

• *Propriétaire :*
Groupe Laurent-Perrier
• *Directeur général :*
Didier Depond
• *Œnologue :*
Alain Terrier
• *Statut :*
N.M.
• *Superficie du vignoble :*
1 hectare, 1 cru,
classification : 100 %
• *Achat de raisins :*
75 %
• *Années de stock :* 10
• *Ventes annuelles :*
20 000 bouteilles
• *Exportations :*
80 %
• *Vente sur place :*
oui
• *Visites :*
sur rendez-vous

1982
CHAMPAGNE
Brut 1982
SALON
BLANC de BLANCS
Le Mesnil
750 ml.
NM 300-001
PRODUCE OF FRANCE
12% vol.
ELABORE PAR SALON LE MESNIL SUR OGER FRANCE

Les domaines et maisons

Les coordonnées des cavistes, mentionnés par leurs initiales dans la rubrique « Acheter le vin », sont indiquées dans le carnet d'adresses des revendeurs.

Les prix indiqués correspondent au vin photographié et sont ceux demandés au domaine, sauf quand il n'y a pas de vente sur place, auquel cas est indiqué le prix moyen dans le commerce. Les domaines et maisons sont classés dans l'ordre dans lequel ils apparaissent dans le livre. Les étoiles représentent les fourchettes de prix suivantes:

*	100 F ou moins
**	de 101 à 200 F
***	de 201 à 400 F
****	de 401 à 800 F
*****	au-delà de 800 F

Bordeaux

Domaine de Chevalier
102, chemin de Mignoy
33850 Léognan
Tél.: 05 56 64 16 16
Internet: www.domainedechevalier.com
À partir du centre de Léognan, suivre la route de Cestas. Passer l'église et prendre la deuxième à gauche, environ 500 m plus loin (à la hauteur du château Haut-Bergey). Chevalier est peu après, sur la droite.
Acheter le vin: CA, CM, FIC, LCI, LFF, MILA, NIC
Prix: ***/****

Château de Fieuzal
124, avenue de Mont-de-Marsan
33850 Léognan
Tél.: 05 56 64 77 86
Quitter Léognan en prenant la route qui mène à Saucats. Fieuzal est sur la droite, environ 1,5 km plus loin.
Acheter le vin: BAC, CA, CLT, CM, CR, CT, DUB, FIC, GCD, HED, LCI, LFF, MIL, MILA, PER, TIS, VIN, VTQ
Prix: ***

Château Haut-Brion
133, avenue Jean-Jaurès
33600 Pessac
Tél.: 05 56 00 29 30
Quitter le centre de Bordeaux par la rue de Pessac. Traverser le boulevard et suivre le cours du Maréchal-Galliéni (N250); l'entrée de Haut-Brion est à environ 1,8 km, sur la droite.
Acheter le vin: BAC, CA, CE, CM, CR, CT, GCD, HED, LFF, MIL
Prix: *****

Château Laville-Haut-Brion
33602 Pessac Cedex
Tél.: 05 56 00 29 30
Laville-Haut-Brion est en face de Haut-Brion.
Acheter le vin: BAD, CA, CLT, CM, CT, GCD, HED, LCI, LFF, MILA, TIS, VIN
Prix: ****

Château Smith-Haut-Lafitte
33650 Martillac
Tél.: 05 57 83 11 22
À partir de la rocade, prendre l'autoroute Toulouse-Langon, et sortir à la première sortie (direction Martillac-Montesquieu). Au rond-point, tourner à droite (RN113), suivre la route pendant une minute puis tourner à gauche 50 m après le garage Esso, pour prendre le chemin de la Morelle.
Acheter le vin: BAD, CA, FIC, GCD, LCI, LFF, MILA, TIS
Prix: ***

Château Climens
33720 Barsac
Tél.: 05 56 27 15 33
En arrivant à Barsac en provenance de Bordeaux, tourner à droite avant le château Nairac. Prendre à gauche 600 m plus loin (juste après le chemin de fer), puis tourner à droite au second passage à niveau. Continuer tout droit pendant environ 3 km, jusqu'à ce que Climens apparaisse sur la droite.
Acheter le vin: BAC, CA, CDC, CM, CMV, DUB, GCD, HED, LCI, LFF, MIL, MILA, TIS, VIN, VTQ
Prix: ***/****

Château de Fargues
33210 Fargues-de-Langon
Tél.: 05 57 98 04 20
Une fois arrivé dans le village de Fargues, il faut chercher les ruines imposantes du vieux château. L'entrée de la propriété, en face de l'école du village, s'annonce par un long chemin bordé de pins parasols.
Acheter le vin: BAC, CA, CM, DUB, FIC, HED, LCI, MILA, PER, TIS, VIN
Prix: ***/****

Château Gilette
33210 Preignac
Tél.: 05 56 76 28 44
Le bureau et les chais du château Gilette se trouvent derrière l'église de Preignac, dans un bâtiment récemment rénové aux portes bleues.
Acheter le vin: CA, CM, CMV, CT, PER
Prix: ****

Château Lafaurie-Peyraguey
33210 Bommes
Tél.: 05 56 76 60 54
(visite: 05 56 95 53 00)
Prendre la D8 à partir de Preignac en direction du sud vers Villandraut. Au bout d'environ 5 km, tourner à droite au carrefour pour prendre la D116. Suivre le chemin pendant 1,5 km, puis prendre à gauche la D125. Le château est sur la droite.
Acheter le vin: CLT, CM, HED, LCI, LFF, MIL, PER, TIS, VIN
Prix: ***

Château Raymond-Lafon
33210 Sauternes
Tél.: 05 56 63 21 02
Suivre la D8 à partir de Preignac en direction de Sauternes. Au hameau d'Arrançon, tourner à droite, traverser Boutoc et prendre la première à gauche. L'entrée est à 800 m, sur la gauche.
Acheter le vin: BAC, CA, GCD, LCI, TIS, TV, VIN
Prix: ***

Château Rieussec
33210 Fargues
Tél.: 05 57 98 14 14
(visite: 01 53 89 78 00)
Quitter Preignac sur la D8 en direction de Villandraut. Au bout d'environ 6 km, prendre à gauche, vers Langon. Rieussec est à 800 m sur la gauche, indiqué par des panneaux.
Acheter le vin: BAC, BAD, CA, CAP, CM, CMV, DUB, GCD, HED, LCI, LFF, MIL, MILA, PER, TIS, VIN, VTQ
Prix: ***

Château d'Yquem
33210 Sauternes
Tél.: 05 57 98 07 07
À partir de Preignac, prendre la D8 en direction de Sauternes. Traverser le hameau d'Arrançon puis, 1,5 km plus loin, prendre à droite le chemin qui conduit au château d'Yquem.
Acheter le vin: BAC, BAD, CA, CAC, CAP, CDC, CLT, CM, CMV, CT, DUB, GCD, HED, LCI, LFF, MIL, MILA, PER, TIS, TV, VIN
Prix: *****

Château Loubens
33410 Sainte-Croix-du-Mont
Tél.: 05 56 62 01 25
Depuis la place de l'église, retourner dans le village et suivre le mur qui longe le village. C'est le mur d'enceinte de la propriété, dont l'entrée est à 300 m de l'église.
Acheter le vin: BACC, NIC
Prix: **

Bourgogne

Domaine François Raveneau
9, rue de Chichée
89800 Chablis
Tél.: 03 86 42 17 46
Acheter le vin: BAC, BAD, CA, CDC, CLT, CM, CMV, CR, CT, LFF, TIS, TV, VIN, VTQ
Prix: ***

Domaine R. & V. Dauvissat
8, rue Émile-Zola
89800 Chablis
Tél.: 03 86 42 11 58
À partir de la place Lafayette, prendre la rue Jules-Rathier et suivre le virage à droite devant l'hôtel Les Clos. Le domaine Dauvissat est à environ 20 m sur la droite.
Acheter le vin: BAC, CA, CDC, CLT, CM, CMV, CR, IM, LFF, LG, MIL, PER, RB, TIS, TV, VIN
Prix: ***

Domaine Jean-Paul Droin
14 bis, rue Jean-Jaurès
89800 Chablis
Tél.: 03 86 42 16 78
Internet: www.jeanpaul-droin.fr
Quitter le centre de Chablis en direction de Maligny. Le domaine est sur la droite, bien indiqué.
Acheter le vin: CAC, CLT, CR, CT, PER, VIN
Prix: *

Domaine Bonneau du Martray
21420 Pernand-Vergelesses
Tél.: 03 80 21 50 64
Aller à l'église de Pernand. Continuer pendant 50 m dans la rue de Frétille. Le domaine est sur la droite.
Acheter le vin: BAD, CA, CLT, CMV, CT, HED, LCI, LFF, MIL, NIC, PER, TIS
Prix: ***

Domaine Coche-Dury
9, rue Charles-Giraud
21190 Meursault
Tél.: 03 80 21 24 12
Acheter le vin: BAD, CA, CDC, CT, LCI, LGC, TV
Prix: ***

Domaine François Jobard
2, rue de Leignon
21190 Meursault
Tél.: 03 80 21 21 26
Prendre la RN74 vers Meursault, tourner à droite au carrefour et suivre la route pendant 100 m. Prendre la rue des Santenots, à droite, puis la première à gauche. La rue de Leignon est la première sur la droite.
Acheter le vin: CA, CLT, CR, CT, TIS
Prix: ***

Domaine Pierre Morey
9, rue Comte-Lafon
21190 Meursault
Tél.: 03 80 21 21 03
Acheter le vin: CA, CT, LGC, MIL, PER, TIS
Prix: ***

Domaine des Comtes Lafon
Clos de la Barre
21190 Meursault
Tél.: 03 80 21 22 17
Acheter le vin: BAD, CA, CAC, CDC, CM, CMV, CR, CT, HED, IM, JUV, LGC MIL, RB
Prix: *****

Olivier Leflaive Frères
Place du Monument
21190 Puligny-Montrachet
Tél.: 03 80 21 37 65
La maison est au numéro 3, à côté de l'épicerie et du boulanger.
Acheter le vin: CAC, CMV, FIC, MILA, PER, VIN
Prix: *****

Domaine Leflaive
Place des Marronniers
21190 Puligny-Montrachet
Tél.: 03 80 21 30 13
Acheter le vin: BAD, CA, CAC, CDC, CLT, CM, CMV, CR, CT, LCI, LFF, LGC, MIL, TIS, TV, VIN
Prix: ****

Domaine Étienne Sauzet
11, rue de Poiseul
21190 Puligny-Montrachet
Tél.: 03 80 21 32 10
Acheter le vin: BAD, CA, CLT, CM, CMV, CR, CT, LCI, LGC, MIL, PER, TV, VIN, VTQ
Prix: ****

Domaine Louis Carillon & Fils
21190 Puligny-Montrachet
Tél.: 03 80 21 30 34
En entrant dans Puligny en provenance de Meursault par la route des Grands-Crus, le domaine Carillon est sur la droite, bien indiqué, juste avant l'église.
Acheter le vin: CLT, CT, HED, LCI, LGC, PER
Prix: ****

Domaine Ramonet
4, place des Noyers
21190 Chassagne-Montrachet
Tél.: 03 80 21 30 88
Acheter le vin: CA, CLT, CM, CMV, HED, LCI, MIL, TIS, TV, VIN
Prix: ****

Vallée du Rhône

Domaine André Perret
Verlieu
42410 Chavanay
Tél.: 04 74 87 24 74
Le domaine Perret est sur la RN86, à 200 m après l'église en remontant vers Condrieu.
Acheter le vin: BAD, CA, CAC, CDC, CLT, CMV, JUV, LCI, LFF, LGC, VTQ
Prix: **

Maison E. Guigal
Route Nationale
69420 Ampuis
Tél.: 04 74 56 10 22
Les bureaux et les caves Guigal se trouvent sur la route principale à l'extrémité sud d'Ampuis.
Acheter le vin: BAC, BACC, BAD, CA, CAP, CM, CMV, CR, FIC, HED, LCI, MIL, MILA, PER, TV, VIN
Prix: **

Domaine François Villard
Montjoux
42410 Saint-Michel-sur-Rhône
Tél.: 04 74 56 83 60
Monter jusqu'à Saint-Michel, traverser le village et continuer pendant 200 m. Un grand bâtiment neuf juste après la fourche abrite le domaine François Villard.
Acheter le vin: CA, CAC, CDC, CM, CMV, LGC, TIS, TV
Prix: **

Domaine Georges Vernay
1, route Nationale
69420 Condrieu
Tél.: 04 74 59 52 22
Le domaine Vernay est situé au nord de la ville de Condrieu, sur la RN86. Il y a un parking pour les visiteurs.
Acheter le vin: BAD, CA, CE, CM, CMV, CR, CT, IM, LCI, PER
Prix: ***

Domaine Jean-Louis Chave
37, avenue de Saint-Joseph
07300 Mauves
Tél.: 04 75 08 24 63
Acheter le vin: BAC, BAD, CA, CDC, CM, CMV, CR, CT, LCI, LFF, LGC, MIL, TIS, TV, VIN
Prix: ****

Maison M. Chapoutier
18, avenue du Dr-Paul-Durand
BP 38 - 26601 Tain-l'Hermitage
Tél.: 04 75 08 28 65
Internet: www.chapoutier.com
La maison Chapoutier est à 50 m de la gare de Tain.
Acheter le vin: BAC, BAD, CA, CAP, CLT, CMV, CR, IM, LG, TIS, TV
Prix: ***

Château de Beaucastel
Chemin de Beaucastel
84350 Courthézon
Tél.: 04 90 70 41 00
Internet: www.vinternet.fr/Perrin
Le château de Beaucastel est tout proche de l'autoroute A7. Prendre la sortie 22, indiquée « Orange Sud ».
Acheter le vin: BAC, BAD, CA, CAC, CE, CLT, CM, CMV, CR, CT, FIC, HED, IM, LCI, LGC, MIL, PER, RB, VTQ
Prix: ****

Château La Nerthe
Route de Sorgues
84230 Châteauneuf-du-Pape
Tél.: 04 90 83 70 11
Le château La Nerthe est à mi-chemin entre Châteauneuf-du-Pape et Sorgues, sur la gauche en allant vers Sorgues. C'est bien indiqué.
Acheter le vin: IM, LG, TIS
Prix: ***

Domaine des Bernardins
Cave Castaud
84190 Beaumes-de-Venise
Tél.: 04 90 62 94 13
Au centre du village, prendre la direction de Lafare. La cave Castaud est à 100 m sur la droite.
Acheter le vin: BAC, CAP, CMV, CT, LFF, LGC, PER, TIS, VIN
Prix: *

Vallée de la Loire

Coulée de Serrant
Château de la Roche-aux-Moines
49170 Savennières
Tél. : 02 41 72 22 32
La propriété se trouve entre Épiré et Savennières et est bien indiquée.
Acheter le vin : BAC, BAD, CA, CAP, CE, CR, CT, LCI, MILA, NIC, PER, TV, VIN
Prix : ***

Château de Chamboureau
49170 Savennières
Tél. : 02 41 77 20 04
Quitter Savennières en direction d'Angers. En arrivant à Épiré, prendre la première sur la droite.
Acheter le vin : IM
Prix : **

Domaine Philippe Delesvaux
Les Essards
La Haie Longue
49190 Saint-Aubin-de-Luigné
Tél. : 02 41 78 18 71
Le hameau de La Haie Longue se situe entre Rochefort-sur-Loire et Chalonnes-sur-Loire, à environ 3 m de Saint-Aubin-de-Luigné.
Acheter le vin : CA, CT, HL, LGC, PER, RB, TV
Prix : **

Domaine Jo Pithon
Les Bergères
49750 Saint-Lambert-du-Lattay
Tél. : 02 41 78 40 91
À Saint-Lambert, prendre la direction de Rablay. Au bout de 500 m, suivre le petit chemin sur la gauche, qui mène aux Bergères.
Acheter le vin : BAC, CA, CDC, LGC, TIS, TV
Prix : ***

Domaine des Baumard
8, rue de l'Abbaye
49190 Rochefort-sur-Loire
Tél. : 02 41 78 70 03
Internet :
www.anjou.com/vins/Baumard
Au niveau de l'église de Rochefort, prendre la rue Sainte-Croix, qui mène à la rue de l'Abbaye. Le numéro 8 est à 150 m de l'église.
Acheter le vin : BAC, CA, GE, LG, PER, VTQ
Prix : **

Château Bellerive
49190 Rochefort-sur-Loire
Tél. : 02 41 78 33 66
Descendre le chemin qui mène à Chaume et continuer jusqu'à Bellerive, au bord du Layon.
Acheter le vin : BAC, IM, PER, VIN
Prix : ***

Château Pierre-Bise
49750 Beaulieu-sur-Layon
Tél. : 02 41 78 31 44
Quitter Beaulieu, traverser la N160 et continuer pendant 1,1 km, puis prendre à gauche et suivre la route jusqu'au château Pierre-Bise, sur la gauche.
Acheter le vin : BAC, BAD, CDC, JUV, LCI, LGC, TIS
Prix : ***

Château de Suronde
49190 Rochefort-sur-Loire
Tél. : 02 41 78 66 37
Suivre la D54 depuis Beaulieu en direction de Saint-Aubin, et emprunter la route sur la gauche juste avant le Relais Télécom. Au hameau de Chaume, prendre à gauche, suivre le virage à gauche, et au niveau de la borne à incendie rouge prendre le chemin de vigne vers la droite, qui mène au château de Suronde.
Acheter le vin : CA, CDC, IM, TIS, TV
Prix : ***

Château de Fesles
49380 Thouarcé
Tél. : 02 41 68 94 00
Internet : www.vgas.com
Quitter Thouarcé en prenant la direction Martigné-Briand. Au bout de 2 km, prendre à gauche au premier carrefour. L'entrée du domaine est à 800 m sur la gauche.
Acheter le vin : CAC, CMV, HED, IM, LCI, LGC, MILA, TIS
Prix : **

Domaine des Petits Quarts
La Douve
49380 Faye d'Anjou
Tél. : 02 41 54 03 00
Le domaine se situe à l'extrémité du village de Faye, du côté de Bonnezeaux.
Acheter le vin : CAP
Prix : **

Domaine La Sansonnière
49380 Thouarcé
Tél. : 02 41 54 08 08
La Sansonnière est à environ 1 km à l'extérieur de Thouarcé, dans la direction de Martigné-Briand.
Acheter le vin : BAC, BAD, CA, IM, TIS, TV
Prix : **

Château de Villeneuve
49400 Souzay-Champigny
Tél. : 02 41 51 14 04
Le château de Villeneuve est situé à côté de l'église de Souzay, et il domine le fleuve.
Acheter le vin : BAC, BAD, CDC, GE, LGC
Prix : *

Domaine du Clos Naudin
14, rue de la Croix-Buisée
37210 Vouvray
Tél. : 02 47 52 71 46
À partir du centre de Vouvray, suivre la direction Vernou. La rue de la Croix-Buisée est la première sur la gauche, et le clos Naudin est indiqué.
Acheter le vin : BAD, CA, CDC, CE, CM, LGC, TV
Prix : **

Domaine Huet
11-13, rue de la Croix-Buisée
37210 Vouvray
Tél. : 02 47 52 78 87
À partir du centre de Vouvray, suivre la direction Vernou. La rue de la Croix-Buisée est la première sur la gauche, et le domaine Huet est sur le côté droit.
Acheter le vin : BAC, CA, CE, CMV, CT, HED, LCI, LFF, PER, TIS, TV, VIN, VTQ
Prix : *

Domaine de la Taille aux Loups
8, rue des Aîtres
Husseau
37270 Montlouis-sur-Loire
Tél. : 02 47 45 11 11
Le hameau de Husseau est à côté de la D751. En venant d'Amboise, passer l'aquarium et prendre la première à gauche, environ 1 km plus loin. Entrer dans le hameau. Le domaine de la Taille aux Loups est sur la droite.
Acheter le vin : CA, LCI, LG, TIS
Prix : *

Domaine Gitton Père & Fils
Chemin de Lavaud
18300 Ménétréol-sous-Sancerre
Tél. : 02 48 54 38 84
Une fois à Ménétréol, suivre les panneaux jusqu'au domaine.
Acheter le vin : BAD, RB, TIS
Prix : ***

Domaine Lucien Crochet
Place de l'Église
18300 Bué
Tél. : 02 48 54 08 10
À partir de Sancerre, suivre la D955 vers Bourges pendant 4 km, puis prendre à droite pour entrer dans Bué. Continuer jusqu'à la place de l'Église.
Acheter le vin : BAC, CA
Prix : **

Domaine La Moussière
SCEA Alphonse Mellot
1, rue de la Porte-César
18300 Sancerre
Tél. : 02 48 54 07 41
Internet : www.a-mellot-sancerre.com
Passer par la porte César pour arriver sur la place principale. Les bureaux Mellot sont à côté du restaurant *La Tour*.
Acheter le vin : CM, CT, FIC
Prix : **

Domaine Didier Dagueneau
Le Bourg
58150 Saint-Andelain
Tél. : 03 86 39 15 62
En entrant dans Saint-Andelain à partir de Pouilly-sur-Loire, prendre le chemin sur la gauche à côté du terrain de basket, qui mène au domaine Dagueneau.
Acheter le vin : BAC, CA, CDC, CM, CMV, CR, CT, IM, LCI, LG, LGC, PER, TIS
Prix : ***

De Ladoucette
Château du Nozet
58150 Pouilly-sur-Loire
Tél. : 03 86 39 18 33
Quitter la RN7 juste au nord de Pouilly pour prendre la direction de Saint-Andelain. Le chemin qui mène au château du Nozet part vers la droite tout de suite après.
Acheter le vin : BAD, CA, CAP, CMV, FIC, GOB, HED, IM, MIL, PER, TIS, VIN
Prix : **

Château de Tracy
Tracy-sur-Loire
58150 Pouilly-sur-Loire
Tél. : 03 86 26 15 12
Le château domine le petit village de Tracy. On ne peut pas le louper !
Acheter le vin : GOB, HED
Prix : *

Alsace

Domaine André Kientzler
50, route de Bergheim
68150 Ribeauvillé
Tél. : 03 89 73 67 10
Le domaine André Kientzler se situe sur la route des vins, entre Ribeauvillé et Bergheim.
Acheter le vin : LFF, LGC, PER, TIS, TV
Prix : **

Domaine Marcel Deiss
15, route du Vin
68750 Bergheim
Tél. : 03 89 73 63 37
Le domaine Marcel Deiss est à l'extrémité de Bergheim ; on y arrive par la route des vins en direction de Ribeauvillé.
Acheter le vin : CAP, CM, LCI, LGC, PER, VIN, VTQ
Prix : ***

Domaine Paul Blanck
32, Grand'Rue
68240 Kientzheim
Tél. : 03 89 78 23 56
Internet : www.blanck.com
Le domaine Blanck est situé dans la maison jaune en face de l'église.
Acheter le vin : CAC, CM, CT, LCI
Prix : **

Domaine René Muré
68250 Rouffach
Tél. : 03 89 78 58 00
Internet : www.mure.com
Le domaine se situe au sud de Rouffach, et est bien indiqué.
Acheter le vin : CAP, CT, LCI, MIL, NIC, TIS
Prix : **

Domaine Zind-Humbrecht
4, route de Colmar
68230 Turckheim
Tél. : 03 89 27 02 05
À partir de Turckheim, suivre la D11 en direction de Colmar. Le domaine se trouve à 2 km du village, sur la droite dans les vignes.
Acheter le vin : CA, CT, BAD, CM, LCI, LFF, MILA, PER, VIN, VTQ
Prix : ***

Domaine F.E. Trimbach
15, route de Bergheim
68150 Ribeauvillé
Tél. 03 89 73 60 30
Le domaine Trimbach se trouve en face du cimetière, sur la route de Bergheim.
Acheter le vin : BAD, CMV, CT, FIC, HED, LCI, LGC, MILA, PER, TV, VIN
Prix : ****

Hugel & Fils
68340 Riquewihr
Tél. : 03 89 47 92 15
Internet : www.hugel.com
La maison Hugel est située dans la partie la plus ancienne et la plus pittoresque de Riquewihr.
Acheter le vin : BAD, CMV, HED, LG, PER, TIS
Prix : ****

Domaine Weinbach - Colette Faller et ses Filles
Clos des Capucins
68240 Kaysersberg
Tél. : 03 89 47 13 21
À partir de l'église de Kaysersberg, prendre la direction Kientzheim-Ribeauvillé. Emprunter le chemin goudronné sur la droite, 300 m après La Poste.
Acheter le vin : CM, CT, HED, LGC, PER
Prix : ****

Jura

Château d'Arlay
Route de Saint-Germain
39140 Arlay
Tél. : 03 84 85 04 22
Internet : www.arlay.com
À partir d'Arlay, prendre la direction Saint-Germain-les-Arlay. Le château est à la sortie du village, sur la droite.
Acheter le vin : BAC, GE, HED, GOB
Prix : **

Domaine Jean Macle
Rue de la Roche
39210 Château-Chalon
Tél. : 03 84 85 21 85
Le domaine Jean Macle est dans la rue de la Roche, à 300 m de l'église.
Acheter le vin : BAD, PER, TIS, TV
Prix : **

Provence

Château Simone
13590 Meyreuil
Tél. : 04 42 66 92 58
Quitter Aix par la N7. Une fois passé le pont des Trois-Sautets, le château est indiqué.
Acheter le vin : BAC, CA, CM, CR, CT, LCI, LFF, LGC, PER
Prix : **

Languedoc-Roussillon

Domaine de l'Aigle
11300 Roquetaillade
Tél. : 04 68 31 39 12
Quitter Limoux sur la D118 en direction d'Alet, et au bout de quelques kilomètres aller vers Magrie, sur la droite. Roquetaillade est à 5 km de Magrie. À partir de là, suivre les panneaux.
Acheter le vin : CR
Prix : *

Mas de Daumas Gassac
Haute Vallée du Gassac
34150 Aniane
Tél. : 04 67 57 71 28
Le mas de Daumas Gassac se situe près de la D32, à mi-chemin entre Gignac et Aniane, indiqué par un panneau.
Acheter le vin : BAC, LCI, NIC
Prix : **

Domaine Lacoste
Mas de Bellevue
Route de Sommières
34400 Lunel
Tél. : 04 67 83 24 83
À partir de Lunel, prendre la route Sommières-A9. Sur l'échangeur A9 (sortie Lunel, n° 27), prendre la direction Domaine de Bellevue. Le domaine est à 400 m.
Acheter le vin : NIC
Prix : **

Domaine Cazes
4, rue Francisco-Ferrer - BP 61
66602 Rivesaltes Cedex
Tél. : 04 68 64 08 26
Internet : www.cazes-rivesaltes.com
La rue Francisco-Ferrer est perpendiculaire au boulevard Arago qui traverse le village (à 200 m du vieux cimetière).
Acheter le vin : CDC, CT, FIC, GE, TIS
Prix : ***

Domaine des Chênes
7, rue du Maréchal-Joffre
66600 Vingrau
Tél. : 04 68 29 40 21
Le domaine est situé à l'entrée du village, près de la cave coopérative.
Acheter le vin : BAD, CAP, LGC, TIS, TV, VTQ
Prix : *

Sud-Ouest

Robert Plageoles & Fils
Domaine des Très Cantous
81140 Cahuzac-sur-Vère
Tél. : 05 63 33 90 40
Quitter Gaillac en direction de Cordes. On trouve le domaine au bout de 8 km, sur la droite.
Acheter le vin : BAC, CA, CAC, CDC, CT, LGC, TIS
Prix : **

Alain Brumont
S.A. Domaines et Châteaux d'Alain Brumont
32400 Maumusson-Laguian
Tél. : 05 62 69 74 67
Internet : www.brumontalain.com
La société est basé au château Bouscassé, qui est situé en bordure de Maumusson. C'est bien indiqué.
Acheter le vin : BAC, BAD, CA, CE, CM, CT, HED, LCI, LFF, PER, TIS, VIN
Prix : *

Domaine Cauhapé
Quartier Castet - 64360 Monein
Tél. 05 59 21 33 02
À partir du centre de Monein, emprunter la route qui va vers Navarreux. La suivre pendant 4 km environ, puis prendre la direction Cardesse sur la gauche, et suivre les panneaux.
Acheter le vin : BAC, CA, CAC, CAP, CM, CMV, HED, LCI, LGC, NIC, PER, RB, VIN, VTQ
Prix : **

Clos Uroulat
Quartier Trouilh
64360 Monein
Tél. : 05 59 21 46 19
Uroulat est à 4 km du centre de Monein en direction de Navarrenx, sur la gauche. C'est indiqué.
Acheter le vin : BAD, CA, CT, HED, JUV, LFF, LGC, PER, TIS
Prix : *

Champagne

Krug
5, rue Coquebert
51100 Reims
Tél. : 03 26 84 44 20
La rue Coquebert donne sur le boulevard Lundy. Krug est sur la gauche, à quelques mètres.
Acheter le vin : BAC, BAD, CA, CAP, CMV, CR, CT, HED, LG, LGC, MIL, MILA, PER, TIS, VTQ
Prix : ****

Louis Roederer
21, boulevard Lundy
51100 Reims
Tél. : 03 26 40 42 11
Le boulevard Lundy relie la place Aristide-Briand et la place de la République. Le siège de Roederer est sur la gauche en venant de la place Aristide-Briand.
Acheter le vin : BAC, BAD, CA, CAP, CDC, CM, CMV, CR, CT, FIC, HED, LCI, LGC, MIL, PER, TIS, TV
Prix : ****

Taittinger
9, place Sainte-Nicaise
51100 Reims
Tél. : 03 26 85 45 35
À partir du centre de Reims, prendre le boulevard Pasteur, puis le boulevard Victor-Hugo, qui mène à la place Saint-Nicaise.
Acheter le vin : BAD, CAP, CM, CMV, CR, CT, HED, LCI, LG, PER, TIS
Prix : ****

Veuve Clicquot Ponsardin
12, rue du Temple
51100 Reims
Tél. : 03 26 89 54 40
À partir de la place Aristide-Briand, prendre la rue Jean-Jacques-Rousseau. La rue du Temple est la deuxième à droite.
Acheter le vin : BAC, BAD, CA, CAP, CDC, CMV, CR, CT, HED, IM, LG, MIL, MILA, PER, TIS
Prix : ****

Alfred Gratien
30, rue Maurice-Cerveaux
51200 Épernay
Tél. : 03 26 54 38 20
Monter la rue Maurice-Cerveaux. Alfred Gratien est après Marne & Champagne, sur la droite.
Acheter le vin : BAD, CA, IM, LG, PER
Prix : ***

Billecart-Salmon
40, rue Carnot
51160 Mareuil-sur-Aÿ
Tél. : 03 26 52 60 22
Suivre la D1 d'Aÿ vers Mareuil et entrer dans le village. Billecart-Salmon est sur la gauche, au milieu du village.
Acheter le vin : BAD, CA, CAP, CDC, CM, CMV, CR, CT, HED, IM, LCI, LG, LGC, MIL, MILA, PER, TIS, TV, VIN, VTQ
Prix : ***

Bollinger S.A.
16, rue Jules-Lobet
51160 Aÿ
Tél. : 03 26 53 33 66
Quitter Épernay et traverser Magenta en direction d'Aÿ. Prendre à gauche juste avant le pont aérien, descendre le boulevard Charles-de-Gaulle et continuer tout droit. Au bout, tourner à gauche : Bollinger est sur la droite.
Acheter le vin : BAC, BAD, CA, CAC, CAP, CDC, CM, CMV, CR, CT, DUB, FIC, HED, IM, LCI, LGC, PER, TIS, TV, VIN, VTQ
Prix : **

Gosset
69, rue Jules-Blondeau - BP 7
51160 Aÿ
Tél. : 03 26 56 99 56
Quitter Épernay et traverser Magenta en direction d'Aÿ. Prendre à gauche juste avant le pont aérien, descendre le boulevard Charles-de-Gaulle et tourner à droite au carrefour. Gosset est sur la droite.
Acheter le vin : BAD, CAP, CDC, CMV, CR, DUB, HED, IM, LCI, LG, LGC, PER
Prix : ***

Jacquesson & Fils
68, rue du Colonel-Fabien
51530 Dizy
Tél. : 03 26 55 68 11
Quitter Épernay en direction de Reims et tourner à droite au rond-point de l'hôtel Campanile. Passer un feu et continuer quelques mètres. Jacquesson est sur la droite.
Acheter le vin : BAD, CA, CMV, CR, CT, HED, JUV, LGC, PER
Prix : ***

Laurent-Perrier
32, avenue de Champagne
51150 Tours-sur-Marne
Tél. : 03 26 58 91 22
Suivre la D1 de Mareuil-sur-Aÿ à Tours-sur-Marne. Laurent-Perrier est sur la droite juste avant la sortie du village.
Acheter le vin : BAD, CAP, CMV, CR, CT, HED, IM, LG, PER, TIS, VIN, VTQ
Prix : ****

Moët & Chandon
20, avenue de Champagne
51200 Épernay
Tél. : 03 26 51 20 00
L'avenue de Champagne donne sur la place de la République. Moët & Chandon occupe le premier grand bâtiment sur la droite.
Acheter le vin : BAC, BAD, CA, CMV, CR, CT, HED, IM, LG, MIL, MILA, NIC, PER, TIS
Prix : ****

Jacques Selosse
22, rue Ernest-Vallé
51190 Avize
Tél. : 03 26 57 53 56
À partir d'Épernay, prendre la D40 jusqu'à Avize. Pour rendre visite à Jacques Selosse, il est conseillé de stationner place Léon-Bourgeois. Passer devant le lycée viticole par le rempart du Midi et prendre la première à gauche, qui mène à la place.
Acheter le vin : BAD, CA, CDC, CM, CMV, CT, LCI, LGC, PER, TV
Prix : ***

Pierre Gimonnet & Fils
1, rue de la République
51530 Cuis
Tél. : 03 26 59 78 70
Quitter Épernay en direction de Sézanne, et suivre la D40 vers Cramant et Avize. À l'entrée de Cuis, une grande pancarte indique le chemin vers Pierre Gimonnet, qui se trouve 50 m plus loin, sur la droite.
Acheter le vin : CA, CR, DUB, LGC
Prix : **

Salon
5, rue de la Brèche-d'Oger
51190 Le Mesnil-sur-Oger
Tél. : 03 26 57 51 65
Descendre la côte des Blancs sur la D10 jusqu'au Mesnil-sur-Oger et prendre la Grande-Rue, sur la droite. Au bout, tourner à droite, puis à gauche dans la rue de la Place. Passer la mairie, puis tourner à droite dans la rue de la Brèche-d'Oger. Salon est à environ 50 m sur la gauche, discrètement identifié par une petite plaque en cuivre.
Acheter le vin : BAD, CAP, CM, CMV, CR, CT, HED, IM, LG, PER, TIS
Prix : *****

Les revendeurs

BAC : Bacchuseum
Boulevard Mendès-France
56100 Lorient
Tél. : 02 97 83 39 31

BACC : Bacchussimo
55-57, rue Charles-Michels
93200 Saint-Denis
Tél. : 01 42 43 43 43

BAD : Badie
62, allée de Tourny
33000 Bordeaux
Tél. : 05 56 52 23 72

CA : Caves Augé
116, boulevard Haussmann
75008 Paris
Tél. : 01 45 22 16 97

CAC : La Cave d'à Côté
5-7, rue Pleney
69001 Lyon
Tél. : 04 78 39 93 20

CAP : La Cave d'Annie Paule
9, rue de l'Hôpital-Militaire
59800 Lille
Tél. : 03 20 54 74 83

CDC : La Cave du Château
17, rue Raymond-du-Temple
94300 Vincennes
Tél. : 01 43 28 17 50

CE : Caves Estève
10, rue de la Cerisaie
75004 Paris
Tél. : 01 42 72 33 05

CLT : Caveau de la Tour
7, place de la République
21190 Meursault
Tél. : 03 80 21 66 66

CM : La Cave à Millésimes
180, rue Lecourbe
75015 Paris
Tél. : 01 48 28 22 62

CMV : La Cave Malleval
11, rue Émile-Zola
69002 Lyon
Tél. : 04 78 42 02 07

CR : Caves Royales
6, rue Royale
78000 Versailles
Tél. : 01 39 50 14 10

CT : Les Caves Taillevent
199, rue du Faubourg-Saint-Honoré
75008 Paris
Tél. : 01 45 61 14 09

DUB : Maison F. Dubecq
32, rue de la Mothe
33800 Bordeaux
Tél. : 05 56 92 09 16

FIC : Ficofi
16-20, rue des Menus
92100 Boulogne-Billancourt
Tél. : 01 41 31 70 00

GCD : Grands Crus Diffusion
2, quai de Brazza
33100 Bordeaux
Tél. : 05 56 32 08 20

GE : La Grande Épicerie
38, rue de Sèvres
75007 Paris
Tél. : 01 44 39 81 00

GOB : Cave des Gobelins
56, avenue des Gobelins
75013 Paris
Tél. : 01 43 31 66 79

HED : Hédiard
21, place de la Madeleine
75008 Paris
Tél. : 01 43 12 88 88

IM : Inno Montparnasse
35, rue du Départ
75014 Paris
Tél. : 01 43 20 69 30

JUV : Juveniles
47, rue de Richelieu
75001 Paris
Tél. : 01 42 97 46 49

LCI : La Cave de l'Ill
6, rue de l'Ill
68350 Brunstatt
Tél. : 03 89 06 01 06

LFF : Legrand Filles & Fils
1, rue de la Banque
75002 Paris
Tél. : 01 42 60 07 12

LG : Lafayette Gourmet
48, boulevard Haussmann
75009 Paris
Tél. : 01 42 81 25 61

LGC : Les Grandes Caves
• 76, boulevard Jean-Jaurès
92110 Clichy
Tél. : 01 47 37 87 13
• 70, rue Saint-Dominique
75007 Paris
Tél. : 01 47 05 69 28

MIL : Millésimes
Verger d'Entreprises de la Capelette
13520 Maussane
Tél. : 04 90 54 49 45

MILA : Millésima
87, quai de Paludate
BP 89 - 33038 Bordeaux Cedex
Tél. : 05 57 80 88 08

NIC : Ets Nicolas (siège)
2, rue Courson
94320 Thiais
Tél. : 01 41 73 81 81

PER : Les Marchés aux Vins Pérardel
• Avenue Charles-de-Gaulle
21200 Beaune
Tél. : 03 80 24 08 09
• 51460 L'Épine
Tél. : 03 26 66 96 83
• 3, place Léon-Bourgeois
51100 Reims
Tél. : 03 26 40 12 12
• Rue Marcel-Doret
62100 Calais
Tél. : 03 21 97 21 22
• 22, rue Lasalle
57000 Metz
Tél. : 03 87 76 10 11
• 19, rue de Wissembourg
67000 Strasbourg
Tél. : 03 88 23 50 75

RB : Le Repaire de Bacchus (siège)
31, avenue de l'Opéra
75001 Paris
Tél. : 01 53 29 97 97

TIS : Les Caves Tissandier
10, boulevard Desaix
63000 Clermont-Ferrand
Tél. : 04 73 35 39 97

TV : Le Tastevin
87, rue Jean-Jaurès
44600 Saint-Nazaire
Tél. : 02 40 66 55 57

VIN : La Vinothèque
9, rue Pointin
80000 Amiens
Tél. : 03 22 91 44 31

VTQ : La Vinothèque
16, rue Michelet
37000 Tours
Tél. : 02 47 64 75 27

Crédit iconographique :
Daniel Czap : pages 37, 39, 43, 45, 47, 51, 55, 57, 61, 63, 69, 73, 79, 163, 165, 167, 169, 171, 173, 175, 181, 185, 189 ;
Jean-Pierre Dieterlen : pages 13, 21, 23, 25, 27, 29, 31, 33 ;
Vincent Lyky : pages 11, 15, 17, 19, 35, 41, 49, 53, 59, 65, 67, 71, 75, 77, 81 à 161, 177, 179, 183, 187.

VALLÉE DE LA
Savennières
Savennières
Angers
Rochefort-sur-Loire
St-Aubin-de-Luigné
St-Lambert-du-Lattay
Saumur
Anjou
Vouvray
Nantes
Tours
Quarts-de-Chaume
Bonnezeaux
Beaulieu-sur-Layon
Côteaux-du-Layon
Thouarcé
Faye-d'Anjou
Souzay-Champigny
Saumur
Anjou
Montlouis
Charente
BORDELAIS
Isle
Bordeaux
Pessac
Léognan
Libourne
Dordogne
Pessac-Léognan
Barsac
Sainte-Croix-du-Mont
Martillac
Bommes
Sainte-Croix-du-Mont
Sauternes
Preignac
Sauternes
Fargues-de-Langon
Ciron
Garonne
SUD-OUEST
Maumusson-Laguian
Adour
Pau
Monein
Pacherenc-du-Vic-Bilh
Toulouse
Garonne
Jurançon
Jurançon : Appellations citées dans l'ouvrage
: Autres vignobles français
Bordeaux : Ville repère
Martillac : Ville ou village viticole cité dans l'ouvrage